国家重点研发计划"智能交易理论与方法(2017YFB1400103)"
中央财经大学一流学科建设项目
北京市支持央属高校"双一流"建设项目

智能交易
理论与方法

《智能交易理论与方法》课题组　著

中国财经出版传媒集团
经济科学出版社
Economic Science Press

课题组成员

课题负责人：

孙宝文（中央财经大学中国互联网经济研究院）

课题组成员（按姓氏笔画排列）：

王天梅（中央财经大学信息学院）

尹秋菊（北京理工大学管理与经济学院）

刘志硕（北京交通大学交通运输学院）

刘　倩（中央财经大学中国互联网经济研究院）

刘　航（中央财经大学中国互联网经济研究院）

汤　健（中央财经大学信息学院）

邱磊菊（中央财经大学中国互联网经济研究院）

何　毅（中央财经大学中国互联网经济研究院）

陈　翔（北京理工大学管理与经济学院）

张宝鹏（北京交通大学计算机科学与技术学院）

杨　铿（中央财经大学信息学院）

宋丽英（北京交通大学交通运输学院）

赵　杨（中央财经大学中国互联网经济研究院）

姜秀山（北京交通大学交通运输学院）

荆文君（中央财经大学信息学院）

贾　琳（北京理工大学管理与经济学院）

曾　进（北京交通大学交通运输学院）

颜志军（北京理工大学管理与经济学院）

藤　竹（北京交通大学计算机科学与技术学院）

前　　言

　　继以蒸汽机的发明为标志的第一次工业革命和以电的发明为标志的第二次工业革命之后，人类迎来了以互联网的发明为标志的第三次工业革命。和前两次工业革命相比，第三次工业革命将更全面、更彻底地改变人类社会的产业形态和社会运行方式，其本质原因是互联网激发了人类需求的本性，释放了人类需求的潜能，形成了互联网革新产业和社会运行形态的原动力。

　　互联网与各领域的融合发展前景广阔，正对世界各国经济社会发展产生着全局性和战略性的影响。为此，主要发达经济体纷纷制定相应措施以抢夺未来竞争的主动权，如德国工业4.0，美国工业互联网等。同时以电子商务为代表的互联网经济在我国异军突起，并从消费端向产业端延伸，在保增长、调结构、稳就业、促创新方面表现出强劲的动力。我国政府也适时推出了一系列促进电子商务、互联网＋、物联网、大数据、云计算、双创（大众创业、万众创新）、四众（众创、众包、众扶、众筹）发展战略以及中国制造业2025发展规划等。

　　综观各国的政策措施、行动计划，大多从发展互联网、物联网、云计算、大数据、工业4.0等不同角度和层面推进相关工作，而实际上，上述各类新模式、新技术综合应用和相互作用的结果是正在孕育未来网络化产业运作体系。在未来网络化产业运作体系中，物理空间的自然人、企业、政府部门等机构、各类智能装备与物品等，随着大数据技术和智能技术的普及应用，变得越发智能。物理空间这些人、企业、机构和物品称之为智能主体。众多智能主体连同他们各自意识空间的思想，借助网络和数据，能够被统一映射到信息空间中各自的镜像，这些众多智能主体的映射为信息空间的智能数体。这些信息空间的智能数体实时反映出物理空间智能主体的行为及其各自的心理意识，并通过网络互连、智能搜索、主动交互、交易撮合等操作（借助智能软件算法）实现精准、适时、动态互联，并产生各类相互作用的行为。这样的系统被称为"众智网络系统"。

众智现象并不是互联网时代特有的产物，它普遍存在于人类社会。"三个臭皮匠顶个诸葛亮""众人拾柴火焰高"，这些都是众智在人类社会的原生态表现。具体到现代服务业等经济领域中的企业经营管理过程、产业链协同运作等，社会领域中的各类研讨会等，政府治理领域中的全民选举等，均是通过集众多个体智慧，期望取得更好或最好的效果。同时也有"三个和尚没水喝"的经验教训，如何在经济运行、社会生活、政府治理等领域中避免这些众智现象的负面影响也一直是人类社会不断探索解决的复杂问题。

在众智网络中，智能互联的众多以个人、企业、政府部门、物品为载体的智能体之间均为某种意义上的供需关系，任何智能体之间的相互作用均可归结为某种意义上的交易活动或行为。众智时代的交易具有以下特点：一是交易主体的多样性。除了个人和机构之外，智能商品作为新兴的交易主体也发挥着越来越重要的作用。二是交易对象的丰富性。在众智网络下，交易对象包括产品和服务，以及信息和意识。三是交易的技术更加智能。因此，众智网络中的交易主要体现为智能交易，是指交易主体之间的供需互动活动实现智能匹配的过程。智能交易主要体现在交易主体、交易对象和交易过程的智能化。

大多数传统交易是在个体和个体之间进行的。然而众智网络下的交易既包括个体之间的交易，也包括个体与群体之间的交易，以及群体和群体之间的交易。上述特征可能衍生出不同的交易模式和交易规则，从而带来不同的交易结构和效率。目前，众智网络中智能交易的理论和方法的研究还处于探索阶段，各种智能交易背后的普遍机制和规律并没有被充分挖掘。然而其研究具有重要的理论和实践意义。在互联网环境下，对智能交易的定义、模式和规则的探索，交易供需一般规律的发掘，匹配、定价、评估理论和方法的创新，有助于交易理论的发展，为建立与形成网络化产业运行体系提供理论指导、科学依据，也有助于在实践中降低交易成本，提高效率，促进经济社会各领域的稳定发展。因此，我们的学术团队从众智网络的视角出发，研究了智能交易模式、规则、供需、匹配、定价和评估问题，并形成了一些论文。我们结合前期学者的成果，把我们的研究发现梳理成系统的理论、方法与实例，以供对智能交易研究领域感兴趣的读者参考。

本书的大概结构：第 1 章回顾了交易的演化过程与分化机理以更好地理解智能交易。第 2 章介绍了众智现象、众智网络的形成背景、概念以及特征，提出了智能交易的定义、模式矩阵，设计了交易规则。第 3 章介绍了供需精准识别和匹配的理论与方法，商品搜索算法，以及一些基于典型场景的应用。第 4 章针对智能交易中的商品动态定价开展研究，依次研究了交易价格的影响因素、商品交易价格预测方法以及动态定价方法，并分别选择在线医疗服务、股票交易服务以及商业车险定价作为场景，结合不同场景的特点开展了相关内容的研究工作。第 5 章针对智能交易信用方面的模型普遍存在交易信用度量片面化、准确性不高、抗攻击性不足、交易信用评估机制与交易信用管理机制结合欠密切等问题，对众智交易网络交易信用问题进行了研究。第 6 章针对网络化产业经济社会形态下交易活动的普适性，结合不同的智能交易模式，对交易智能化程度进行评估，建立了各种智能交易模式下的评估指标体系，并采用模糊综合评价方法进行评价。

我们的学术团队主要包括中央财经大学中国互联网经济研究院的全体老师和信息学院的汤健、王天梅、张巍等老师的研究团队，北京理工大学颜志军老师的研究团队，北京交通大学刘志硕老师的研究团队。第 1 章由中央财经大学的邱磊菊老师编写；第 2 章由中央财经大学的刘倩老师编写；第 3 章由中央财经大学的赵杨老师编写；第 4 章由北京理工大学颜志军老师编写；第 5 章和第 6 章由北京交通大学刘志硕老师编写。

当然，鉴于作者自身水平有限，在对智能交易的研究中难免存在这样那样的问题。对众智网络系统与智能交易这些新兴领域的研究还处于初步探索阶段。因此，在本书中不可避免地会出现不妥的地方，欢迎有关专家和读者提出宝贵意见，以便进一步完善，最终能对相关读者有所帮助。

本书得以出版，由衷感谢所有提供相关学术论文的老师和同学，非常感谢冯宜强、齐托托、杨政法同学的文献搜集整理工作。当然，本书的任何不足均由我们负责。

孙宝文

2021 年 4 月

目　录

第 1 章

交易的演化过程
与分化机理研究

1.1 交易的内涵

交易是买卖双方对有价物品及服务进行互通有无的行为。它可以是以货币为交易媒介的一种过程，也可以是以物易物，如一只黄牛交换三只猪。中国古代对于交易的传统定义是指物品交换，后多指做买卖、贸易。如《易经·系辞下传》："日中为市，致天下之民，聚天下之货，交易而退，各得其所。"又如《史记·平准书》："农工商交易之路通，而龟贝金钱刀布之币兴焉。"以及《东京梦华录·东角楼街巷》："每一交易，动即千万。"

1.1.1 交换和交易

在西方经济理论的发展历史上，"交换"是比"交易"更为古老的概念。近现代经济学者逐渐认识到，传统的交换概念起源于以前的市场和集市，侧重于考察商品的物质实体运动形式，因而具有商品的实际移交意义。此外，马克思对于交换问题的研究深化了古典经济学中的价值理论和再生产过程理论。他高度重视商品货币关系背后的社会内容。马克思运用发生论的分析方法，通过对交换价值和价值形式的分析，揭示出价值的对象性是怎样在商品同商品的社会关系中表现出来的，商品的使用价值与价值两个因素之间的矛盾发展如何进一步推动了货币的形成。①

事实上，"交易"在取得它的现代含义之前，早已经孕育在"交换"的概念之中。马克思在《资本论》中指出，交换双方为了让渡自己的商品，占有别人的商品，必须彼此承认对方是私有者。交换活动不仅是物质本身的运动形式，排他性的所有权是交换的前提，所有权的有偿让渡是交换行为的实质内容。因此，他强调，"这种具有契约形式的法权关系，是一种反映着经济关系的意志关系。这种法权关系或意志关系的内容是由这种经济关系本身决定的。"② 这种交换就意味着建立在特定所有权制度基础之上的不同商品所有者之间的一种契约关系。而从马克思的流通理论的研究旨趣和内容来看，在关注交换活动的社会关系实质的同时，交换活动物质层面的内容并未被排除在研究范围之外。这一点集中体现在马克思对资本循环的流通时间和流通费用的研究之中。

1.1.2 康芒斯关于交易内涵的一种传统理论

在现代经济理论中，"交易"有着十分不同的内涵。康芒斯在他的交易理论中提出要划清所有权与物质本身的界限，把区别于商品交换、劳动交换等旧概念的"交易"作为经济研究的基本单位，作为一种合法控制权的转移单位。区别于实物交换的交易概念，他的交易概念中同时包含着冲突、依存和程序三种成分，交易关系作为法律上所有权转移制度的意义由此凸显出来。交易即在一定秩序或集体行动的运动规则中发生的、在利益彼此冲突的个人之间的所有权转移。这里的"交易"是把人与人之间交往形式一般化的广义交易。而且，体现运行规则差异交易活动的不同类型，还具有在经济组织和经济体制分类上的制度意义。

对广义交易活动的具体类型，康芒斯将其划分为三类：第一类，买卖的交易，即法律平等的人们之间自愿的买卖关系，尤指以换取一定代价为前提

---

① 政治经济学领域认为商品是用来交换的劳动产品，商品的二因素即使用价值和价值，商品的使用价值就是商品能够满足人们某种需要的有用性，价值就是凝结在商品中的无差别的一般人类劳动。从而使用价值解决商品的需要；价值解决商品交换的可能。

② 卡尔·马克思. 资本论（第一卷）［M］. 北京：人民出版社，1975：40.

的法律上所有权的让与和取得，不包含实际物品的交货程序。买卖的交易特点是，司法当局在法律上把买者和卖者作为平等的人来看待。其一般原则是稀少性。第二类，管理的交易，是一种以财富的生产为目的的交易，这也是一种在法律和经济上的上级对下级的关系。其中，上级是一个人或由少数个人组成的特权组织，下级必须服从上级的命令。其一般原则是效率。第三类，限额的交易，是有权力的若干参加者之间达成协议的谈判，拥有权力的若干人把联合企业的利益和负担分派给企业的各个成员。这也是一众上级对下级的关系，只是上级是一个集体的上级或者它的正式代表。这三种类型的交易活动也常被理解为不同的交易方式。

广义的交易活动概括力很强。康芒斯进一步指出，"这三种活动单位包罗了经济学里的一切活动买卖的交易，通过法律上平等的人们自愿的同意，转移财富的所有权，管理的交易用法律上的上级的命令创造财富。限额的交易，由法律上的上级指定，分派财富创造的负担和利益。"[①] 进而，三种不同交易各种程度的多种组合形成了变化多端的制度形态。不同交易体现的指导思想则构成了共产主义、法西斯主义、纳粹主义和资本主义等不同经济和政治体制的社会哲学基础。康芒斯认为，共产主义的命令和服从的哲学出发点就是根植于管理的限额交易之中，而买卖的交易则更符合自由主义哲学和有节制的资本主义理想。在辩论中把李嘉图的价值论分裂为无政府主义和共产主义的普鲁东和马克思，在方法论上同属于黑格尔派的形而上学，其区别在于买卖和限额的区别："普鲁东想要消除政府，从而达到自由平等的买卖；马克思想要消除买卖，从而达到完全的限额。"[②]

在康芒斯看来，市场交易基本属于买卖的交易；企业内交易大多属于管理的交易；限额的交易比较复杂，不仅包括政府交易，而且包括企业间的非市场交易和少数企业内交易。但这三种交易与现代社会中的市场、企业和政府三种基本制度安排之间，也不构成一一对应的关系。例如，在市场（或市场制度）集合之内就不仅包含通常的买卖的交易，还包含具有限额交易性质的企业间的非市场交易。如同业协会、卡特尔之类组织制度就既不属于企业

---

① 约翰·康芒斯. 制度经济学（中译本）[M]. 北京：华夏出版社，2009：86.
② 约翰·康芒斯. 制度经济学（中译本）[M]. 北京：华夏出版社，2009：114.

组织，也不能归于政府体制，而应纳入市场集合之中。

1.1.3 科斯关于交易内涵的另一种传统理论

"交易"的另一种含义体现在以科斯为代表的思想之中。科斯关于交易的理论思想是在对企业性质的研究当中展开的。他认为，有可能通过建立组织（如企业）来避免市场交易，可以假定企业的显著特征是作为价格机制的替代物。

科斯所认为的"交易"一般是以"市场交易"这一术语出现的，而市场交易是指通过价格机制的作用在不同的生产要素所有者之间发生的资源配置过程。科斯强调企业作为一种组织的目的在于：在无数小企业集合形成的原子式竞争下经营单位内部再造生产要素的配置并以此取代市场交易的费用来进行这种配置。由此看来，科斯的确与康芒斯在广义交易的定义上存在很大区别。关于交易的概念，科斯在多数场合是指较为狭义的市场交换。

对于交易的前提，科斯认为在现实世界中任何产权制度的形成都是一个依赖于具体条件的过程，产权通常是作为交易集合的市场来界定的，而产权的具体安排又是历史发展和制度选择的结果。但在具有交易费用的现实世界中，任何交易都是具体产权安排之下的交易。在这个意义下，权利界定构成交易的前提；而产权的具体安排又会通过交易发生变化，从这一角度看，权利表现为交易的结果。虽然科斯的交易理论隐含于对市场与企业组织替代关系的论述之中，但这并不意味着他把市场交易与一体化视为可以截然分开的两极。事实上，他对市场交易和企业在现实经济生活中可能表现出来的复杂性已经有十分明确的认识。

科斯的交易理论还提出了重视研究交易的制度背景所具有的重要意义。他是在阐述法律体系重要作用时，以股票交易所和商品交易所为例进行论述的。他认为，如果不对交易赖以进行的制度设置加以详细规定，经济学家关于交换过程中的讨论便毫无意义。因为这影响到生产的动力和交易的费用。因此，"需要在现实世界的环境中研究缔约过程"①。在现实世界中，市场交

① 科斯.财产权利与制度变迁（中译本）[M].上海：格致出版社，2014：75.

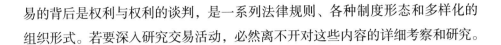

易的背后是权利与权利的谈判，是一系列法律规则、各种制度形态和多样化的组织形式。若要深入研究交易活动，必然离不开对这些内容的详细考察和研究。

1.1.4 交易内涵的基本要素

通过对不同传统理论的交易内涵的比较，我们提炼交易的基本要素，以便更好地理解众智网络时代的交易。把康芒斯和科斯对于交易概念及相关问题的认识和研究思路加以简单比较，不难发现以下重要的关联点和区别：

第一，康芒斯和科斯都选择交易作为经济研究和分析的基本单位，但在研究意图上有所不同。康芒斯试图把冲突、依存和程序三种成分纳入统一的研究单位之中，从而以此包罗经济学领域的一切活动。这些活动的性质不仅是经济性的。"既然这些交易是地位平等的人们之间或者上级和下级之间的社会活动的单位，它们的性质是伦理的，也是法律和经济的。"[①] 康芒斯认为，正是由于这些具有多重属性的多种类型的交易集合而成了运行中的机构，对制度的研究将以此作为观念基础而得以展开。科斯对于市场交易的探讨是为了提出并强调被人们忽视的交易费用，比较企业内部的组织成本和通过市场进行交易的费用，从而解释企业存在的经济理由，说明企业的适宜规模是如何确定的。

第二，康芒斯和科斯的交易概念的含义差别较大，但他们都突出地强调了交易关系作为法律上所有权转移制度上的意义。康芒斯认为，"规定价格和使得竞争可能的是所有权，决定竞争公平还是不公平的是所有权的转移，而不是实物的交换"[②]。因此，交易是所有权的转移，是一种合法控制权的转移单位。特别是在买卖的交易中，判断争执的司法当局在法律上把买者和卖者作为平等的人来看待，因而这种交易是一种契约关系。科斯强调，作为权利转让和重新组合的市场交易活动，其基本前提是权利的初始界定。市场交易是一种契约关系，他把市场交易中签订契约、监督和履行的费用作为交易费用的重要组成部分。

---

① 约翰·康芒斯. 制度经济学（中译本）[M]. 北京：华夏出版社，2009：86.
② 约翰·康芒斯. 制度经济学（中译本）[M]. 北京：华夏出版社，2009：114.

第三，康芒斯和科斯在研究交易问题时采用不同的研究方法。在《制度经济学》中，康芒斯在对以交易为基本单位的制度进行分析时所采用的是哲学、法学、社会学和心理学的方法；科斯对于交易问题和制度理论的研究基本上遵循了经济学的方法。

第四，从理论影响来看，两种理论具有不同的意义和作用。康芒斯的一般化的交易概念为日后交易费用概念的提出和交易费用分析方法的广泛运用，提供了现实可能性和广阔的潜在空间。据此，人们得以对原来认为性质十分不同的经济活动进行深入研究和比较。科斯的交易费用概念适用性很强，从后来的理论进展来看，交易费用中的"交易"二字的含义似乎更接近于以康芒斯为代表的理论传统。科斯创造性的工作推进了交易费用经济学和经济分析法学的发展。但他的交易概念不够"一般化"，尽管不是唯一有价值的理论出发点，却为深入研究介于市场交易与一体化组织之间的中间性组织类型、为日后契约关系规制（治理）理论的发展，提供了另一个必要的理论视角和观念前提。

第五，在科斯的思想上发展起来的交易成本理论在很大程度上推进了交易模式的改变与演化。科斯认为，交易成本是交易各个环节中产生的各种费用，包括获得市场信息所需要的费用，以及谈判和经常性契约的费用。也就是说，交易成本由信息搜寻成本、谈判成本、缔约成本、监督履约情况的成本、可能发生的处理违约行为的成本构成。随着技术革新，这些成本也不断发生着变化，因此促进了交易模式的改变。交易模式及交易模式的演化将在后续的章节中详细阐述。

总之，交易是交易双方通过一定的媒介开展的价值交换，包括交易的主体，即供给方和需求方；交易的客体，即某种形式的价值；交易的过程，即通过媒介开展的交换过程。广义上，交易可以是一切交互活动；狭义上，交易可以特指市场交易。

1.2　交易的演化过程

随着人类文明的进步，交易发生着巨大变化，也促进了文明的不断发展。

人类社会从野蛮蒙昧的原始社会，经历了农业文明、商业革命、工业革命、信息革命，逐步向着更高级的社会发展。伴随着这一进程，交易从互惠性交换中诞生，交易的主体、客体、过程、地点、时间、价格、交易媒介发生了巨大变化。交易主体从最初的个人到组织；交易客体从实物到服务，从所有权到使用权等；交易过程更是发生了天翻地覆的变化；交易地点从最初的集市发展出商店，航运的发展带来了地方和国家之间的远程贸易；交易时间从最初的见面交换发展出远期、即期、周期性的各种交易；交易价格发展出固定价格和动态定价等各种形式；交易媒介，货币从交换中诞生又不断发展，从贝壳、金属等形式发展出纸币，渐渐发展到电子货币。随着信息革命的到来，互联网的发展解放了交易的时空限制，交易过程向着更加个性化、智能化的方向发展。

1.2.1　原始社会——互惠性交换与再分配

在人类与其他动物区别开来之后最早的漫长年代里，人类一直从事着狩猎与采集的活动。据现有的原始人类学研究成果的证据表明，原始人类的生存尽管与其他动物一样受到变化莫测的自然环境影响，但是与现代经济发展相关联的某些经济意识或成分，如人力资本投资、专业化和交换、产权与合约安排，也在这个漫长的过程中得到发展。刘易斯（1973）对原始土著人在狩猎和种植管理上用火的综合研究清楚地表明，原始人对灌木丛与草本植物之间的再生产循环显示出广泛的知识，他们用火促进要采集植物生长、开花，而抑制不合意的植物生长。这要求人们懂得何时、何地及如何控制火来管理资源方面的知识。以狩猎为生需要智力和体力的全身心活动，它要求技术、技巧、社会组织、某种程度的分工、对动物行为的知识、密切观察的习惯、发明创造、解决问题，以及风险承担等。这种特殊要求在人的长期进化中是有高度选择性的，例如，在土著人之间广泛流行的对优秀猎手奖以多妻的做法，就是这种选择的深化（Smith，1975）。在狩猎采集经济中，一方面形成了以非排他性的共有产权合约安排为基础的原始部落或氏族组织；另一方面在这些氏族组织内部出现了阶层制度关系。在原始氏族经济中，由于不存在为报酬而劳动的原则，获得利润是被禁止的，因此也就没有以物易物、易货贸易和交换的情况，而免费赠送被看作传统习俗的美德。因此，原始部落经济主要是按照互惠性交换原则与再分配原则来组织（Polanyi，1944）。互惠性交换原则是指一种礼品的赠送并非仅是这种物品的让渡，而是表示了送礼者与受礼者之间的关系。所送之礼就是这种关系的象征，因此在其礼物价值之外还有其他的价值。赠品所确立的或所延续的关系就意味着互惠。这种互惠性交换关系可以是对称的，氏族一般成员之间、氏族首领之间、部落与部落之间，受礼者有必须同样回礼的义务；也可以是非对称的，送礼者可能居于优势的地位，因此表明他高贵的地位，受礼者必须用贡品或劳务回报。毛斯（1925）曾分析赠品经济中物与人之间的牢固关系，指出部落人"赠送某件东西就是赠送他自己的一个组成部分"。因此，赠品体现赠送者的"心意"，而这寓于所赠物品里的"力量"，迫使收受者给予回报。再分配原则就是指把氏族组织内生产所有产品的相当大一部分交给部落首领来储存。在部落宴会和舞会上，款待其成员及来宾，然后把剩余部分分配给其成员。这种互惠性交换就是人类最原始的交易方式。而再分配原则则形成了最原始非排他性的公有产权制度（Dalton，1977）。

这些互惠性交易与合约安排导致了原始人类所预想不到的后果。一方面，赠品的礼尚往来交换本意是为了保持人与人之间的平等关系，但实际上氏族每一位成员的社会地位与等级是与赠品密切相关连的。每个人为了提高自己的威望与地位就必然导致互相竞争，努力给他人更多的赠品。氏族成员之间、部落之间的竞争与对抗进一步加深。这样不仅扩大了氏族成员之间与部落之间的差异性，而且促进了赠品交换的进一步发展，形成更为复杂的赠品交换合约安排。另一方面，由于产权合约安排非排他的公有性，即自然资源不论是狩猎的动物还是采集的植物都是由氏族部落共有，这也意味着所有的人都可以自由地使用这些资源，而不承担使用其资源的成本。在这种情况下，必然会激励人们过度地使用这些资源，而过度地使用某种资源必然会导致资源配置的低效率或无效率。当对资源需求增加时，这种无效率必然会导致资源的枯竭，这就是现代经济学所称的"公地悲剧"（Garret，1968）。

在此，我们假设有几个部落为共同占有的动物而竞争的情况。在这种情况下，动物只有被捕获后才对部落有价值。因此，部落激励尽量多地捕获动物，直到所捕获最后一只动物的价值等于捕获这一动物的私人成本为止。在这种竞争情况下，没有任何一个部落有动机去保留其资源，因为剩下的资源可以为竞争对手捕获。因此动物存量处于濒临灭绝的危险，捕获者的收益会逐渐下降（Smith，1975）。原始采集活动的情况也是如此。当易于捕获的有价值的动物及易于采集的有价值的植物一旦消失，狩猎与采集的劳动生产率突然下降，机会成本上升，人们就会采取另一种生产方式来代替原有的生产方式。因此，人类在漫长的过程中以定居农业经济代替狩猎采集经济，导致人类历史上的第一次经济革命。

1.2.2　农业革命时期——个人交易取代部落交易

地球在距今 1.45 万年前开始显著温暖化倾向，它可能对应了小麦在西亚的驯化，这一般被认为是人类农业文明的开端，是以培育和收藏农作物小麦为标志。农业活动作为现代工业出现之前人类的主要经济活动，对人类的存在与发展具有重要意义，农业活动从更深的意义上体现人类在自身发展过程中对自然界主观能动性的改造，它是人类文明产生的主要基础。农业取代原本作为基本食物来源的狩猎和采集经济，从而改写了人类历史，改变了基本的经济组织。但是农业的产生并非一蹴而就，在它之前人类有着更为悠久的渔猎采集生活，农业的产生就诞生在人类在采集过程中对自然界认识的不断探索与深化。

人们在长期社会实践中，逐步观察和熟悉了某些植物的生长过程，慢慢懂得如何栽培植物。世界各地区的人民，在采集经济的基础上，积累经验，各自独立地发展农业。在距今 10000 年到 2000 年全世界大部分地区的人类都转向了农业，可是有关植物生长的基本原理在农业革命的数千年之前就被人们所知，可是人类为什么要推迟这么久才付诸实践呢？在人类自身发展史上相对短暂的时间里，并没有急速从一种生存模式转向另一种生存模式。这其中一个原因就是动力问题，在正常情况下，捕猎的原始人不但拥有丰富的食物，而且品种多样，较之于种养植物的农民，他们所取得食物的时间也更短，另一个原因则是可以自栽培的植物和可以驯养的动物太少，农业比渔猎经济具有很大的不确定性和风险性。但为什么最终却完成了经济模式的转变呢？这个因素就是人口压力，因为人口增长，人们不得不转变原有的经济方式，从渔猎走向农耕时代。因为，每平方公里内农业所能养活的人口数远超过了狩猎等食物采集。事实上，很多人是抵制农业的。它需要人们更加努力地工作，这样农业只构成某些方面的进步，而在其他一些方面则导致了情况恶化。另外，一部分人保持了迁徙的生活方式而不肯定居下来。

世界上主要农业文明有三个区域，即西亚、东亚和中南美洲。他们的主要代表作物是小麦、水稻和玉米。农业的发展并不代表着农业已经推广到全球各地，它有一个传播适应的过程，具体的过程从今天来看已经不是十分明了，但是农业革命最明显的特征就是产生了定居生活——村落。慢慢地，城市出现了，在此基础上的政治组织开始出现，相对于村落而言，城市的人口多而集中。城市的人口不但多，而且分工细，并有着复杂的组织，随组织而来的则是社会的阶层化，城市人的角色不再限于农业生产，城市与它周围的村落通常会保持一定程度的政治和经济联系。这就为以后人类文明的进一步发展创造了条件。

诺斯（1991）认为，由狩猎采集经济向农业定居经济的转变之所以称为人类历史上的第一次经济革命，是因为狩猎采集经济是以非排他性共有产权来组织，而定居农业是以排他性共有产权来组织，而不同的产权合约安排具有不同的激励约束机制。这些激励约束机制决定了人们的获利方式与途径，引导着人们的经济行为。因此，在不同的产权合约安排下人们的经济行为是毫无二致的。在非排他性共有产权的条件下，导致资源巨大浪费的"公地悲剧"不可避免；而在排他性的共有产权向与市场经济所需要的私人产权合约安排迈进了一大步。

随着定居农业的出现，部落内专业化分工开始细化，劳动生产力随之提高，剩余产品也随之出现。剩余产品的出现不仅使交易成为可能，而且使交易成为必不可少的生活环节。交易不仅促进了剩余产品的生产，而且为个人动产和不动产的积累提供可能性。这样也促使更为复杂的交易方式与产权合约安排的出现。学者通过对北美洲和美拉尼西亚的社会研究表明，存在着以"礼仪性的交易"形式表现的、阐述详尽的多边合约安排。这些合约安排就构成了他们社会中复杂的交易制度与规则，如波拉齐宴会、库拉礼品交易等（Dalton，1977）。

随着农业生产的发展，手工业从农业中独立出来成为专门的生产部门，进一步促进了交易的发展。同时，这种发展使交易行为发生了一种交易方式的重大革命。之所以称它为交易方式的重大革命，不仅在于交易行为频率的提高和交易数量的增加，而且在于主要的交易主体由部落转变为个人，即部落之间的交易逐渐被个人之间的交易取代。相应地，建立在传统习俗、宗教、禁忌等基础上的合约安排也被反映个人意愿的合约关系取代。在这样的制度下必然促使某些个人所占有的财富越来越多，以及某些部落越来越强大。个人对财富的完全占有表明私人产权的出现。而某部落的强大往往会以暴力的方式控制社会资源，形成国家，确立国有产权制度。这样，原始定居农业社会的排他共有产权分别被私人产权与国有产权代替。国家的出现与私人产权制度确立也标志着原始人社会的结束和现代人社会的开始。

此外，农业社会的交易更多的是一种人情式的交易。人情式交易是指整个交易活动是以交易者的宗亲关系为核心而展开的。在简单的人情式交易的情况下，由于专业化和分工处于较低的水平上，个人是在相互了解的基础上进行交易。其特点是交易重复出现，买和卖几乎同时发生，每次交易参加的人数多，物品与劳务的不同质，没有专门收集与分配市场信息的制度，物品与劳务度量制度复杂而又不完全标准化，文化同质，缺乏第三者执行等。由于交易双方互相了解程度深而且交易重复进行，信守合约的收益大于成本，合约多是自我履行。在这种世界里，由于有密切互动的社会网络，交易成本很低；但是因为专业化与分工很粗浅，所以转换成本很高①。在这种交易情况下，经济体系或贸易伙伴的组合往往很少，其合约安排多是以传统行为规则构成。

集市贸易是人情式交易方式的典型经济组织形式，无论在东西方都有悠久历史。它从开始出现到现代，几千年来仍然以不同的形式对社会经济发展发挥着巨大的作用。集市贸易又可分为乡村集市与城市集市，后者是前者演变的结果。乡村集市的起源可能来自某种原始氏族部落的宗教集会，这种宗教的集会都能为交易提供机会。交易开始可能是偶然的，但逐渐地变成经常性的。参加集会的人带来的物品最初可能仅供宗教节日期间个人消费或作为献给神的礼物，但如果参加者带来的物品不完全一样，他们就会用带来的物品尝试着互相交易。开始时纯粹是一种偶然，而且如果这种初步的交易带来

---

① 交易成本是指在完成一笔交易时，交易双方在买卖前后所产生的各种与此交易相关的成本；转换成本指的是当消费者从一个产品或服务的提供者转向另一个提供者时所产生的一次性成本。

的利益不大时，这种交易一直会是偶然的，但是如果这种交易能够获得较大的相对利益时，交易就会发展起来，而且会发展很快并与最初的宗教集会意图大相径庭。这样就由最初宗教性集会变成乡村的定期集市。这类定期乡村集市的特征是多设在乡村的广场上，每隔数日定期举行一次，为便于附近村落的人当天可以来回，集市时间多半是在上午或中午，日落以前很早就散市。广场上只有少数的常设店铺，集市日期时摆下临时的货摊，非集市日期则一片空旷。在这种定期集市上进行交易的人大多数还不是专业化的商人，而是每周到市场来一次的农民。他们定期地把各自产品带到集市上销售，同时购买一些自己所需要的物品。

这种乡村集市由于交易产品简单且产品的识别成本低，交易活动可重复进行，交易者双方较为了解和熟悉，欺骗等机会主义行为很少发生，交易时间集中也降低了个人搜寻交易物品信息的成本，而且交易是建立在双方共同理解的暗含的合约关系上，因此交易者之间的交易不确定性少，交易费用低，也就不需要设立特别的合约安排来约束人们的交易行为，交易者之间也容易实现合作。因此，这种交易方式对社会经济发展起到重大的作用。

虽然乡村集市公正，交易成本低，但是它还存在着各种缺陷，如转换成本过高，商品从数量和种类上都不够丰富，交易的时间和地点的局限很大等，从而孕育了专业化商人或商业的出现。因为在私人产权合约安排的情况下，乡村集市交易的扩大，必然会激励一些人比另一些人有更多的可交易品。由于他们可交易的东西较多，其他人也就愿意同他们交易，结果是他们的生意越做越兴隆。由于他们有更多的机会把货物转让给他人，他们也就有意愿购买不是他们自己直接消费的物品。如果他们为卖而购买，并把自己的活动移到市场所在地，这样专业化的商人就出现了。而在国家产权制度安排的情况下，专业化商人首先是由国与国之间礼物的赠送而导致的对外贸易形成的。商人的出现不仅使市场在时间上延续，即把定期的市场交易改变为不间断的市场交易；而且会使市场在空间上扩展，即商人前往或派他的代理人到邻近地区采购或销售商品。商人出现的结果：一方面促使了城市的兴起以及专业化市场的形成；另一方面促进了长途贸易与对外贸易的发展。

城市的兴起是商人活动的结果，而城市的出现不仅促进了商业的快速发展以及社会分工的进一步细化，例如，城市集市的增加、专业化商场的建立，

而且促使了交易方式的改变，合约安排的创新及新的经济组织的出现。由非
人情的交易方式代替了人情式的交易方式，由条款清晰被法律保护的合约代
替了传统习俗影响下的默契合约，由复杂的有一定规模的专业化市场代替了
乡村集市。长途贸易的演进与发展表示着经济结构的显著改变，因为必须要
有一些人专门从事这种交易过程中的工作，而且这些交易是在跨时间、跨地
域、跨文化的背景下进行，必须采用新的交易方式与合约安排才能更好地适
应交易活动开展。

1.2.3 商业革命时期——跨时间、跨地域、跨文化的交易

商业革命是指 16 世纪随着新航路开辟引起的欧洲商业和世界市场的一系
列新变化。其主要变化为流通中的商品种类与数量的增多，商路及商业中心
的转移，商业经营方式的转变，世界市场的形成。地理大发现后，世界商路
和商业中心从地中海区域转移到大西洋沿岸。原来独占欧洲与东方贸易的意
大利城市，商业地位日趋衰落。英国伦敦、西班牙塞维利亚、葡萄牙里斯本、
尼德兰安特卫普等城市的商业地位日趋重要。商业革命使得欧洲资本的流通
范围和海外贸易的地域急剧扩大，进出口商品的种类、数量和贸易额迅速增
加，以及由此导致了商业性质和交易方式的改变。

商业革命让交易可以在跨时间、跨地域、跨文化的背景下进行，与农业
社会中的小范围人情交易相比，可以认为这是一种大范围的非人情交易，人
情关系在这时的交易中已经不是十分重要。当然，从历史上看，无论是乡村
集市向城市化市场的过渡，还是庄园制瓦解都促使了专业化分工的发展，交
易数量与范围扩大，市场规模的拓展，非人情的交易方式随之出现。在非人
情式的交易过程中，不仅有许多对象，而且交易者之间的信息是不完全、不
对称的。在这种世界里，个人的处境好坏依赖于复杂结构的个人的专业化和
扩展到不同时间地点的交易。物品或劳务都具有许多有价值的特性，度量成
本高；交易不是不断地发生，而且没有重复往来；交易过程中各种机会主义
随之出现，人们之间的交易必须通过合约安排的方式才得以实现。在这种情
况下，尽管亲戚关系、各式各样的诚信、少数族群在不友善的环境中依共同
信仰而为自愿履行合约提供了架构根据，但是缺乏有效的第三者来辅助合约

履行成为交易达成的一大困境。因此，在非人情式的交易世界里，为促使交易的顺利进行，强制性履行合约或合约的第三者执行成为必不可少的环节。可以说，随着人情式向非人情式的交易方式转换，合约安排的创新层出不穷。这些合约安排的出现不仅为人们的交易提供进行合作的共识，约束了人们交易之间的相互关系，减少了交易过程中的不确定性，降低了交易成本，而且形成了与之相应的经济组织。

长途贸易与海外贸易的演进与发展推动非人情式交易方式的出现。因为长途贸易必然会产生一些专门从事交易过程工作的商人。商人阶层的出现不仅会自然而然地组成自己的社会，形成他们聚集交易的场所（城市或贸易中心）；而且会改变他们的交易方式，由以往紧密熟悉的社会网络转换成不常来往的买者与卖者的关系。开始时人们还是会设法用客户或人际的交情延续交易，但是，随着交易的种类和交易物品数目的增加，订立的合约种类就越复杂，度量表现成本、亲族关系的强弱，以及机会主义行为的代价都能决定合约安排的结果与种类，而且跨地区、跨国度的交易合约的履行也越加困难。因此，非人情的交易方式出现了。例如，随着长途贸易的发展，交易中买方和卖方之间出现代理人，代理人经营的合约安排也开始盛行。这种代理合约安排起初阶段一般是由商人的儿子或亲属作为代理人。在这种交易关系中，交易各方往往受到亲族关系、传统习惯等约束。但是，随着商人业务的进一步发展和其财富的增加，他们往往会减少外出经商次数，他们把商事托付给不同的代理人，委托他们办理运输、押送、照料、谈判货物和收益事宜。这种代理商人可以是各地流动的，也可以是定居一地的；可以是一般商人，也可以是专业人员；可以是长期代理，也可以是临时代理。不少这类的代理人愿意按照委托办法营业，充当他们在城市内和邻近富饶腹地的经纪人、进口商和批发商，在卸货口岸购进货物，由卖主运往所在地，途中风险由卖方承担。这些代理关系是以誓约、交易人质或商人行为准则来约束，而不是传统的亲情惯例来约束。

此外，说到商业革命，就不得不提宋朝发生的商业变革。"革命"有"本质性变化"之意，宋朝似无"革命"只有"变革"，因此我们在这里称为商业变革。宋代的商业变革虽无西方商业革命带来的影响范围与影响意义深刻，但是也出现了海外贸易与许多新兴交易形态，而其中很多现象在西方资本主义萌芽后才出现的。

在这场商业变革之中，交易过程中纸币和信用票据出现并大量使用，纸币有交子、会子等，本地交货、异地取款的信用票据有交钞、盐钞、茶钞等。出现包买商：宋朝出现了预付款给纺织户，产品织成后卖给商人，农业中也有商人先付定金给果农，等果子成熟后由商人包买的现象。海上贸易得到空前的发展，开辟海上丝绸之路：宋朝已出现装载量数十万石的大海船，瓷器、丝绸与东南亚直至欧洲都有交易。商业贸易由内陆贸易为主向海洋贸易发展；市场由封闭转变为开放，时间、空间均不再受制。由此形成了城市的市民阶层及行会组织；围绕大城市的镇市大批出现，形成以大城市为中心、以水陆交通线为网络，以镇市、村市为网络交结点的多级市场结构。

宋朝的商业变革产生的新兴交易形式与西方的商业革命有异曲同工之处，甚至更为高级。这都是由于社会生产力、科技水平大大提高而带来的。但对于东西方长途贸易与海外贸易的发展来说，都遇到了交易过程中支付与信贷方面的问题。例如，货币的伪造、统治者强加的改变货币成色而引起的通货不稳定、因为封建秩序的支离和夺取铸币权而造成的货币种类繁多、金银之间的比率不当等，这些问题严重妨碍了交易的正常进行。为了解决这些问题，降低交易过程中的费用，一种银行票据合约安排开始在交易中出现。影响资本市场与资本流通的最重要的金融合约安排的创新是汇票演进以及那些促成汇票转让的工具和折价方法的发展。转让与折价方法的发展又依赖于创新的合约安排及发展出运行中心——先有市集，后有银行，最后出现专门承担这种折价业务的金融行号。这不仅能减少资本流通过程中的交易费用，加快资本流转的速度，形成有效的资本市场，扩大规模化经济；而且改进合约的有效履行，促进会计与审计制度的发展，从而使整个现代银行制度在此基础上建立起来。

1.2.4 工业革命时代——生产力的巨大提升与交易的自由竞争

工业革命时代可以划分为三次历史进程：第一次工业革命，18 世纪 60 年代至 19 世纪 40 年代，人类开始进入蒸汽时代；第二次工业革命，19 世纪 60 年代至 20 世纪初，人类开始进入电气时代；第三次工业革命，20 世纪后半期，约在第二次世界大战之后，人类进入科技时代。每一次工业革命都带来生产力的巨大飞跃，同时交易形式也发生着一系列演变。

第一次工业革命开始于 18 世纪 60 年代，通常认为它发源于英格兰中部地区，是指资本主义工业化的早期历程，即资本主义生产完成从工场手工业向机器大工业过渡的阶段。工业革命是以机器取代人力，以大规模工厂化生产取代个体工场手工生产的一场生产与科技革命。18 世纪中叶，英国人瓦特改良蒸汽机之后，由一系列技术革命引起从手工劳动向动力机器生产转变的重大飞跃，随后向英国乃至整个欧洲大陆传播，19 世纪传至北美。工业革命创造了巨大生产力，可供交易的产品空前增加，使社会面貌发生翻天覆地的变化，实现了从传统农业社会转向现代工业社会的重要变革。

工业革命对于英国的影响是巨大的。根据龙多·卡梅伦在《世界经济史》中的统计数据表明，工业革命前后 80 年，英国工人的劳动生产率提高 20 倍，棉纺厂工人生产率高于手纺工人 266 倍；18 世纪中叶，英国的煤产量、棉花加工量都相当于世界的一半；英国工业产值占整个世界的 51%，进出口贸易占 25%，铁路超过 1 万公里，伦敦成为世界金融中心。英国获得了"世界工厂"的称号，成为当时世界上最强大的国家。[①]

生产力的巨大提升使得更为自由的交易成为可能，并对国际贸易带来深远影响。社会变革学派认为工业革命就是人类历史上一次人与人之间经济交易方式的大变革，其理由是这一时期出现了正式的、竞争的、非个人的商品和生产资料市场。工业革命的实质是以竞争代替先前主宰着财富的生产与分配的规章条例。由于机器的发明，工厂代替家庭手工业制度成为工业发展最重要的对象，对工业革命具有决定性意义的是理性行为被广泛接受，并传播到各地。恩格斯在《英国工人阶级的状况》中指出："大工业是用机器代替了手工工具，用工厂代替了作坊，从而使从前的大商人变成工厂主；它排挤了小资产阶级，并把居民间的一切差别化为工人与资本家的对立。"[②] 工业革命带来的首先是技术革新，但比技术革新影响更深刻的，是经济社会运行规

① 龙多·卡梅伦. 世界经济史（中译本）[M]. 上海：上海译文出版社，2012：204，212，218.
② 恩格斯. 英国工人阶级状况（中译本）[M]. 北京：人民出版社，1956：10.

则的变化，也就是说自由主义经济政策此时开始盛行。

自由主义经济政策，是保证交易在市场中自由竞争的前提。政府干预和管制的主张在商业革命时期达到登峰造极的程度，亚当·斯密在《国富论》中以七章的篇幅对重商主义学说和各种干预措施加以鞭挞。在抨击重商主义的过程中，斯密提出"看不见的手"的观点。他认为，重商主义就其性质与实质来说，是一种限制与管理的学说，是实现国民财富增进的最大阻碍。矫正和克服这种弊端的出路，在于实现真正的自由放任，确立"最明白最单纯的自然自由制度"。对于自然自由制度的后果，斯密持有十分乐观的态度。斯密认为，在自然自由的制度下，每一个人都从自己的利益出发从事生产经营活动，在这个过程中，受"看不见的手"的指导去追求自己的利益，往往使他能比在真正出于本意的情况下更有效地促进社会的利益。自然自由制度和经济自由主义，是令"看不见的手"充分发挥效力的重要保障。

为了保护交易的自由竞争，斯密反对政府运用手中的权力去干预社会生活。他认为政府的作用就应该是一个"守夜人"的角色，"管得最少的政府就是最好的政府"。其职能应局限于保护国家、维护公正与秩序、提供公共产品等方面。斯密的自由经济思想对于新兴的资产阶级反对封建主义，推动资本主义的发展起了巨大的作用。事实证明，工业革命后，斯密的自由经济思想变成了自由贸易政策，使资产阶级尤其是工业资产阶级得到雄厚的经济实力，工业资产阶级实力大大超过土地贵族和商业贵族而成为资产阶级的主体。

英国在第一次工业革命时期垄断世界上大部分的贸易，建立东印度公司以及海外殖民地，垄断多条海上贸易路线。这促进了欧洲资本主义发展，欧洲大西洋沿岸成为当时的国际贸易中心，其产品主要是各类工业制成品。自此，国际贸易开始初步发展。

随着经济的发展，自然科学方面的研究取得重大进展，不断产生各种各样的新技术、新发明，并被广泛应用于工业生产的各种领域，促进经济的进一步发展。第二次工业革命蓬勃兴起，人类进入电气时代。第二次工业革命最为显著的特征是内燃机和电器的创新和广泛应用，由此产生的新兴工业，有电力工业、化学工业、石油工业和汽车工业等一系列电气化工业的发展。这些行业都要求大规模的集中生产，生产社会化的趋势不断加强，推动企业间的竞争加剧，促进生产和资本的集中，少数采用新技术的企业挤垮大量技术落后的企业。垄断在生产和资本集中到一定程度后便应运而生。在竞争中不断壮大起来的少数规模较大的企业之间，就产量、产品价格和市场范围等达成协议，垄断组织因此产生。它产生后也在一定程度上也促进了生产。垄断组织的出现，使企业的规模进一步扩大，劳动生产率进一步提高。托拉斯等高级的垄断组织形式，更有利于改善企业经营管理，降低成本，提高劳动生产率。

第二次工业革命，美国、德国把握住了这次机会，并且取得了巨大成就。国际金融贸易中心逐渐向北大西洋的东西两岸、地中海沿岸转移。德国法兰克福、美国纽约和旧金山成为界著名港口，从此各国对外贸易更加繁荣，美国、德国的商品占领了世界市场，出口全世界，欧洲西部跟美国东北部成为世界经济贸易最发达的地方。对外贸易的结构、运输方式、交易方式都出现大幅度的变革，专业的大宗商品交易市场以及金融、保险和商业方面的服务开始出现。这些变革使对外贸易更便捷、效率更高，对外贸易不再是最初最原始的方式。

第二次工业革命中，内燃机的广泛使用使交通运输工具得到突飞猛进的发展，美国人贝尔发明电话、意大利人马可尼成功发出无线电报，都为迅速传递信息提供了方便。交易进一步打破时间、空间的限制。此间，最为突出的是期货交易蓬勃发展。期货市场最早萌芽于欧洲。早在古希腊和古罗马时期，就出现过中央交易场所、大宗易货交易，以及带有期货贸易性质的交易活动。当时的罗马议会大厦广场、雅典的大交易市场就曾是这样的中心交易场所。12世纪，这种交易方式在英、法等国的发展规模很大，专业化程度也很高。1251年，英国大宪章正式允许外国商人到英国参加季节性交易会。后来，在贸易中出现了对在途货物提前签署文件，列明商品品种、数量、价格，预交保证金购买，进而买卖文件合同的现象。1571年，英国创建了实际上第一家集中的商品市场——伦敦皇家交易所，在其原址上后来成立了伦敦国际金融期货期权交易所。其后，荷兰阿姆斯特丹建立第一家谷物交易所，比利时安特卫普开设咖啡交易所。1666年，伦敦皇家交易所毁于伦敦大火，但交易仍在当时伦敦城的几家咖啡馆中继续进行。17世纪前后，荷兰在期货交易的基础上发明了期权交易方式，在阿姆斯特丹交易中心形成了交易郁金香的期权市场。1726年，另一家商品交易所在法国巴黎诞生。在第二次工业革命中，产生了大量期货交易市场，如芝加哥期货交易所、芝加哥商业交易所、伦敦金属交易所、法国期货市场等。

第三次工业革命以原子能、电子计算机、空间技术和生物工程的发明和应用为主要标志，是涉及信息技术、新能源技术、新材料技术、生物技术、空间技术和海洋技术等诸多领域的一场信息控制技术革命。第三次工业革命以后，随着社会生产力的进一步提高，商品生产和商品交换获得前所未有的发展，一些看不见、摸不着的无形物品纷纷进入市场，成为交易对象，如知识、技术、信息等。交易进一步打破时间、空间的限制，市场的结构也越来越复杂，由最初的完全竞争交易市场进一步分化为垄断竞争市场、寡头垄断市场和完全垄断市场。完全竞争市场厂商很多，可供交易的产品同质，任何厂商不能影响商品价格，进出行业容易，经济效益最高。完全垄断市场厂商只有唯一的一个，可供交易的产品也是唯一的，且无相近的替代品，厂商在很大的程度上可以影响市场价格，进出行业极其困难，经济效益最低。垄断竞争市场上厂商很多，可供交易的产品之间存在差别，厂商对市场价格有一些影响，进出行业比较容易，经济效益较高。寡头垄断市场的厂商有几个，可供交易的产品有差别或无差别，厂商在相当程度上可以影响价格，进出行业比较困难，经济效益较低。

第三次工业革命极大地改变了国际贸易的状况与国际贸易的格局，发达国家成为国际贸易的主体。不同国家之间贸易差别巨大，发展中国家在世界贸易中处于弱势地位，受到发达国家的压榨和限制，在国际贸易中处于不利地位，同时形成世界性的分工。水平型分工成为国际分工的主要形式，产业内部的分工出现，国际分工从货物分工向服务业领域发展，发展中国家中的新兴工业化国家和地区开始向中心地区发展。随着服务业发展，国际服务业分工同时也处于发展中。国际分工机制从第二次世界大战前的殖民统治、不平等条约和价值规律的作用，转变为以主权国家及价值规律的作用，出现了跨国公司全球生产体系和资本国际化。国际贸易结构向高科技和服务业发展，对外贸易依存度在不断提高，跨国公司成为国际贸易的重要角色，跨国公司正在通过跨国兼并与收购活动或者通过协定的方式，结成新型的战略联盟，以提高竞争力。

1.2.5 互联网时代——电子商务引领线上交易新模式

第三次工业革命，即信息技术革命后发展起来的互联网更是使交易打破了时间和空间的限制，得到突飞猛进的发展。

互联网，是网络与网络之间所串连成的庞大网络。这些网络以一组通用的协议相连，形成逻辑上单一且巨大的全球化网络，在这个网络中有交换机、路由器等网络设备、各种不同的连接链路、种类繁多的服务器和数不尽的计算机终端。使用互联网可以将信息瞬间发送到千里之外的人手中，它是信息社会的基础。互联网始于1969年美国的阿帕网（由美国国防部研究计划署，用于军事连接），由于最开始互联网是由政府部门投资建设的，所以它最初只是限于研究部门、学校和政府部门使用。除了以直接服务于研究部门和学校的商业应用之外，其他的商业行为是不允许的。20世纪90年代初，独立的商业网络开始发展起来，这使得从一个商业站点发送信息到另一个商业站点而不经过政府资助的网络中枢成为可能，互联网开始商用化。

随着互联网商用化以及消费需求的变化，电子商务得到了巨大发展。电子商务是指以信息网络技术为手段，以商品交换为中心的商务活动；也可理解为在互联网、企业内部网和增值网上以电子交易方式进行交易活动和相关服务的活动，是传统商业活动各环节的电子化、网络化、信息化；以互联网为媒介的商业行为均属于电子商务的范畴。电子商务是互联网爆炸式发展的直接产物，是网络技术应用的全新发展方向。互联网本身所具有的开放性、全球性、低成本、高效率的特点，也成为电子商务的内在特征，并使得电子商务大大超越了作为一种新的交易形式所具有的价值。它不仅会改变企业本身的生产、经营、管理活动，而且将影响到整个社会的经济运行与结构。电子商务可以非常好地帮助到整个消费品市场的发展。它打破了很多边界，一方面促进消费，它可以让消费者购买的行为更加便利；另一方面也有利于开放，让商品的进口非常地便利。以互联网为依托的"电子"技术平台为传统商务活动提供了一个无比宽阔的发展空间，其突出的优越性是传统媒介手段无法比拟的。

电子商务所带来的全新线上交易模式主要包括四要素，分别为商城、消费者、产品和物流。消费者与商城之间形成买卖关系，各大网络平台为消费者提供质优价廉的商品，吸引消费者购买的同时促使更多商家入驻；商城与物流公司建立合作关系，为消费者的购买行为提供最终保障；物流主要是为消费者提供购买服务，从而实现再一次的交易。此外，线上交易的开展离不开支付系统的保障。支付清算系统由原始社会的文字和数字记录，演化到金属货币的出现，再演化到由于造纸术与印刷术的发展出现了纸币（前面提到的北宋交子与票据），而随着通信技术、计算机技术、互联网技术的发展，特别是互联网的出现，极大地改变了人类的沟通交流方式，信息可以瞬间到达互联网延伸到的任何一个地方，这为货币的电子化以及电子汇兑清算提供了信息传输的基础设施。而区块链技术更使得线上交易的支付清算不再需要中转银行，支付网络维护费用被取消，更多提供汇兑服务的竞争方同时竞价，降低汇兑成本。据估算，在全球范围内区块链应用于 B2B 跨境支付于结算可以使得每笔交易的成本从约 26 美元下降到 15 美元。

线上交易的完成主要依托网络支付。网络支付指的是以金融电子化网络为基础，以商用电子化工具和各类交易卡为媒介，采用现代计算机技术和通用技术作为手段，通过计算机网络系统以电子信息传递形式来实现资金的流通和转移支付。网络支付具有数字化、方便、快捷、高效、经济、轻便性和低成本性，以保证交易的安全性和一致性。最开始的网络支付需要以网上银行为中介，随着互联网金融的发展，为确保线上交易活动中的等价交换，解决买卖双方互相不信任的问题，遵循同步交换的原则，要求支付方式与交货方式相匹配，第三方支付开始兴起。第三方支付指由独立于商户与银行的、具备一定实力和信誉保障的第三方独立机构通过与产品所在国家以及各大银行签约而提供的交易支付服务。第三方支付的平台类型包括银行网关代理支付类与账户支付类。银行网关代理支付类是指第三方支付机构与各大银行签订代理网关的合同，将银行提供的支付网关接口与本企业的支付系统进行无缝连接，建立集成了众多银行支付网关的支付系统平台，从而为用户提供跨银行的支付服务；账户支付类是基于用户账户进行支付的方式，如余额宝账户支付。此外，随着移动互联网的发展，线上移动支付占比越来越高。移动支付是指通过移动设备，利用无线通信技术来转移货币价值以清偿债务债权关系。移动支付将互联网、终端设备、金融机构有效地联合起来，形成了一个新型的交易体系。移动支付不仅能够进行货币支付，而且可以缴纳话费、燃气、水电等生活费用。移动支付使得用户可以用手机随时随地进行交易活动，进一步打破了交易的时间和空间限制并丰富了交易的场景。如今的交易场景可分为个人类交易如发红包、城市公交卡充值、学生饭卡充值；线下消费类交易如线下餐饮支付、线下商超零售、境外购物、景点门票、日常出行订单；线上消费类交易如网购支付、线上休闲娱乐预订、线上航旅产品预定、游戏充值、线上二手商品交易；金融类交易如 P2P 投资、基金申购、保险购买、小额网贷等。交易的场景随着互联网发展在进一步地迭代与创新。

1.2.6　众智时代——交易的智能化

随着物联网、云计算、大数据和人工智能等新一代信息技术的突破和不断发展，未来社会正在成为一个开放、生态、大规模、自组织的智能互联系统，这被称为"众智网络"（Chai et al.，2017）。众智网络是指众多物理空间的智能主体，以及各自意识空间的思想，一一映射到信息空间的众多智能数体互联形成的自组织、生态化复杂网络。由于上述各组成部分之间的相互作用符合不同的运动规律，因此众智网络的行为结果表现出以下特征：稳定性和变异性的统一，秩序性和无序性的统一，确定性和随机性的统一，异质组织和自组织的统一，可知和不可知的统一，以及可控性和不可控性的统一等。这些变化将对未来的产业结构和产业形式产生颠覆性的影响，从而导致产品个性化、生产分散化、政府小型化和生产资料公众化。

在众智网络时代，人、机器和事物的智能连接实现了点对点的可信赖交易和分布式高效的协作。政府、企业、组织和公众之间的智能联系将使公众积极参与社会管理和决策，并提高政府管理和服务的效率。各种智能代理之间的所有交互行为都可以视为交易活动（Chai et al.，2017）。与本章梳理的交易形式相比，众智时代的交易具有以下特点：一是交易主体的多样性。除个人和机构外，智能商品作为新兴的交易主体也发挥着越来越重要的作用。二是交易对象的丰富性。在众智网络下，交易对象包括产品和服务，以及信息和意识。三是交易形式的多样性。大多数传统交易是在个人和个人之间进行的。然而众智网络下的交易既包括个人之间的交易，也包括个人与群体之间的交易，以及群体和群体之间的交易。上述特征可能衍生出不同的交易模式和交易规则，从而带来不同的交易结构、交易效率和交易效应。目前，众智网络的研究还处于探索阶段，各种智能现象背后的普遍机制或规律并没有达成共识。因此，关于众智时代的智能交易模式与交易规则仍需要相关学者进一步深入讨论。这一部分内容会在本书的第 2 章中详细地阐述。

1.3　交易的分化机理

在市场交换过程中，在众多现实市场条件及社会因素的相互作用下，商品价值量转化为价格形式，在价格与真实价值量之间形成一种价值差额。这种价值差额以市场交易形式无偿地在市场主体间转移，交易得以分化。因此从宏观视角看，交易演化的基本动力是社会生产力及其决定的社会分工体系；而劳动分工、专业化程度是交易分化的主要机理。亚当·斯密认为，国民财富的增加主要有两条途径和一个保障：一是提高劳动生产率，它主要依赖于分工深化和市场交换过程顺畅；二是增加劳动者人数，这又依赖于资本积累和适当的资本运用。在这个过程中，坚持经济自由、充分发挥市场这只"看不见的手"的作用、取消政府的不适当干预、让经济活动依其天然秩序运行是最根本的制度保障。斯密进一步认为，分工通过提高劳动者技能、促进技术进步，能够提高劳动生产率，并实现经济的快速增长和民众的普遍富裕，这是市场经济不同于自给自足的传统自然经济的重要特征。有了分工，就会涉及交换问题。在市场经济条件下，人们必须通过平等自愿互惠的市场交易，才可以获得各种各样的生活必需品。在斯密看来，只有以利己心为基础、以平等的交换行为为基础的表现形式的市场交易，才能够保持持久的常态。

本章进一步梳理劳动分工在各时代的发展特征变化。早在柏拉图时代，这位先哲就曾经在《理想国》中高度赞美古埃及人的智慧："古埃及人能够充分利用劳动分工去提升每一个特定工人的技术熟练程度，并从中获得利益。"[①] 劳动分工可以提升熟练程度，提高生产效率。劳动分工非常细化的时

---

① 柏拉图. 理想国（中译本）[M]. 北京：商务印书馆，1994：4.

候，每个人的所有注意力就会集中到工作中的某一个操作上。现代认知神经科学和学习科学表明，当一个人刚开始执行某一个操作时，他的眼部和手部的感觉神经会向大脑发送一个信息，以了解这个操作的最精确无误的状态。然后这个人会集中注意力，将大部分精力投入这个需要手眼配合的操作上。在这个阶段，他完成操作所需要耗费的时间比较长，准确性也未见得高。经过年复一年的练习和实践之后，感觉神经和传输神经之间的联系会逐步增强，它们之间会越来越协调。也就是说，直接控制手的动作的神经发生了一些物理的变化，它与控制视觉的神经之间的联系日益紧密，形成一个固有的模式。这时候，我们会发现这个操作似乎变成了自动发生的，不但准确率提高，速度也加快，还不需要耗费太大精力。当然，这一切的前提都是，这个操作是稳定不变的。你会发现他们"超越了人类双手的极能，他们完成这些操作的迅速程度、精准程度简直使人难以想象"①。

随着人类社会的发展，劳动分工逐渐深化。虽然现代人对劳动分工有各种不同看法，但不可否定的是，这确实是促进人类发展的一个至关重要的推动力。首先，因为专业化分工和练习，人类掌控自然的能力增强。劳动分工与相互协作使得人类的力量从一到百、从百到万到百万。如果没有分工，工业化时代就不会到来。其次，专业化分工和练习也有助于积累社会财富，推动社会进步。个体技能熟练程度的提高带来了整体生产效率的提升，社会财富累积的同时，个人的收益也相应增加。劳动分工的优势，只有在市场上产品的交易需求量非常庞大、生产数量也非常庞大时才能更好地显现出来。但是劳动分工显然也有其弊端。最大的弊端来自其对人的特性和能力的抑制，劳动分工会让工作变得单调和枯燥无味。在人类发展的早期尤为明显，很多细分的工作，都需要不断消耗体力、劳损肌肉。这类工作给人造成的损耗一直大量存在于机械化时代到来之前。随着工业革命的一次次演进，机械的力量代替了人力，人们不用再拼命使用蛮力以达到工作要求。此时的分工工作，变成了对机器的操控、监管和维护。机械化带来的效率提升进一步提高了人类对效率的要求，整个人类社会都在几百年间高速发展。工业化发展到后期，几乎所有需要使用蛮力的地方都已经机械化。

① 柏拉图. 理想国（中译本）[M]. 北京：商务印书馆，1994：6.

　　马克思在柏拉图和斯密的分工理论基础上，也提出过劳动分工理论。他的分工理论更多是建立在工业革命的时代背景上。马克思通过对国民经济学的批判发现了关于分工所带来的人的发展的二律背反，一方面，分工促进生产力的高速发展，使社会财富得到增长；另一方面，工人却向着越来越片面的方向发展，变得贫困，成为生产的手段，最后沦为机器。马克思具体分析到，按照国民经济学家的理解，劳动的全部产品应该是属于工人的，并可以用于交易。但是事实上，工人得到的仅仅是可以满足其作为工人生存所需的部分。可以看出，马克思从国民经济学家的视角出发但是得出的却是国民经济学家无法得知的结论。究其原因，就在于马克思对劳动本身的理解。他指出，以增加财富为目的的劳动对人来说就是一种灾难。就是说，分工促进生产力的发展，使财富得到增长的同时，也使工人变得贫困。而国民经济学家只是论述分工的积极作用，马克思在这里论述的是分工所产生的消极后果。

　　马克思进一步指出分工是交换的前提，分工可以产生交换，但交换不可能是分工的前提。从而转向了对分工与私有财产的关系研究，并进一步说明私有财产是分工和交换的基础。马克思指出，劳动从分工的本质意义上来讲就是私有财产的本质。只有在这个层面上理解劳动，才能真正理解国民经济学的理论本身。对作为私有财产的表现形式的分工和交换可以从两个层面理解：其一，是从私有财产的积极意义上将其作为生产力水平低下时实现人的生命本质的现实基础；其二，资本主义的现实条件下需要在消灭私有财产这一前提的基础上，才能实现人的生命本质活动。与国民经济学家只是看到私有财产的积极层面不同，马克思不仅看到了私有财产的积极方面，并且认识到要对私有财产进行积极扬弃的必然性。

　　异质化的劳动分工产生异质化的产品，从而促进交易的演进。人类也由最初的体力劳动付出逐渐转变为脑力和耐力的劳动付出，这在信息化时代的当今社会表现尤为明显。手工业者、工人、知识分子等，无论是从事体力工作还是脑力工作，人类的分工都已经深度细化。随着互联网的发展与众智时代的到来，新兴职业在不断对传统职业造成挑战与威胁，人类学习一门新技术所需要的成本变得越来越低，时间也越来越短，一人拥有多项技能以身兼数职的特征逐渐显现，专业分工逐渐出现多任务协同的特点。

　　通过以上梳理，可以认为从宏观视角来看，交易演化的基本动力是社会生产力及其决定的社会分工体系。最初农业革命时期，社会分工较为初级，人们之间的交易大多是一些维持基本生存的农作物和生产资料；商业革命时期，社会生产力初步提高，此时交易物品种类以及交易空间的扩大，包括交易中正式商人的出现；工业革命时期，机器的出现彻底解放了生产力，人类的社会分工水平得到进一步发展，资本家和工人对立，工人可供交易的物品仅仅可以满足其作为工人的生存所需的部分；信息革命时期人类也由最初的体力劳动付出逐渐转变为脑力和耐力的劳动付出，知识和信息也成为交易的主流产品。众智时代的交易更将趋于智能化，主要体现为交易主体的智能化、交易客体的智能化以及交易过程的智能化。

此外，进一步从微观视角来看，交易演化的基本动力也包括人的需求的多层次性，也就是说人的需求的不断提高也在推动着交易的演化。根据马斯洛（Maslow）的需求层次理论，将人的需求从低到高依次分为生理需求、安全需求、社交需求、尊重需求和自我实现需求五种需求。马斯洛（1943）认为，人类具有一些先天需求，人的需求越是低级就越基本，越与动物相似；越是高级的需求就越为人类所特有。同时这些需求都是按照先后顺序出现的，当一个人满足了较低的需求之后，才能出现较高级的需求，即需求层次：第一是生理需求，即人类生存的基本生理需求，如空气、食物、饮料、住所、衣物、温暖、性、睡眠等。第二是安全需求，一旦个体的生理需求得到满足，安全感的需求就变得突出。人们希望体验到生活中的秩序、可预见性和控制力。这些需求可以通过家庭和社会（如公安局、学校、企业和医院等基础设施）来满足。第三是爱与归属感需求，在满足了生理需求和安全需求之后，人的第三层需求是社交需求，涉及归属感。人与人之间的关系需要一些亲密关系，如友情、爱情和信任，这就需要家庭、朋友和工作的存在。第四是尊重需求，马斯洛将其分为两类：一是自尊，包括尊严、成就感、主人翁和独立意识；二是渴望得到他人的称赞或尊重（如地位、声望）。马斯洛指出，对称赞或名誉的需要对儿童和青少年来说是最重要的，而且先于真正的自尊或尊严。第五是自我实现需求，这是马斯洛需求层次结构中的最高层次，指的是实现人的潜能、自我价值、寻求个人成长与生活体验。马斯洛将这一层次描述为：希望完成自己所能完成的一切，成为自己所希望成为的自己。每一个需求层次上的消费者对于可供交易的产品的要求都不一样。例如，在奴隶制社会中，奴隶不是交易主体，而是物，即交易客体，可以被奴隶主随意买卖，只有生理需求等一些最基本的需求。在资本主义社会，人们的需求层次逐渐提高，商品意识无所不在。而到了当今社会，在满足低层次需求的基础上，人们需要进一步满足自我实现的需求，因此人们对于交易的产品的要求越来越高，对于高端商品也愿意支付更高的价格，甚至拥有自己的固定商品品牌需求。交易的产品也趋于个性化、定制化、智能化。此外，人们更加关注于投资于自身教育、自我成长，以实现自我价值，因此对知识、技能、教育等产品的需求增加。由此可见，人的需求的多层次性也在推动着交易的一步步演化，特别是对交易客体的多样性和智能化的发展起着决定作用。

第 2 章

众智网络的智能交易

2.1 众智网络

2.1.1 众智网络的产生背景

众智现象普遍存在于人类社会。"三个臭皮匠顶个诸葛亮""众人拾柴火焰高",这些都是众智在人类社会的原生态表现。具体到现代服务业等经济领域中的企业经营管理过程、产业链协同运作等,社会领域中的各类研讨会等,政府治理领域中的全民选举等,均是通过集众多个体智慧,期望取得更好或最好的效果。同时,也有"三个和尚没水喝"的经验教训,如何在经济运行、社会生活、政府治理等领域中避免这些众智现象的负面影响也一直是人类社会不断探索解决的复杂问题。

人类进入众智网络时代。大数据、人工智能不断提升人、机器及物体的智能,互联网、物联网、云计算不断增强人、企业、政府等机构,智能机器人,智能物体之间的联结深度、广度和方式。与传统众智现象相比,网络环境下的众智现象不仅规模大、联系紧密,而且逐步呈现出万物互联的网络化众智型经济社会形态(见图 2 – 1)。

物理空间的自然人、企业、政府等机构,各类智能装备与物品等,随着大数据技术和智能技术的普及应用,变得越发智能,我们将物理空间这些人、企业、机构和物品称为智能主体。众多智能主体连同他们各自意识空间的思想,借助网络和数据，能够被统一映射到信息空间中各自的镜像，我们称这些众多智能主体的映射为信息空间的智能数体，这些信息空间的智能数体实时反映出物理空间智能主体的行为及其各自的心理意识，并通过网络互连、智能搜索、互动交互、交易撮合等操作（借助智能软件算法）实现精准、适时、动态互联，并产生各类相互作用的行为，呈现出主动式、个性化消费，直接式、集中化流通，分散式、智能化生产，个性化、便利化生活显著特征，形成万物互联的网络化众智型经济社会形态，预示着人类正在进入众智互联的众智网络时代。

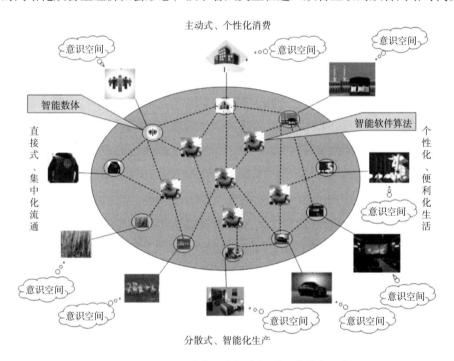

图 2-1　万物互联的网络化众智型经济社会形态

2.1.2　众智网络的内涵与特征

众智网络系统是现代服务业及未来网络化众智型经济和社会的主要形态。众智网络系统呈现物理空间、意识空间和信息空间三元深度融合特征，即众智网络中的智能数体处于物理空间（由自然界各类物体、装备、自然人、企业、机构构成）、意识空间（表现为自然人、企业、机构心智状态及其行为结果）和信息空间（由自然人、企业、机构、物品等本体信息及其相关信息的采集、管理、维护、共享与交换过程构成）深度融合的三元叠加空间，符合不同运动规律的物理、意识、信息相互作用与影响。物理空间的自然人、企业、政府等机构、各类智能装备与物品等具有空间的属性，如体积、重量、空间位置等；用户可触摸物体，即可利用人类的各种感觉进行交互；物体之间的关系是蕴含的。意识空间是由物理空间中的实体的心智状态及主、客体的行为结果组成。信息空间中的对象与物理空间中的物体（或对象）存在各个层次的对应关系。物理空间与信息空间之间存在双向的数据和信息流动，既有从物理空间中获取信息形成信息空间的组成过程，也有从信息空间向物理空间提供信息的反馈过程。

众智的行为结果表现出更加宽泛的对立统一特性，即稳定与突变的统一、有序与无序的统一、确定与随机的统一、他组织与自组织的统一、可知与不可知的统一、可控与不可控的统一等，不断产生颠覆传统理论和技术的现象和行为。具体分析，众智网络系统各要素之间相互作用、相互影响、相互联系。物理空间、意识空间和信息空间深度融合、协同运作的三元叠加众智网络空间，自然人、企业、机构、物品、装备等各类异质异构智能体通过其信息空间中镜像映射或数字克隆，其实现深度、智能、实时、动态互联。通常平衡态多是自稳定的，而非平衡态常是较难"自"稳定的，多需要外界调控来维持这个不平衡系统的稳定，众智网络自组织的动态平衡实现稳定与突变的统一。有序和无序的和谐搭配而产生的形状具体到物理形式上都是动态过程，有序和无序的特定组合是动态过程的典型特征。众智网络从确定性向随机性转向（从决定论到混沌论）达到"确定性与随机性的统一"。由于众智网络的整体性和层次性，系统的自组织性是相对的，既有开放系统在系统内外因素的相互作用下自发组织起来，使系统从无序到有序，从低级有序到高级有序；又有系统的运动和组织结构的形成是在外来特定的干预下进行的，主要是受外界指令的控制，实现自组织和他组织的统一。与自组织相对应的是系统的不可控，而与他组织相对应的是系统的可控，达到可控与不可控的统一。众智网络符合认识二元论的规律，是可知与不可知的统一。

2.1.3 众智网络与相近概念的区别

与众智网络较为接近的概念包括群体智能、网络行为分析与网络生态学及人本计算。其中，与众智网络概念最为接近的是群体智能。研究的出发点方面：群体智能关注复杂问题优化求解，而众智网络是面向国家重大战略需求，解决未来网络化众智型经济与社会的基本问题。研究对象和研究环境方面：群体智能是在自然环境下，以动物（个别研究涉及人类）群体行为为主要研究对象，而众智网络是在互联网、大数据环境下，以在线深度互联的大规模个人、企业、机构及物品等智能体协同运作为主要研究对象。研究的侧重点方面：群体智能是以各类优化算法为主，而众智网络是在优化算法研究的基础上，开展大规模异质异构智能体的协同运作的基本概念、原理、方法与规律。研究对象的性质方面：群体智能是规模有限的同质同构智能体（如人类、同类动物），而众智网络是在同质同构智能体研究的基础上，开展大规模异质异构智能体（如个人、企业、机构、智能装备及物品等）研究。下述研究从研究目标、研究对象、研究方法、研究重点、研究路径上与本章需要研究的互联网环境下大规模在线众智网络的众智现象及其行为结果有很大不同（见表 2-1）。

表 2-1　　　　　　　　众智网络与相近概念的区别

群体智能	• 群体智能始终是智能科学研究的重点，重点聚焦于复杂问题优化求解。群体智能的概念起源于生物学科，最初来自昆虫学家惠勒（Wheeler）的观测。20 世纪 80 年代，多个学科领域的研究人员从群居性生物的群体行为涌现的群体智能受到启发，提出群体智能。博纳博（Bonabeau，2009）认为群体智能是任何启发于群居性昆虫群体和其他动物群体的集体行为而设计的算法和分布式问题解决装置。经典的群体智能算法包括蚁群优化算法、粒子群优化算法等。群体智能的思想和方法经常被作为经济仿真、多智能体建模、复杂系统建模的理论基础 • 群体智能领域还有学者期望从研究人的智能来提升人类的群体智能。人们首先从心理学和认知科学的角度对人的心智特征进行表征、模拟和计算，提出了 CRUM、ACT-R、Soar、LIDA 等的心智模型，但由于受到多个学科交叉的研究局限性，不断遭遇各方面的挑战，未能得到广泛应用。人类社会的群体智能成为研究热点，2005 年 *Science* 上刊登的 21 世纪 125 个人类未来面临的重大科学问题中 25 个基本科学问题都提到了 "人类如何增加自身群体智能" "我们如何才能集合每个人所拥有的信息来作出最佳决定" "怎样理解人类创造和表达知识的能力" 等相关问题。阿莱克斯·彭特兰（Alex Ponte）

群体智能	开创性地提出社会物理学，引入物理数学方法建模人类社会行为的想法流，期望能够提高集体智能，促进智慧社会的形成。高德纳（Gartner）评出的 2018 年十大战略性技术趋势也提到了"数字孪生"，希望通过以数字化手段呈现物理世界的实体或系统 ● 总的说来，传统群体智能始终试图从多学科角度对人和生物体的集体行为和智慧进行建模和模拟，设计数学模型和算法，应用于生物、经济、人类活动等多个领域的具有复杂系统特征的优化问题求解当中，并未涉及网络化产业运行问题的解决
网络行为分析与网络生态学	● 互联网应用大量兴起，在线用户行为和网络生态系统研究成为热点。针对在线电子商务网站、社交网站、微博、博客、论坛、维基等互联网应用，研究在线网络用户行为引起了人们的极大关注。研究主要分为以图论为代表的结构化建模方法，重点关注社交网络的结构和演化问题；以多智能体系统为代表的建模方法，重点关注用户行为方式和群体特征，以及群集协作、社会群体中的社会影响力等。网络生态学则是以在线电子商务平台为研究对象，局限于用生态学概念来对其进行建模 ● 总的说来，网络行为分析与网络生态学研究，重点解决在线系统的建模问题，尤其是在线社交网络分析重点解决人的互联和交互协作行为，所建模的网络为以人为节点的同质网络，其研究更多的是验证了传统群体智能的方法和结论
人本计算	● 互联网加速人参与交互下的智能融入网络，解决如何利用大众智能建立智能计算系统。近年来，互联网为加速以人为智力单元参与复杂性问题求解、交流互动、信息传递提供契机。人作为智能计算单元，尤其是借助互联网在线连接人类的群体智能被认为是解决诸多复杂问题的有效手段，科学家们提出了公民科学、群体智能、集体智能、人本计算、众包等诸多概念和方法。其中，2004 年提出的公民科学主要是一种由一群非科学家的公民参与科学研究中，收集数据、解释数据、科学决策的科学研究形式 ● 总的说来，群体智能、集体智慧、人本计算、众包等概念和方法的提出主要是期望借助互联网，将人作为智力单元与计算智能连接和融合在一起，利用大数据设计新型人工智能复杂问题求解算法

2.2　智能交易

2.2.1　智能交易的定义

在众智网络中，各类智能体之间的相互作用均可归结为某种意义上的交易活动或行为。智能交易是指交易主体之间的供需互动活动实现智能匹配的过程。智能交易主要体现在交易主体、交易对象和交易过程的智能化。交易主体的智能化是指个人、企业、事业单位和政府的智能化程度的提高。通过映射，个人、企业、事业单位、政府都成为众智网络空间中的智能数字实体。智能数字实体的形成是交易主体的物理、意识和信息相互融合的过程。交易主体作为基本属性（如性别、年龄、身高、体重、所在地、智力水平等）；物理实体的规模等级、位置、结构等和能力属性（如技能、体力、价格、产品容量、生产安排、功能等）通过映射在众智网络空间中实现信息化。同时，交易主体的意识也通过映射在众智网络空间中实现信息化。这种意识表现为偏好属性，包括质量、速度、价格、朋友评价等。交易主体的物理和意识特征的信息化与其信息特征相结合，形成智能数字实体。智能数字实体在众智网络空间中进行交易活动，其智能实现螺旋式提升，进而对实体进行重塑和改进，学习和纠正意识偏好。交易主体的物理实体与其意识相互依存。

交易对象的智能化是指对物理对象、服务、虚拟（或数字）产品的改进，这体现在对象生成，生产和匹配交易主体的智能化中。交易对象的物理属性通过映射在人群智能空间中形成一个智能数字实体。以实物产品为例，包括位置、材料、价格、颜色、功能和评价；以数字产品为例，包括价格、功能、格式和评估；以服务产品为例，包括位置、价格、功能和评估。智能数字实体的反馈修改交易对象，包括修改属性的描述和评估。

交易过程的智能化是指交易搜索、谈判、执行和监督的智能化。实现智能交易的第一步是由智能数字实体对交易主体进行智能识别，并通过明确交易主体的基本属性、能力属性和偏好属性来准确识别交易主体的模糊需求和供给。智能数字实体既可以扮演需求方的角色，又可以扮演供应商的角色，以在人群智能空间中实现全面信息的准确，达到智能匹配。作为供应商，智能数字实体进行协作以实现智能生产并生成交易对象。然后，智能物流系统形成最优路径决策，以实现交易对象的智能交付。智能反馈和演化基于交易评估信息自动向所有交易涉众提供反馈，并促进整个人群智能网络的发展。

从交易主体、交易客体、交易技术三个方面对比分析智能交易与传统交易内涵的差别：第一，交易的主体更加多元。传统交易模式下，交易主体的范畴局限于个人与企业；但在众智网络环境下，个人、企业、政府、物品都是具有独立门户的智能交易的主体，都可以成为交易的供给方和需求方。第二，交易的客体更为丰富。传统交易的内涵比较狭隘，一般特指经济交易，表现为商品、服务的买卖。在众智网络环境中，智能交易的客体不仅包括商品和服务，智能体之间的信息交流、感情互动、民主选举、政治协商等都属于交易的范畴。第三，交易的技术更加智能。智能化体现为两个层次：一是单一交易的智能化。主要指利用物联网、云计算、大数据等新一代信息技术，降低交易成本，提升交易效率。二是多元交易的智能化。主要指单一智能主体并联处理多元交易时的智能协同问题，将局部交易最优问题上升为整体交易最优问题。

学界和业界对交易模式进行了大量探讨，形成了一些关于交易模式的共识。然而，这些交易模式都是建立在传统交易环境基础上的，将前人的研究成果推广到众智网络中会遇到一些挑战。一是在现有文献中，交易一词通常指经济活动。而在众智网络中，交易是指智能主体之间的所有互动。因此，交易方式的划分不仅应包括经济活动，还应包括企业、公共事务等非经济活动。二是现有的事务模式分类过于依赖特定场景，没有通用的分类框架。而在众智网络中，我们将需要一个更通用的框架来指导对交易结构和效率的分析。

2.2.2　智能交易的主体

交易主体是以营利为目的，借助互联网、内部网等计算机网络实施交易并享有权利和义务的法人、组织和自然人。依据商务部《关于网上交易的指导意见（暂行）》规定，交易主体分为直接交易和间接交易主体。直接交易主体是交易当事人，指以网上为经营模式的企业、组织及个人，即利用互联网购买或获得服务商品或服务的需方和利用互联网出售商品或服务的供方。间接交易主体是交易服务方，指从构造、运营网上交易平台到实际进行网上交易的各类市场交易与市场管理主体，互联网服务提供商、网上虚拟企业（提供电子商务交易或服务平台的企业、单纯进行网上交易或服务的企业）、从事网上经营或服务的线下企业、自然人等。

（1）智能交易的需方。交易需方是利用互联网购买或获得商品或服务的企业、组织或个人。相较于传统交易，互联网交易需方的需求主要有：便利需求（搜索商品方便、获取商品信息方便、下订单方便、取消订单方便、付款方便、取货方便、退换货方便），可靠需求（保证商品质量、履行服务承诺、可以查阅订单信息、可以查阅商品的地理位置），安全需求（保证财产安全、不泄露顾客信息），省时需求（送货快捷、退换货快捷），关怀需求（服务态度好、提供个性化服务），娱乐需求（产品的可欣赏性、网购的可消遣性）。

（2）智能交易的供方。交易供方是利用互联网出售商品或服务的企业、组织或个人。在智能交易网络中，交易供方具有以下特征：信息化包括数据、信息，这是智能工厂的基础；定制化包括柔性化生产线，实现小规模、多品种、定制化生产；标准化包括模块，即模块间关联实现标准化，提高生成效率。传统工业在当今市场环境下需要面临四大挑战：缩短产品上市时间、增加生成的灵活性、提高质量、提升效率。

2.2.3 智能交易的客体

交易客体是交易主体权利义务所指出的对象。交易客体分为实物商品（如生产资料和生活资料），非实物商品（如行为、劳动力、信息、技术成果），特殊商品（如资金、有价证券、资源、企业、房地产），权利化商品（如肖像权、名誉权、企业名称专用权、专利权、版权等）。

2.2.4 智能交易的技术

智能交易的交易技术更加智能，涉及全息化需方、供方及交易客体技术，建立个性化门户技术，精准互联技术，支持智能交易技术。首先，通过全息化的需方、供方及交易客体，提升众智网络空间供方之间、供方与需方之间、需方与客体之间的真实感和可信度。其次，通过供方与需方的个性化门户，提升供方生产运营过程及需方消费过程的便利化程度。再次，通过供方及需方个性化门户之间点对点精准互联、智能化交易、过程追溯和基于区块链技术的可信保障，提升供方之间的协同化运作效率和质量。最后，围绕个性化定制、即时需求、周期需求、预测需求等多种需求场景，支持各类需求的智能交易。

2.3 智能交易的模式

2.3.1 交易模式

2.3.1.1 交易模式的定义

本节试图解决什么是交易模式的定义问题。尽管业界对交易模式进行了不同维度的界定，产生较多的称呼，但学界一直未对交易模式给出一个明确具体的定义。与之最为接近的术语来自管理学科的商业模式，其被定义为企业为客户创造和传递价值的方式。但需要强调的是商业模式与交易模式的侧重点是完全不同的。本书试图用还原法对交易模式的内涵进行界定。

模式是主体行为的一般方式，具有普遍性、简单性、稳定性和结构性等特点。在哲学层面上，模式是对事物结构的主观解释，是对现象的抽象概括。参照上述定义，交易模式是对交易结构的主观概括。按照系统学的观点，结构是要素的组织方式。交易的要素包括交易主体、交易对象和交易过程。因此，交易模式可以定义为交易主体之间进行价值交换的方式。它是对交易结构的正式总结。交易是指买卖双方在自愿让渡的基础上，对相互提供给对方的商品或货款，在达成一致意见基础上进行的交换活动。而交易模式是交易过程中交易主体采用的各种具体做法，是交易双方联系的手段和方式。

交易模式的选择原则应根据客观实际，遵循多样性原则、针对性原则、竞争性原则、开放性原则、效益性原则。具体而言，交易模式不是一成不变的，应根据社会经济的发展，与时俱进、推陈出新，通过多样化的交易模式，促进社会经济的快速发展；交易模式是多种多样的，不同商品的交易模式也不能千篇一律，要根据不同的商品运行特点和流通规律，有针对性地选择那些能够节省流通时间、缩短商品运行周期、有利于提高流通效益的交易模式；根据有利于国内外经济贸易交流、有利于扩大开放、有利于实现优势互补的要求，选择相应灵活的商品交易方式；从交易主体的实际出发，就是从主体的条件出发，因地制宜，根据自己经营的品种、经营条件，以及所处地区的竞争状况，采取能显示主体个性的商品交易方式。

2.3.1.2　典型的交易模式

由于交易要素包括交易主体、交易对象和交易过程（定价方式、交付时间、契约关系等），因此交易模式的具体形式可以从三个维度来概括：交易主体、交易对象和交易过程。

（1）就交易主体而言，交易模式可分为 B2B、B2C、C2C 以及一些可变模式，如个体与制造商之间的交易（customer-to-manufactory，C2M）、个体与企业之间的交易（C2B2C）和网络通信销售方式（business to business to consumer，B2B2C）。B2B 模式指的是企业与企业之间的事务，例如批发商和零售商或制造商和批发商之间的交互。B2C 模式是指企业与个人之间的交易，是最常见的交易模式之一，在这种交易模式中，企业直接向消费者销售其产品，并且在这种类型的交互中不涉及第三方，如华为公司向用户销售手机。C2C 模式是指个体与个体之间的交易，一个个体把自己的二手产品或手工制作的产品卖给另一个个体，交易对象可以是有形具体的实物也可以是无形的服务等，例如淘宝上个人卖家向其他消费者兜售自己制作的工艺品。根据交易主体的具体特点和交易过程的特点，交易模式扩展了 C2M、C2B2C 等变体模式。C2M，核心内涵是"定制化生产"，依靠互联网将各个生产线连接在一起，是一种基于计算机技术随时进行数据交换，实时监测消费者需求，并根据关键需求设定供应商和生产工序，最终生产出个性化产品的工业化定制模式。其更好地满足新时代的"小批量、多批次"的制造需求，实现"消费者"和"制造业"，以及"信息化"高度融合。C2B2C 是指消费者到企业再到消费者，是互联网经济的新型交易模式。其改变了传统模式下生产者与消费者的关系，不仅是由企业向消费者提供商品，同时也由消费者个体进行价值贡献，由企业和相关机构消费价值。C2B2C 的核心在于以消费者为导向，由消费者发挥主动性。其内涵在于有共同需求的顾客群体，通过互联网平台向企业平台发布需求，企业对这些信息以及可提供相应产品的卖方信息进行整合，出售满意的产品。所谓 B2B2C 是一种新的网络通信销售方式。第一个 B 指广义的卖方（即成品、半成品、材料提供商等），第二个 B 指交易平台，即提供卖方与买方的联系平台，同时提供优质的附加服务，C 指买方。

B2B2C 把"供应商→生产商→经销商→消费者"各个产业链紧密连接在一起。整个供应链是一个从创造增值到价值变现的过程,把从生产、分销到终端零售的资源进行全面整合,不仅大大增强了平台的服务能力,更有利于客户获得增加价值的机会。该平台将帮助商家直接充当卖方角色,把商家直接推到与消费者面对面的前台,让生产商获得更多的利润,使更多的资金投入到技术和产品创新上,最终让广大消费者获益。

(2) 就交易对象而言,交易模式可分为批发模式和零售模式。批发模式是指为转售或为企业特定目的而购买的商品或服务的交易。零售模式是指最终消费者出于非商业目的而购买的商品或服务的交易。按交易中交易对象所有权转移的不同,可将交易模式分为购买交易和租赁交易。按交易中委托关系的不同,可将交易模式分为经销交易和包销交易。包销是指卖方在特定地区和一定期限内,给予国外客户独家销售指定商品的权利,双方关系属于售定关系。

(3) 就交易过程而言,交易模式可以分为不同的维度:第一,根据交易过程中是否有平台介入,交易模式可分为平台模式和非平台模式。平台模式是指供需双方通过在线虚拟平台提供的匹配和安全机制达成交易的交易。第二,根据商品和服务交付时间的差异,交易方式可分为即期交易、远期交易和未来交易。现货交易是指买卖商品、证券或货币采用立即结算的方式。远期交易是指买卖双方之间签订远期合同并约定在未来某个时间进行交易的交易。未来交易是指在将来的指定时间以预定价格买卖东西的标准化法律协议。第三,根据交易对象物权的变动,可以将交易方式分为所有权交易和使用权交易。所有权交易是指伴随所有权、使用权、收益和处分权转移的交易。传统的商品和服务贸易主要属于所有权交易。使用权交易是指仅转让使用交易对象使用权的交易,而拥有权、收益权和处分权仍属于初始所有人。新兴的共享经济主要属于使用权交易。

2.3.1.3　交易模式的分化机制

本质上,交易方式差异背后的驱动力可能包括以下三类:交易成本、交易效率和交易风险。

交易成本主要从经济角度考察交易的效果。例如,在商业革命时期,交易范围和规模的扩大使得货币的长途运输成本迅速上升。为了降低交易成本，票据业务取代现金业务成为跨区域交易的主流形式。由于有限理性、投机主义、资产专用性、不确定性与复杂性、少数交易和信息不对称等人性因素与交易环境因素交互影响下所产生的市场失灵现象，造成交易困难。具体的交易成本表现形式的差异如搜寻成本、信息成本、议价成本、决策成本、监督成本及违约成本等分化成不同的交易模式。

交易效率主要从时间维度检查交易的效果。交易效率特指一定时间内一国经济体中交易活动（与商业活动相联系）或业务活动（与行政活动相联系）进行的速度快慢或效率高低。具体而言，交易效率可用单位时间内完成的同质交易或业务活动的次数来衡量。构成交易效率的基本要素有三个：一是单位时间内所交易的物品或劳务的质量和数量；二是这种物品或劳务所具有的效用；三是交易者在交易中获得的效益。交易的物质条件、交易技术和交易制度是影响交易效率的主要因素。例如，在农业革命时期，生产力的发展和社会分工的发展增加了贸易的频率，传统的易货贸易效率低下，导致了交换媒介——货币的出现。作为一种通用的货币，货币极大地提高了交易匹配的效率，并最终促进了交易方式从直接交易向间接交易的转变。

交易风险主要从不确定性的角度检查交易的效果。例如，生产规模的扩大导致交易规模的迅速增加，原材料的采购成本成为企业的主要负担。现货交易的价格波动变得难以忍受。为避免价格风险，已经创建了各种远期合同，商品交易的模式也已从即期交易更改为远期交易。

2.3.2 智能交易模式

2.3.2.1 智能交易模式的区分框架

我们提出基于智能交易主体和交易客体的异质性智能交易模式分类框架。在智能交易中，各主体（个人、企业、机构、物品）之间的本质关系仍然是供求关系，但不同交易模式下交易主体、交易对象和交易过程的特征存在区别。由于交易主体的多元性，其组织形式更加复杂，需要考虑从单一智能到众智智能的演化过程。由于交易对象较为丰富，不仅包括经济领域，还包括政治、社会互动、社会管理等方面，因此需要考虑交易对象的非累加性和不可分割性。因为交易过程更加智能，交易模块之间的协调和动态切换需要考虑。本章拟基于智能交易主体（供方、需方）的数量差异和智能交易客体（供给、需求）的模块化程度差异构建智能交易模式矩阵。其中，单需（单供）是指智能交易中需方（供方）为单一智能数体，且需求（供给）的模块化程度较高；多需（多供）是指智能交易中需方（供方）为多类智能数体，且需求（供给）的模块化程度较低。两两组合，产生四类智能交易模式，如图 2-2 所示。

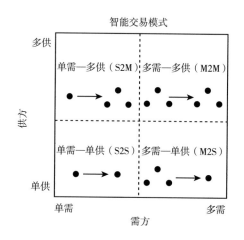

图 2-2　智能交易模式区分框架

　　单需—单供的交易模式（S2S）指需方与供方均为单个智能体参与，并且需求与供给可区分为独立模块的程度较高。S2S 交易模式以下一代电子商务交易为典型代表，主要表现为单一需方及供方达成交易，交易客体可以很大程度上分工产生。多需—单供的交易模式（M2S）指需方为多个智能体，供方为单个智能体参与，并且需求与供给可区分为独立模块的程度适中。M2S 交易模式以智能公共管理为典型代表，主要体现在需方智能体之间互动互联不可分割的需求。单需—多供的交易模式（S2M）指需方为单个智能体，供方为多个智能体参与，并且需求与供给可区分为独立模块的程度适中。S2M 交易模式以智能协作创新为典型代表，主要体现在多个供方智能体的互动互联协同生产不可分割的交易客体。多需—多供的交易模式（M2M）指需方与供方均为多个智能体参与，并且需求与供给可区分为独立模块的程度较低。M2M 交易模式以智能人际设计为典型代表，体现为多个需方与多个供方的相对完整、不可分割的需求与供给，互联互动、相互协作的智能交易过程。

2.3.2.2 单需—单供（S2S）智能交易模式

以下一代智能电子商务交易为例。智能商务交易模式研究从需方、供方、智能匹配、动态定价、交易保障与评估机制五方面展开。

（1）精准识别需方的需求。传统电子商务将消费者视作被动的产品接受者。然而，智能商务交易认为消费者在商务交易中将扮演消费者、投资者、生产者多重角色。消费者拥有全域化的选择范围，倾向于提出个性化的需求。在理论方面，消费者作为需方的形态与特征，如消费者的自主性、个性化、社会化等发展趋势与传统电子商务交易模式迥异。在技术方面，S2S 智能交易模式需要建立用户大数据库、精准识别消费者需求规律及精准消费者需求。新一代电子商务的设计与生产价值由消费者驱动，企业在生产端将面临采购柔性化、生产柔性化以及创新机制变革的挑战。例如，某服装生产企业通过推行柔性化生产，将智能制造体系与销售端融合，确保客户定制信息自动传到生产端，直接转为生产参数。同时，企业以柔性化生产为核心再造组织结构，精简部门，让智能系统直接下达生产指令，实现高效交付定制订单。新一代电商平台通过聚合品牌数据为基础，逐步打通行业数据库和生态体系消费者数据，提供对企业有价值的数据分析服务。基于数据及相关洞察诉求，借鉴 B2C 电商中的消费者数据银行等产品理念，电商平台将有机会把品牌自有的电商数据、行业电商交易数据，以及 2C 平台的消费者数据加以整合，组成行业内最完备的数据库资源，并结合电商平台领先的技术能力形成有力洞察，使得企业了解更准确的行业动态，根据供需情况调整运营策略，降低市场波动对自身产生的负面影响。

（2）精准识别供方的供给。传统工业在当今市场环境下需要面临四大挑战：缩短产品上市时间、增加生成的灵活性、提高质量、提升效率。智能商务交易供方为智能工厂。智能工厂的本质是通过信息系统来控制产品的生成，在降低成本的同时大幅度的提高生产的质量、效率、精度以及灵活性。智能工厂将物品数字化，通过数字化的管理来安排物品的生成，提升机器与机器之间的互联性，从而减少人在生产中的参与。智能工厂利用各种现代化的技术，实现工厂的办公、管理及生产自动化，达到加强及规范企业管理、减少工作失误、堵塞各种漏洞、提高工作效率、进行安全生产、提供决策参考、加强外界联系、拓宽国际市场的目的。智能工厂已经具备了自主收集、分析、判断和计划的能力。通过整个可视化技术进行推理和预测，利用仿真和多媒体技术，将扩展现实世界中的显示设计和制造过程。系统的每个组成部分都可以自行构成最佳的系统结构，具有协同性、重组性和扩展性的特点。系统具有自学习和自维护能力。因此，智能工厂实现了人与机器的协调与协作，其本质是人机交互。

（3）实现需方与供方的智能匹配。智能商务交易匹配过程可进一步拆分为需求解析/供给解析、偏好测度和偏好匹配三个环节。通过模糊需求解析供给双方的需求，采用大数据分析和机器学习技术在机制设计层面确定智能主体的多维偏好测度，并基于多维偏好的多智能主体供需匹配策略实现交易过程的智能匹配。

（4）精准动态定价。在智能商务交易下，动态定价的目标是对异质性需求进行精准定价，实现众智网络系统整体的效率最优。在把握智能商务交易环境下需求的异质性特征及其演化规律基础上，根据需求特征的模式，可以对其进行多种分类。一是依据商品（服务）的成本是否受到需求主体个性因素的影响，将其划分为标准化产品（如日用产品）和个性化产品（如汽车保险）。二是按照需求的时效性特征将其划分为即期性需求、远期性需求和周期性需求。动态定价方法按照定价思路的差异可划分为时序维动态定价和截面维动态定价。时序维动态定价是指在不同时间，根据供需关系的调整，对相同的需求主体制定不同的价格，主要适用于标准化产品（服务）的动态定价（如滴滴定价）；截面维动态定价是指在相同的时间，针对不同的需求主体制定不同的价格，主要适用于个性化产品（服务）的动态定价（如车险定价）。在众智网络环境下，交易过程不再是供需双方的链式交换，而是整个供应链网络的自组织、智能化协同过程。交易的目的不仅是交易双方的福利最大化，还包括通过价格机制的引导，在交易网络这一系统整体内部提升资源的配置效率，实现全局最优。

（5）建立可信交易保障与评估机制。目前，信用的缺失已经成为阻碍网络交易的主要原因之一，尤其在国内，虚拟市场的安全技术不够，法律和信用体系不健全，网上消费者受骗损失的概率可能更大，网络交易信用风险更严重，信用问题已经成为制约网络交易发展的最大"瓶颈"。由于互联网本身存在的虚拟性、不确定性、不可触摸性、隐蔽性，使得在网络中交易双方的信息不对称性加剧，导致交易的不确定性和风险增大。因此，智能交易评估必须包含信用评估和风险评估，以及基于此建立的可信交易保障机制。网络交易市场的信用问题解决的主要模式是建立信用体系机制保障交易，信用体系的核心是信用评估，只有准确地评估网络交易中相关主体的信用状态，才能进行信息传递、信息维护和相应的惩罚措施维持正常有序的市场秩序。

2.3.2.3　多需—单供（M2S）智能交易模式：以智能公共事务管理为例

在实体环境中，公共事务管理面临的最大挑战是需求者的"搭便车"行为，形成"沉默的多数"，最终酿成"公地悲剧"。智能公共治理的主要目标是通过规则和技术降低交易成本（主要是议事成本，或者说谈判成本），提升公共决策的效率性和科学性。智能公共治理需要解决需求和供给两个关键问题。传统公共事务治理存在面临的挑战主要有：一是政府数据质量管理差的问题，各部门间的数据真实性差、一致性不高、时效性不强，造成信息系统中数据交换、公开的困难，数据可溯源性差，因此造成对原始数据的不信任问题。二是跨层级、跨部门间数据共享带来的数据易泄露问题，数据安全管控差，对共享数据带来的安全问题无法信任，造成了政府各部门间的信任问题，因此缺乏共享数据的动力。三是数据产生、使用规则问题，在共享数据系统中，伴随着使用过程会产生新的数据，以及各部门如何合理合法使用现有的数据，以保证数据的完整性、安全性问题。因此，我国亟须采用一定的政策措施和技术，从源头上解决数据来源的信任问题，然后解决数据共享和使用过程中的安全信任问题，才能更好地建设数字政府，实现为公众提供高质量的公共服务。各级政府积极推进数字政府、新型智慧城市、"互联网＋政务服务"建设与发展，社会公共治理智能化水平显著提升。

在智能需求方面，传统公共治理中需求的主要问题是潜在成本高（谈判成本），"搭便车"情况严重，难以形成有效的治理需求。智能化治理在需求方向的主要工作是突破国民总时间（GDT）的限制，以人工智能代替本人进行需求谈判，尽快形成有效的治理决议。在理论方面，M2S智能交易模式需要构建适用于智能体的"议事规则"。重点探索网络虚拟空间议事过程中的动议原则、主持原则、辩论原则和裁决原则，在权力公正的前提下提高议事效率。在技术方面，M2S智能交易模式强调智能搜索技术（智能体自动检索与公共事务治理客体相关的信息、材料）、智能体的自主学习技术（智能体从材料中提取有效信息，形成有关公务事务治理方法的智能判断）、智能体与本体之间的智能连接技术（将判断结果以文字、图像、语音、脑电波等形式在智能体与本体之间传输）。

在智能供给方面，综合决策智能化是重点。智能公共事务管理包含运行管理智能化水平、综合决策智能化水平和社会治理创新等指标。首先，通过新型智慧城市建设统筹力度、实际推进效果等指标反映各地区建设、运行、管理等方面智慧化程度；综合决策智能化通过大数据应用、城市大脑建设等指标反映各地区基于大数据和人工智能等技术实现数据汇聚、分析挖掘、决策支持的能力；社会治理创新通过公共信用应用、协同监管能力等指标反映各地区跨部门、跨地市、多主体协同监管能力。其次，智能公共事务管理从查询办理向智能服务升级。智慧政务包含网上政务服务能力、公共服务移动化服务能力和政务互动水平等指标。网上政务服务能力对各省级政务服务网站的服务事项覆盖范围、在线服务深度等指标进行评估，反映各地政务服务供给能力；公共服务移动化服务能力通过支付宝城市服务、微信城市服务和城市自建APP等移动应用渠道提供的公共服务在线查询、办理和使用等指标，反映公共服务的便捷度；政务互动水平通过政务微博、政务头条等指标反映政民互动活跃程度。

2.3.2.4 单需—多供（S2M）智能交易模式：以智能协作创新为例

在知识寻求场景这一典型S2M智能交易模式下，众智网络中智能体的知识寻求研究的主要目标是通过规则和技术降低交易成本，激励知识的创新，来提升知识寻求的质量和效率。需方（个人，企业和政府）对知识具有个性化、多样化、模糊的需求。需方对知识的需求根据实际问题的个性化及多样化也呈现出个性化和多样化。传统的知识寻求包括知识的转移及知识的生产。同时由于需方对相关知识的缺乏，并不能很精准意识并且描述自己的需求，从而导致高昂的搜索成本以及和知识交易供方的谈判成本。智能化的知识寻求在需方的主要工作是以网络心智的自主学习来降低搜索及谈判成本，尽快寻求到多个知识供方进行整合及梳理，给需方展现高质量的知识报告。S2M智能交易模式可以实现技术应用：第一，模糊需求的精准识别技术，主要表现在关键字及扩展的相关文字的提取及识别。第二，智能搜索技术及网络心智自主学习技术。以新型健康检查为例，如母体血液胎儿 DNA 唐筛检测，智能体自动检索该检测及该检测相关的知识，并且自主学习提取有效信息，形成智能判断。第三，智能谈判议价规则及技术。如果智能体需求的知识供给方需要收费，需方网络心智及供方网络心智可以有效谈判议定价格，如果价格超过设定的上限则需要回报给需方本体。

在知识的供给方面，知识的生产面临着更高的投入成本及生产成本，以及其具有的非排他性带来的知识创新的激励问题和监督成本。知识的转移需要高昂的转移成本，知识的创新及生产面临着更高的投入成本及生产成本以及其具有的非排他性带来的知识创新的激励问题和监督成本。其中，知识供给包括基础知识、应用知识、知识的有效整合及创新等。根据不同的知识，其供给方也存在差异性，知识的供方包括个人、企业及政府。为解决知识创新的激励问题及降低成本，S2M 智能交易模式在众智网络中可以实现技术研发与应用：第一，在知识的供给方面，建立基于众智网络的知识库及传播机制。知识库包括以文字、图像、语音、视频等形式存储的知识。众智网络中知识的传播机制建立是为了降低转移成本，主要以需求驱动、智能搜索与梳理推荐有效知识为机制，如在基础教育方面，大规模网络课程的全面发展可以很大程度上补充本体的基础教育及所需的培训服务，在专业知识方面，网络心智通过自主学习推荐有效知识给本体学习。第二，在知识生产方面，开发智能体之间的知识协同生产技术，如众包技术。第三，在知识生产的激励方面，开发基于区块链的知识存储技术来完善现有的优先权制度和知识产权制度，如某项科研成果一旦被发现并且存储在众智网络中就可以明确作者的优先权及科研奖励等，特别是在知识产权的申报及审核阶段可以依赖该知识存储技术大大降低成本，提高效率。

2.3.2.5 多需—多供（M2M）智能交易模式：以智能人际社交为例

M2M 智能交易模式体现为多个需方与多个供方互联互动的情景。智能社交模式专注于人与人之间的沟通与互动，认为未来人际间社交为多方联动的社交生态。

互联网情景下，社交类产品最大的局限性是难以将线上关系发展为真实的线下关系，导致线上社交宽泛而不可持续。社会心理学研究认为人们社交的基本动机是满足并解决自身的需求，例如，学习需求、工作需求，或者仅仅是打发无聊的时间。不以满足人们需求为出发点，仅为交友展开的互动为伪社交，无法构建深入的、持续的、良性循环的社交网络。智能社交模式的主要目标是突破线上与线下间的界限，使人们实现虚拟与现实双向互动的双重社交，真正满足人们的社交需求，实现智能的、高效的、多方联动的社交生态。人际社交需要解决需求、供给和智能匹配三个层面的关键问题。

在社交需求方面，互联网社交产品针对人们社交需求的主要问题是强调广社交，难以深入挖掘并满足用户的社交需求。智能社交模式以需求为导向，以事件为链接，使得人与人之间因为共同参与一些事情而发展出亲密的社交关系。智能社交媒体设计的出发点应该是，怎样创造出更多强调群体成员体验的产品。

在社交供给方面，互联网社交产品多为人们提供了线上联系他人的渠道，未能构建社交驱动机制。智能社交模式的主要目标是联动线上与线下社交，突破社交的多重界限（如时间、地点、主体等）。智能人际社交主要关注的应该是如何完成协同的任务，而不仅仅是为了在一起，也即为社交而社交。在这种社会关系中，只有你愿意付出，长期贡献社区，才会在你归属的群体中获得回报。

在智能匹配方面，互联网社交产品多基于人们的基本信息（如性别、年龄、学校/单位、地理信息等）为用户推荐可能认识的人，可能感兴趣的社交组。智能社交模式在精准识别需方与供方的基础上，智能匹配事件驱动的社交群体，为个人真的找到"相见恨晚"的朋友。用户在社交媒体上获得的信息并非单纯的信息，而大多是和发信人有关的信息，或者说，你在社交媒体上获取信息的过程，会天然导致你关注信息源。人和信息在社交媒体上是一体的。算法技术利用计算机强大的记忆能力和处理能力，从浩瀚星云般的数据中寻找出答案。而社交工具则将我们朋友们的选择，作为指南，帮助我们寻找到感兴趣的东西。与谁有联系构成了"社交图"，对什么感兴趣则构成了兴趣图。用户的关注、点赞、标签、点击、转发，他们作出的评论、购买的产品、创建的评级、运行的搜索，都可以用来拼接他们的兴趣图。这些兴趣有些被很直白地被表现出来，有些则是隐含的，需要从用户的各种活动中去提取。

2.4　智能交易的规则体系

2.4.1　智能数体的需求描述规则

智能数体是智能主体在众智空间的映射，既是需求者也是供给者。智能数体识别智能主体的需求与供给，在众智空间中展示"我的需求"与"我的供给"，为实现智能匹配奠定基础。智能主体的需求与供给一般是模糊的、不明确的，甚至于主体也未必清楚他们到底需要什么，或者能够提供什么。设置智能数体的目标之一即是挖掘智能主体的需求与供给，并对需求与供给进行具体描述。智能数体的需求描述遵循如下规则：

（1）明确性规则。明确性规则指需求的描述应当是具体的，避免模棱两可的歧义。在智能主体提出模糊需求后，智能数体应遵循明确性规则进一步挖掘需求，尽可能通过引导主体或者分析历史需求数据明确需求场景、需求源起以及需求细节等内容。例如，"我想买辆车"，这个需求描述非常模糊，不明确。智能数体需要分析主体是想要一辆自行车、电动车，或者汽油车？是真的车还是玩具车？车将会在什么场景下使用，以及用来做什么？依据明确性规则，智能数体确认主体是想要"一辆真的电动汽车，用作在城市的日常生活中上下班通勤以及接送孩子使用"。这样的需求描述就是具体明确的，不会误认为主体是想要儿童玩具车或者远途旅行的越野车。

（2）及时性规则。及时性规则指需求的描述应有时间期限，需求必须要在具体某一时间实现。智能数体依据及时性原则挖掘主体的模糊需求，判断需求的兑现时间。例如，"我最近想买一辆车"，"最近"是模糊的时间描述，可能是最近三五天，也可能是最近三五月。智能数体分析主体是想要这周提车，周末可实现短途郊区游；还是这个月购买，下月可实现长途自驾游。需求兑现时间是匹配供给方的关键依据，需求描述应遵循及时性规则。

（3）现实性规则。现实性规则指需求的描述应是可衡量的、可实现的，避免无法量化或不切实际的需求描述。依据现实性原则，智能数体应逐步量化需求、明确需求边界。例如，"我想买一辆电车用以外出散心"。这个需求描述可以更加量化一些，"我希望这辆电车不要太大，黑色最好，里程数能到 400 公里，有快速充电模式，半小时能充好"。智能数体可从技术、金钱、时间等现实条件入手，评估描述需求的可实现性。例如，"我想买一辆续航里程数达到 1000 公里，具备无人驾驶功能的电车"。这个需求描述从技术与政策角度分析是不可实现的，不切实际的。智能数体应修正这一需求描述，"我想买一辆续航里程数达 500 公里，且具备自动巡航功能的电车"。符合现实性的需求描述是挖掘模糊需求的核心路径。

（4）有效性规则。有效性规则指需求描述应包含需求的意义，避免无意义的需求浪费时间与资源。依据有效性原则，智能数体应协助主体识别并修正无效需求描述，补充有效需求描述。例如，"我希望这辆电车可以开上接近 90 度的高坡"。这个需求描述就毫无意义，上那么陡峭的高坡对主体没有任何价值，并且国内很少有公路修建接近 90 度的高坡。智能数体修正这一描述，"我希望这辆电车的动力可以更充足一些，因为我可能会在较陡峭的山坡上开"。

2.4.2 智能数体的供给描述规则

（1）可信度规则。可信度规则指供给的描述应当能体现供给者以及供给品是值得信任的。可信度是个体感知的信息真实性。信息接收者对信息真实性的判断取决于他们对传播者的诚实与正直的感受，即信息源的信任与诚信。影响供给可信度的因素表现在多个方面，从大的方面来说，比如供给者的知名度、供给品的功能和服务等；从小的方面来说，有很多细节问题都会或多或少影响需求方的信心，如对于供给介绍过于简单、供给品信息、联系信息不够全面、信息过于陈旧等。因此，依据可信度原则，供给者应经常检查自己的描述性信息，以发现自己有哪些错误、有无容易造成误解的信息，并及时进行修改，以增加供给可信度。

（2）专业性规则。专业性规则指供给的描述是否全面且准确地传达出与供给品相关的信息，使需求方明确供给方提供的商品或服务是什么。为使供给描述更加专业，一方面，描述的内容能够覆盖产品的属性、原理以及独特性，如使用关键词提供索引、产品目录、与其他产品进行对比等。另一方面，供给者还需要注意文字表达的结构、产品陈列方式、文字描述的颜色、字体，以及图片等视觉信息的设计。不同供给品由于产品性质的不同，没有一套专门的模板适用于所有的供给品。供给者应秉持专业性原则，结合产品特性，在供给描述的各方面展现专业性。

（3）吸引力规则。吸引力规则指供给的描述应是充满活力的、丰富多彩的、有吸引力的。具有吸引力的不只是直观的图片，针对性强且关键点突出的产品描述同样会勾起人们的购物欲望。分析目标市场，产品精准定位，找出具有竞争力的关键因素，并将该因素作为产品点，在实事求是的基础上有技巧地描述产品，以此来打动该目标市场的潜在买家。如针对价格导向型的消费群体，在描述中突出该商品的价格优势，吸引这部分人群的注意力。针对质量导向型消费群体，在描述中突出该商品的性能优势。针对情感导向型消费群体，可以在描述中突出该商品传承的情感元素。还可以结合产品本身，使用的材料、产地，或者独特的设计等加入描述当中，用产品的独特魅力吸引买家驻足。但需要注意的是，描述物品要合理控制买家的预期，不要过分夸大优点，更不能虚假炒作，以免造成买家不信任而适得其反。

（4）简要规则。简要规则指供给描述应简要，易懂、易记、易写、易传播。描述的简要并不是它用了什么元素和技巧而显得简约，而是因为它传达出了最少、最精准的信息，最大限度地减轻了认知负担。因此，产品描述应尽可能简洁，突出重点要素，抓住兴趣点，引导要简明扼要，避免过分夸大。例如，对水壶进行描述，不建议版本："亚马逊上最畅销的水壶！你一定需要拥有这么一个水瓶，看看我们获得的评论，这个水瓶打败了除它以外的所有水瓶。"建议版本："这款水壶的瓶嘴与市面上的普通水壶不同，符合人体工学的饮嘴，能避免人们饮水时，水流过快喷溅或溢出来，增加了人们饮水时的舒适性。"注意第一个版本的描述中，消费者了解不到任何与水壶相关的细节，只有卖家洋溢的热情。而第二个例子中的描述，简单一两句就能让消费者获知水壶的独特之处。产品细节正是消费者在购买产品时最想了解的。

2.4.3　智能数体议事规则

（1）动议规则。动议规则指智能数体代表主体在众智空间活动时，何时、何地、何种情况下，数体和主体之间需要启动动议，商量问题。数体提出动议前，须经过主体同意允许，然后方可提出书面或者口头动议。如果有其他数体附议，即可开始讨论或表决。动议包括：动议更改发言时间，动议暂时中断正式辩论（即使正式辩论阶段过渡到非正式辩论阶段），动议暂停会议，动议结束辩论与动议相关的具体规则，可以在大会或者组织的章程中明确或者特殊约定，所有成员必须遵守。

（2）互动规则。互动规则主要指数体与主体意见不一致时，以何种方式展开互动，轮流发言。通常议事机构按以下程序处理动议：一是经主体同意，数体成员取得发言权后提出动议，未取得发言权者不得提出动议。提议者通常以"我提议……"的方式发言。二是需要除提议者外其他数体附议（注意：附议不一定是赞成）。如无其他成员附议，视同未提出该动议。附议通常以"我附议"的方式表达。三是主体陈述动议。四是会议成员对该动议展开辩论。五是主席启动对该动议的投票。六是主席宣布投票结果及该动议是否通过。

（3）表决规则。表决规则主要指数体与主体意见不一致应如何决策。动议皆需表决，通常议事机构按在简单多数通过的情况下，动议的通过要求"赞成方"的票数严格多于"反对方"的票数，平局即没通过。弃权者不计入有效票。一般动议简单多数（50% +1 个）通过，关于重要问题的动议须与会代表 2/3 多数通过。

2.4.4　智能匹配规则

（1）智能规则。智能规则指智能的、自动的实现匹配，无须主体搜索，智能化的商品推荐，即利用大数据技术，根据用户日常的行为习惯、浏览搜索内容以及购买记录，智能化地向用户推荐个性化的产品。系统可以向用户推荐热门产品、用户收藏的产品或是风格类似的商品，引导客户需求，提升用户体验。同时，通过智能商品推荐的服务功能，销售商可以把握市场上消费者的需求偏好，从而有针对性地营销，降低营销成本，提高收益。

（2）优质规则。优质规则指匹配指数最优质的匹配项会获得最高推荐流量，也就是将最优质的匹配尽可能地曝光给智能数体和主体。为帮助店铺提升综合服务能力，平台通过大数据建模算法计算出平台风向标模型。商家平台风向标的表现优劣将影响该商家店铺中的商品在搜索的排序结果，这将为商家和消费者构建更加优质的生态体系。影响平台风向标的具体因素构成如下：用户评价、客服咨询、物流履约、售后服务、交易纠纷等。表现优异的商品和店铺更有机会获得推荐匹配，从而提高用户的优质体验。

（3）多样化规则。多样化规则与个性化规则相对应，极致个性化可能并不总是积极效应，需要多样化规则调节。盲目崇拜精确性指标可能会伤害推荐系统，因为这样可能导致用户得到一些信息量为 0 的"精准推荐"，并且视野变得越来越狭窄。考虑到用户兴趣的覆盖范围，由于推荐结果多样性的缺乏，单个项目的高准确性不一定能获得用户的满意。比方说，一个爱看迪克·弗朗西斯的（Dick Francis）神秘类小说的用户，在看到推荐表单里全都是迪克·弗朗西斯的作品时，仍有可能会感到失望。一个真正多样化的推荐表单会包括不同作者和不同类型的书，还有电影、游戏和其他的产品。一个好的推荐系统应能够开拓用户的视野，就像一个凹透镜可将用户的兴趣发散出去，当然这种发散也最好是在不影响精度的前提下进行的。

2.4.5　智能交易的交付规则

（1）发货规则。发货规则指需求与供给匹配后，供给方可根据自身的配送能力和需求方的需求，在规定的时效内，采用最适当的发货方式履行配送服务。发货方式包括第三方物流配送、厂家自送以及上门提货。交易达成（指在线付款的订单消费者成功付款；货到付款的订单消费者成功提交订单）后24小时内，供应方应提交消费者商品订单发货的快递运单号；特殊商品供应方承诺的发货时间与以上不同的，或与消费者有特殊约定的，适用其承诺或约定；非大件商品订单使用厂家自送发货仍需遵守24小时出库。交易达成后48小时内消费者可以查询到订单的物流公司揽件跟踪信息（以物流公司系统揽收时间为准）；非大件商品订单使用厂家自送发货仍需遵守48小时揽件时效要求。进行承诺时效设置的，商家应在设置时效内完成对相应消费者订单的发货及揽件；促销活动及特定节假日以开放平台通知或公告的发货时间为准。

（2）物流规则。物流规则指如何为需求方提供快时效、高品质、有保障的门到门快递服务。具体规则根据实际情况包括时效（上门取件期限）、截单时间、服务时间、服务范围、异常处理等。客户按照发货所在地对应的接单时间进行下单，在下单时准确、真实地填写各项内容，包括但不限于货物内容、体积、重量、数量、提货地址、送货地址、双方联系人姓名、电话等信息，将包装完好的货物交付物流提货人员，物流根据委托运送至客户指定目的地；出现收件人拒收或者联系不上收件人时，物流根据客户在系统中所选择的"异常即退回"或"异常需审核"服务需求类型，按照约定进行处理。客户选择"异常即退回"，即出现收件人拒收，物流将直接按照"退回客户"处理；出现联系不上收件人，物流将联系三次收件人，如仍未联系上，将按照"退回客户"处理。客户选择"异常需审核"，即出现收件人拒收或联系不上收件人，物流将通过系统或邮件（需客户选择）向客户推送订单异常信息，客户需在收到异常订单信息后在约定的时间内给出处理意见，选择"再次投递""退回客户""报废处理"，客户未在约定时间内给出处理意见，物流将按照"退回客户"处理。

（3）退换规则。退换规则指需求方根据规定对产品进行退换的规则。退换包括无理由退换与质量问题引发的退换。无理由退换要求商品完好，即商品能够保持原有的品质和功能。同时，消费者需保证退回的商品及其附属配（附）件（包含商标吊牌、使用说明书等）的齐全，并能保持其原有的品质及功能。消费者基于查验需要而打开商品包装，或者为确认商品的品质、功能而进行合理、适当的试用和调试不影响商品的完好。质量问题引发的退换包括破损退换、过敏退换等，此种退换要求需求方在签收后的规定时效内，出现指定的允许退换的情况，消费者以此原因在线发起售后申请且提供有效凭证的，供给方会在规定时限内响应消费者的售后申请，并为其提供退货退款或补发商品等形式的售后保障服务。

（4）评价规则。评价规则指为确保评价内容能真实反映商品或服务的客观情况而制定的规则。评价指消费者在订单交易完成后，可以对交易的订单进行公正、客观、真实的评价，为其他消费者在购物决策和商家经营决策提供参考；评价包括消费者对交易订单中的商品评价、服务评价和消费者（或商家）的回复内容。商品评价指消费者针对订单商品给出的评分、心得和晒单，服务评价指消费者针对店铺及商品等服务内容给出的评价包括商品描述相符、商家服务态度、物流发货速度和配送人员态度四个指标；交易双方发布评价应当客观、真实、合法，且与交易的商品或服务具有关联性，不得利用评价侵害相关方合法权益。

（5）奖惩规则。奖惩规则指为激励和保障商家的良性经营而制定的奖励和惩罚规则。为助力商家成长，对于平台所有参与好店认证的店铺，制定激励政策。即店铺符合本激励政策要求的，可获得相应的激励金。违规行为包括未尽审核义务、商品质量不合格、不当使用他人权利、描述不符、违背承诺、延迟发货、滥发信息、不正当谋利、发布非约定商品、虚假交易、骚扰他人、扰乱平台秩序、泄露他人信息、骗取他人财物、盗用他人账户、出售未经报关的进口商品、出售假冒商品等。对于这些违规行为，平台方有权进行扣分、关闭店铺等方式处理。

第 3 章

供需精准识别
与智能交易匹配

3.1 供需精准识别的理论与方法

3.1.1 供需精准识别的内涵及其演进

3.1.1.1 供需精准识别的内涵

供需精准识别是指收集、辨别和分析供需数据，借助大数据分析等方法以获得全面真实的信息，从而为供需精准匹配提供关键支撑。从理论上说，所谓供需识别的精准度，主要包括五方面：一是真实度，即感知的供需信息是真实可靠的；二是准确度，即信息清晰、具体，不模糊；三是全面度，即供需信息能全面地反映企业、个体或群体的多样供需；四是及时度，即供需信息能够随着现实供需变化而变化；五是便捷度，能够以较低成本获取。供需识别其实包括感知、挖掘、辨别、供给以及评估五个环节，每个环节中都有对供需的识别、整合乃至重新定义，以及基于这种定义做出的整合统筹与服务决策。

3.1.1.2 供需精准识别的发展路径

从交易出现开始，供需精准识别就一直是企业管理、市场营销、公共服务供给等各领域的关注重点。随着科学技术的进步，供需精准识别有了更丰富的应用场景，例如众筹、众包、电子商务等已经将供需精准识别提上重要日程。

以企业管理和市场营销为例，逐渐形成了系统化的供需精准识别操作体系。在 1980 年初，"接触管理"强调通过收集客户与公司联系的所有信息来维护客户群体；在关系营销之后，开始出现包括电话服务中心支持资料分析的"客户关怀"；随着互联网技术的普及应用，客户信息处理技术得到了长足发展。20 世纪 90 年代末期出现了客户关系管理概念，其强调对顾客行为和特性的深入分析，以取得对顾客及其偏好、愿望和需求的完整认知，从而提高产品和服务精准识别的有效性。最近几年，还出现了一些新的变化趋势，例如由即期交易到远期交易，由周期性交易到突发性交易，由理性交易到非理性交易，这些都对供需精准识别提出了新要求。

3.1.1.3　供需精准识别的发展动力

（1）技术进步。技术进步为供需精准识别带来宝贵机遇。技术进步有利于推动精准确定服务对象、精准识别服务需求、精准实现供需对接和精准实施服务监管进程的实现，打造供需双方即时互动的平台，以此实现对供需双方的精准化管理，解决传统交易中产品和服务供需识别不精准的严峻问题。具体而言，通过借助物联网、移动互联网、云计算、大数据、传感网、广电网等网络通信技术，把各方要素资源整合到数据中心，充分发挥信息通信（ICT）产业发达、RFID 相关技术领先、电信业务及信息化基础设施优良等优势，从真实度、准确度、全面度、及时度、便捷度五方面全面提升供需精准识别水平。

（2）数据扩展。基于大数据分析的供需精准识别是建立在现代信息论、社会交互网络和行为相关性基础上的数据分析和辨识活动。一般认为，符合 5V（Volume、Variety、Velocity、Value、Veracity）特征的信息被定义为大数据。以互联网、大数据等为主的信息沟通技术在被广泛运用的同时，已经深深嵌入人类社会的行为和交往之中，并通过制造海量、多样、快速、有价值和真实性高的信息，真实反映人们的偏好与决策。通过短周期、多渠道、多类型、高相关的数据可以实现对供需的精准识别。基于大数据分析的供需精准识别机制具有以下特点：其一，建立覆盖面广、动态更新、微观连续性数据，能够描绘企业以及特定社会群体的整体性特征和个体性细节。其二，力图在结构化数据之外囊括非结构化数据，如社交网站文本、档案文本等，提高数据的多样性、多态性和丰富性。

（3）成本降低。以人工智能、云计算等前沿技术为核心，科学技术可发挥场景连接的优势，助力企业等组织高效、精准识别供给和需求，提升效率并降低供需的识别成本。例如，区块链技术所具有的共识算法、去中心化等特征，为大数据的构建和应用奠定了坚实基础，从而可以实现数据分析、信息共享和持续跟踪，消除供给和需求之间的信息壁垒，为降低精准识别成本提供有力抓手，充分提升了供需精准识别的有效性。

3.1.2 供需精准识别的理论

3.1.2.1 经济学理论

（1）马克思的供求理论。马克思的供求理论明确指出了供求关系的性质、相互联系及其与其他经济范畴的关系，并指出了供求关系在经济关系中的重要地位。主要有以下几点：供求关系是商品经济的基本关系；供求关系不决定价值，但决定价格的波动；供求关系的社会性和阶级性。马克思的供求理论存在如下缺陷：没有完整的供给和需求理论体系；缺乏简洁明快的分析工具；没有严格区分不同含义、不同层次的供给和需求范围（Baronian，2013）。

（2）新古典经济学的供求理论。新古典经济学的供求理论认为，决定需求的因素主要有市场价格、平均收入水平、市场规模、该商品的替代品的情况、消费者的选择偏好。一般假定除价格以外的其他因素保持相对稳定，需求量随价格的变动而变动。正常商品（非吉芬商品）的需求量与价格成反比例变化。决定供给的因素主要有市场价格、生产成本、生产要素的价格、其他商品价格的变化等。一般假设其他因素相对不变，正常商品价格与供给量成正比例变化，价格越高供给量越大，价格越低供给量越少。个别生产者的生产行为在可投入资本量的约束下，按利润最大化原则决定投资规模大小。由于受制于边际收益递减规律，生产者选择在边际收益等于边际成本点停止。

这就是所谓的"生产者均衡"。均衡价格由需求曲线和供给曲线相交点共同决定。均衡价格对应的产量是均衡产量。然而，新古典供求理论存在以下弊端：离开生产、劳动抽象地谈供给和需求；将供求与价值的关系颠倒；将供求当成两股平行的力量；没有关注供求关系的社会本质（Dwyer and Moore，2010）。

3.1.2.2　管理学理论

（1）KANO 模型。用户的需求是多方面、多层次的，但资源和条件的限制决定了单个产品不可能满足用户的所有需求。KANO 模型能够对用户进行需求分类和优先排序，集中资源解决用户最急需满足的需求。根据不同需求与用户满意度之间的关系，可以将用户的需求分为五类：基本型需求、期望型需求、兴奋型需求、无差异型需求和反向型需求。KANO 模型的原理可以最大限度帮助了解用户不同层次的需求，是识别用户需求、设计产品功能至关重要的切入点，通过对用户深度了解和对产品主动把控全面提升产品的用户体验。

KANO 模型已经应用至多个领域，例如，蔡礼彬等（2015）基于 KANO 模型，以 2014 青岛世界园艺博览会游客对服务的需求作为研究对象，归纳总结出 42 个有效服务品质要素，从服务提供的角度为主办方指出其服务与工程技术管理重点。赵宇晴等（2020）基于模糊理论的 KANO 模型对在线评论中提取的用户需求进行分类，并与情感分析结合构建需求—满意度量化模型，实现了用户满意度定量评价。李梦楠等（2019）运用用户满意度的前馈控制方法——KANO 模型的基本理论，结合用户满意指数和精细化KANO 模型，分析各服务内容对用户满意度的影响程度，旨在帮助管理者根据图书馆实际情况有先后缓急地提供优质服务内容，从而实现满意度最大化的目标。

（2）Censydiam 用户动机分析模型。Censydiam 用户动机分析模型主要用于研究用户行为、态度或者目标背后的动机。该模型的基本逻辑是：用户的需求存在于社会和个体两个层面，面对不同层面的需求，用户会有不同的需求解决策略，通过研究用户采取的需求应对策略，可以透视用户内在的动机。其主要内容可以概括为"两维度""四策略"和"八动机"。"两维度"是指用户的需求存在于社会和个体两个层面。"四策略"是指个体面对自身客观存在的需求时，可能采取的四种满足策略：在集体中寻找到快乐，从众和谐；回到自己的内心世界，克制欲望；表达成功自我，得到他人的赞许；释放内心欲望，积极享受，探索更广阔的世界。通过用户满足需求的策略可以透视用户的"八动机"，即活力、探索、个性、独特、舒适、安全、融合、沟通。

已有诸多学者运用 Censydiam 用户动机分析模型探究了供需精准识别问题。例如，侯和邹（Hou and Choi，2019）以 YouTube 为研究情境，基于 Censydiam 用户动机分析模型，研究了用户订阅动机的影响因素。拜姆（Bam，2015）在 Censydiam 模型的框架下，分析年龄在 18 ~ 30 岁的 Bankmed 医疗计划成员对医疗援助的需求和动机。

3.1.2.3　心理学理论

关于供需精准识别的心理学理论以马斯洛需求层次理论为代表。马斯洛需求层次理论是亚伯拉罕·马斯洛于 1943 年提出，其基本内容是将人的需求从低到高依次分为生理需求、安全需求、社交需求、尊重需求和自我实现需求五类，依次由较低层次到较高层次排列，符合人类需求发展的一般规律。之后马斯洛增加了认知和审美需求，提出七层次需求理论。马斯洛需求层次理论在现代行为科学中占有重要地位，是管理心理学中人际关系理论、群体动力理论、权威理论、社会测量理论的理论支柱之一。马斯洛需求层次理论指出人在每一个时期，都有一种需求占主导地位，而其他需求处于从属地位，这一点对于管理工作具有启发意义。然而，不可忽视的是该理论存在以下问题：人本主义局限性、需求归类有重叠倾向、具有自我中心的倾向、需求满足的标准和程度模糊等。

马斯洛需求层次理论在实践领域可以得到充分应用。例如，易明等（2017）基于马斯洛需求层次理论解析网络知识社区用户需求类型，揭示网络知识社区用户需求层次规律，研究发现网络知识社区中不同的用户角色有着明显的需求层次差异。龚金保（2007）从需求层次角度来探析公共服务均等化的实现顺序，对于充分发挥财政工作职能，全面提升财政支出管理水平，实现财政资金效用最大化具有重大意义。

3.1.3   供需精准识别的方法

3.1.3.1   文本分析方法

文本分析主要是指对文本特征项的提取和解读。文本是由特定的人制作的，文本的语义不可避免地会反映人的特定立场、观点、价值和利益。因此，由文本内容分析，可以推断文本提供者的意图和目的，有助于精准识别供需。常见的有 4 种特征选取方式：用映射或变换的方法把原始特征变换为较少的新特征；从原始特征中挑选出一些最具代表性的特征；根据专家的知识挑选最有影响的特征；用数学的方法进行选取，找出最具分类信息的特征。随着人工智能等学科的发展，文本特征提取向着数字化、智能化、语义化的方向深入发展，在供需精准匹配方面发挥更大的作用。

文本分析方法已经在金融、经济、社交网络、在线知识社区、众包、众筹、网络借贷等领域得到广泛应用。例如奥丁根等（Oedingen et al.，2020）通过对访谈内容进行文本分析，探讨公众对人体器官分配的偏好。达·克鲁斯（Da Cruz，2020）通过对政府文件进行文本分析，发现某地区森林可能存在 CRAs 供过于求的情况。王等（Wang et al.，2019）通过对三种不同模式的非营利性医院 PPP 项目进行文本分析，探究医疗服务供需问题。

3.1.3.2   图像分析方法

近年来，随着电子商务和社交网络的不断壮大，产生了大量的网络图像数据。海量的图像数据为供需精准识别提供了宝贵资源。图像分析是指利用数学模型并结合图像处理技术来分析底层特征和上层结构，从而提取具有一定智能性的信息。其重点在于对图像内容的分析、解释和识别，包括但不局限于使用图像处理的各种技术。

图像分析方法已应用至粮食以及水的供需匹配问题中。例如，辛哈等（Singha et al.，2019）通过分析水稻生长期的卫星图像，为政府机构和决策者维持大米供求平衡提供有用指导。还有研究应用图像分类技术，将屋顶雨水收集策略应用到水供给和需求模型中，评估最优水供给值（Brodribb and Jordan，2011）。

3.1.3.3　情感分析方法

自 2000 年初以来，情绪分析已经成为自然语言处理（NLP）中最活跃的研究领域之一。情感分析是对带有情感色彩的主观性文本进行分析、处理、归纳和推理的过程。情感分析的目的是为了找出人们的观点、情绪，以及评估对诸如产品、服务、组织等实体的态度。基于此，可以通过了解对于某一事件或产品的态度等，进一步实现精准供需识别。现有的情感分析途径大致可以分为四类：关键词识别、词汇关联、统计方法和概念技术。按照处理文本粒度不同，情感分析大致可分为词语级、句子级、篇章级三个研究层次，可以借助机器学习、统计、自然语言处理等技术实现大型文本集的情感分析。

情感分析方法已经被广泛应用于金融经济、市场营销等领域。麦哈兹等（Mahadzir et al.，2018）运用情感分析方法从房地产的民意数据中提取见解或观点，以了解马来西亚房地产行业目前面临的供需失衡背后的原因。伍德等（Wood et al.，2013）和林肯等（Lincoln et al.，2013）运用情感分析方法规划产品的供给和需求。伍德等（2014）使用情感分析方法帮助公司了解消费者需求或偏好的变化，检测市场需求变化趋势。

3.1.3.4　机器学习方法

机器学习是一门人工智能的科学，该领域的主要研究对象是人工智能，特别是如何在经验学习中改善具体算法的性能。该方法具有多学科交叉特点，涵盖概率论、统计学、近似理论、复杂算法等，使用计算机作为工具并致力于真实、实时地模拟人类学习方式，并将现有内容进行知识结构划分来有效提高学习效率。机器学习历经 70 年的曲折发展已进入以深度学习为主的阶段，它借鉴人脑的多分层结构、神经元的连接交互信息的逐层分析处理机制，具有自适应、自学习的强大并行信息处理能力，在很多方面收获了突破性进展。

机器学习方法已在多个领域的供需精准识别方面有所应用。例如，李等（Li et al.，2019）提出了一种基于建筑管理系统和机器学习的经济建筑管理系统（EBMS），增强了配电供需的计算能力。具体表现为在设备管理人员不在场的情况下，根据电价预测系统或实时电价数据，自行进行购电决策。劳瑞拉等（Lorilla et al.，2020）使用机器学习中的随机森林方法，从 17 个被测试的生态系统服务中识别出最重要的社会生态变量，以区分供应和需求表现出不同特征的区域。泰拉妮等（Tharani et al.，2020）运用机器学习中的神经网络、随机森林等方法，预测了地球表面太阳辐射方面的有效性，进而提出维持能源供应和需求之间平衡的策略。

3.1.3.5 计量分析方法

计量分析方法是用统计推论方法对经济变量之间的关系作出数值估计的一种数量分析方法。它首先把经济理论表示为可计量的数学模型即经济计量模型，然后用统计推论方法加工实际资料，使这种数学模型数值化。这种分析方法有两个特点：理论与观察资料相结合，赋予理论以经验的内容；将随机因素对经济关系的影响纳入分析之中，得出的结论具有概率性。

计量方法已被广泛应用于分析天猫商城、众筹平台、在线外包平台等电商平台，以及线下酒店预订、公共住房、电力等领域中的供需问题。例如，纽伯利和周（Newberry and Zhou，2019）以天猫商城为研究情境，基于平板电脑的月度价格和数量，构建包含学习过程的需求模型，研究在线声誉系统对不同卖家需求分布的影响。吉娃等（Geva et al.，2019）基于 Kickstarter 平台，采用准自然实验方法，探讨外源性媒体冲击对平台供需以及众筹绩效的影响。洪和帕沃罗（Hong and Pavlou，2017）基于在线外包平台，采用面板数据分析方法，实证研究国家（语言、时区、文化）差异和国家 IT 发展对在线外包平台中买方对服务提供商选择的影响。卡扎贝尔等（Cazaubiel et al.，2020）利用连锁酒店的预订数据库，构建嵌套 logit 需求模型，评估在线分销渠道之间需求识别的替代模式。吉耶和辛格（Geyer and Sieg，2013）基于低收入家庭的独特面板数据集，建立并估计一个新的公共住房均衡模型。

3.1.4 供需精准识别的发展方向

未来，供需精准识别主要的发展方向包括如下两个方面：

第一，拓展供需识别的理论。随着科学技术发展，新型应用场景不断涌现，以前的供需理论可能不再适用于当前的社会经济环境。不适用的供需理论可能导致结果与真实供需相背离，使得供给方和需求方产品或服务的不匹配，导致资源浪费，进一步影响供给方的收益效率以及需求方的满足感。因此，有必要重新审视供需精准识别理论，综合不同学科的供需理论，结合不同应用场景，拓展供需理论元素，深化供需理论在各领域的实践价值。

第二，创新供需精准识别技术。小样本调查、典型案例分析和历史经验归纳为主要知识生产方式的社会科学研究方法和社会需求辨识方式已经受到极大的挑战。大数据分析方法对于供需精准识别具有重要意义和价值，除了能够以较低成本、更高效率获得海量社会成员行为和状态数据，降低统计误差、提高供需辨识的精准度以外，对数据的结构化改造和关联性挖掘还能够发现目标群体的行为轨迹及特征，揭示其中的一致性规律，从而精准预测需求，进一步提高和保证产品或服务的有效供给。在大数据、人工智能等现代技术的辅助下，供需精准识别机制可以在如下几个方面进行重点创新：精准供需的感知机制；精准供需的挖掘机制，精准供需的辨别机制；精准供需的供给机制；精准供需的评估机制。

3.2　智能交易匹配的理论与方法

3.2.1　智能交易匹配的内涵与模式

3.2.1.1　智能交易匹配的内涵

在经济学语境下，交易匹配是指为供需双方找到合适的交易对手，并以适当的条件推动交易的达成。盖尔和沙普利（Gale and Shapley，1962）对此有一个更为抽象化的概括，他们将匹配定义为：将相互不相交的集合中的元素组进行组合，使之实现某种外部要求。受到形形色色交易成本的影响，传统的交易匹配面临四种主要的挑战：第一，传统供需匹配方式经常出现供需总量不平衡问题，价格"蛛网波动"现象时常出现，既不利于生产者，也不利于消费者。第二，线下供需匹配方式受时间、地域分割因素的影响，产品选择范围有限，较难适应消费者日益增长的产品多样化需求。第三，线下供需匹配方式因信息不对称，产品质量安全隐患问题较为突出，消费者对安全产品的需求日益强烈。第四，线下供需匹配方式流通环节多，容易导致产品价格因流通因素变化而大涨大跌，即"牛鞭效应"，最终造成总量供需不平衡。而智能交易匹配正是基于传统匹配方式的不足而提出的一个新概念。

智能交易匹配是指综合采用各种智能化手段，通过供需双方的精准识别，有效率、有效果地推进匹配的达成。从交易成本角度考虑，智能交易匹配主要有助于降低如下几种成本：一是搜寻成本。借助现代智能化技术，交易双方的供给和需求均被准确刻画，可以通过信息网络快速搜索到目标交易对手。二是谈判成本。借助数据分析技术，典型的交易条件都可以进行菜单式配置，尤其是交易价格可以根据供需状况动态调整，提高交易匹配的动态化、精准化。三是履约成本。借助区块链技术，交易双方的行为轨迹具有不可篡改特征，这大大降低了违约执法的难度，从而有力推进了交易的高效执行。

3.2.1.2　智能交易匹配的类型

针对既有交易匹配存在的突出问题，智能交易匹配按照目标导向的差异可能存在如下三种类型。

第一，供需总量平衡导向型智能匹配。这种类型可简称为总量导向型，典型代表是以 B2B 为特征的大宗商品电子交易，旨在解决传统供需匹配中供求总量失衡的问题。在这一过程中，主要利用信息技术的资源整合功能，包括整合交易、整合供求信息、整合库存与物流、整合中远期价格等。

第二，种类结构多样导向型智能匹配。这种类型可简称为结构导向型，旨在满足消费者日益丰富的产品种类需求，缩短消费时空界限，以淘宝为代表的电商是最为典型的例子。在这一过程中，主要发挥信息技术的交易撮合功能，这一功能又是通过搭建双边市场实现的。

第三，产品品质安全导向型智能匹配。这种类型也可称之为品质导向型，着重满足消费者对产品质量安全以及高端产品的需求。产品众筹和定制生产是此种类型的典型代表。在这一过程中，主要利用信息技术发展带来的供需信息传递的便利。其中，产品众筹不仅改变了消费者的角色，将其转化为要素投入者；而且还通过互联网信息技术向消费者传递了产品生产的全过程或关键节点信息，解决了传统产品供需匹配中长期存在的信息不对称问题。而定制生产则运用互联网信息技术获取消费者产品偏好信息，通过市场细分实现以需定产。

3.2.2　智能交易匹配的理论

在古典经济学框架下，市场是理想而无摩擦的，供需双方在供给曲线和需求曲线交点决定的市场上相见，然后依据完全信息进行交易决策，这实际上描绘出了智能交易的理想情况。但事实上，交易双方的信息并不完全，交易也存在各种摩擦，这直接导致供需双方的错配，以及交易匹配的无效率。因此，智能交易匹配理论的目的是降低交易成本，提高交易匹配效率。基于不同的交易场景，既有研究提出了如下几种匹配理论。

3.2.2.1　搜寻匹配理论

搜寻匹配理论的提出最早是为了解释劳动力市场的失业问题。在新古典经济理论中，在完全竞争假设下，所有的供需信息都将反映在价格上，因此所有的劳动者通过比较自己的保留工资和市场工资的大小决定是否就业。换言之，劳动者只要愿意，工作就瞬间可得，因此不存在结构性失业问题。但这显然与现实不符。事实上，劳动力市场存在形形色色的交易成本，特别是信息不完全对称成本，劳动者往往需要耗费大量的时间和成本寻找合适的工作。而搜寻匹配理论研究的核心问题就是：在充满摩擦的市场中，求职者的工作搜寻强度和失业持续时间究竟受什么因素影响？空缺职位和失业者之间又是如何匹配的？戴蒙德、莫滕森和皮萨里兹（Diamond，Mortensen and Pissarides）构建的均衡搜寻理论和匹配模型对上述问题作出了强有力的解释，并因此获得 2010 年诺贝尔经济学奖。此后，他们的研究还被广泛应用于婚姻、房地产等具有摩擦性质的市场分析中。

工作搜寻理论的基本假设是：劳动力市场是不完全信息市场，求职者只了解市场上工资的概率分布，而不清楚企业提供的具体工资水平；搜寻时间越长，搜寻成本越高；搜寻时间越长，预期收益就越高，但预期的边际收益呈递减趋势。其基本结论是：求职者的保留工资和求职期间净收入与平均失业持续时间正相关，但聘约收到率对寻找工作所花时间的影响则不确定。

工作匹配理论的核心是皮萨里兹（Pissarides，2000）提出的以匹配函数为基础的匹配模型。匹配函数需满足以下两个基本假设：职位空缺和失业并存的主要原因是劳动力市场存在交易成本；工资是雇主与雇员之间讨价还价的结果。基于上述假定，可以利用贝弗里奇曲线的基本原理构建匹配模型，从而分析劳动力市场的均衡问题。根据匹配函数，企业的雇用人数由空缺职位数、求职者人数和求职者的平均搜寻强度决定。同时，匹配函数还同时具有群体间正外部性（即企业创造职位对失业者有利）和群体内负外部性（即求职人数越少，对求职者越有利）效应。匹配模型表明，在稳定均衡状态下，失业保险、劳动者讨价还价能力、职位破坏率和劳动力增长率均会提高失业率，而匹配效率和劳动者生产率的提高则会降低失业率。

3.2.2.2 双边匹配理论

2012年的诺贝尔经济学奖被授予沙普利和罗斯（Shapley and Roth），以表彰两位学者在双边匹配理论方面的杰出贡献。双边匹配理论的本质是采用数学方法对市场匹配功能进行系统优化。该理论按照关注点的差异可划分为三类：传统意义上无货币因素的双边匹配理论；包含价格因素的双边匹配理论；合同匹配理论。

无货币因素的双边匹配理论主要关注学生录取、婚姻选择、器官移植、集中分配等这类一般意义上不能引入价格机制的选择活动。这一理论的目的是在无法引入价格因素时，人为地设计出一种算法或程序，以模拟完全竞争市场的分配功能、满足自由参与和帕累托效率等几种福利性质，实现稳定匹配这一目标（Gale and Shapley，1962）。其中，稳定匹配是指给定某种匹配结果，任何一个元素都不能和自己的匹配对象相分离，重新寻找匹配对象使得自己的福利增进。为有效实现稳定匹配的结果，学者先后提出了多种匹配算法，主要有序列独裁算法、顶端调换循环算法、延期接受算法等。

包含价格因素的双边匹配理论由沙普利和舒比克（Shapley and Shubik，1972）开创，他们定义了一种包含价格因素的双边市场，并在效用货币化、允许单边支付、标的物不可分割、供需刚性的假设下，构建了一种新的匹配模型——派遣博弈模型。同时进一步研究表明，派遣博弈模型的核非空，且与竞争均衡高度一致。引入价格因素后，双边匹配模型开始与拍卖理论和竞争性均衡理论产生联系，从而引起后续理论的整合工作。

艾昆和桑莫兹（Aygun and Sonmez，2013）认为，合同匹配理论是过去20年中匹配论最重要的发展成果之一，因为该理论通过引入合同的概念，将资源配置视为一组合同，从而把无价格因素的双边匹配理论与包含价格因素的双边匹配理论放在一个统一的框架下进行研究。在这一方面，哈特菲尔德和米尔格鲁姆（Hatfield and Milgrom，2005）作出了开创性的贡献。他们融合大学招生问题、劳动力市场匹配问题以及打包拍卖理论提出了合同匹配模型。在这个新模型中，基本的分析单位是合同，而这些合同既可能是外生的，也可能是内生的，且可以任意组合。在这个一般性框架下，通过迭代算法求解系统方程刻画稳定合同集的特征，基本能够准确再现无价格因素双边匹配模型和包含价格因素的拍卖模型的结果。随后学者还对合同匹配理论从两个方面进行了扩展：一是深度考察单个孤立市场的合同匹配问题；二是研究关联市场的合同匹配问题。

3.2.2.3　拍卖理论

拍卖是一种具有明确规则的交易制度，通过参与者竞标的方式决定资源的配置及其价格。拍卖制度从本质上反映了市场价格的形成机制以及资源配置的内在过程，匹配供需双方并达到市场出清的均衡价格。按照拍卖标的物的差异，拍卖理论可以划分为单一物品拍卖理论和多个物品拍卖理论两类。

在单个物品拍卖框架下，常见的拍卖机制分为四类：一是增价拍卖。参与方持续增加报价，直到没有一个竞标者提出更高价格，该竞标者以最高叫价获胜并支付最高价格（Milgrom，1989）。二是减价拍卖。减价拍卖又称为荷式拍卖，它与增价拍卖的运作方式相反，由第一个报高价的竞标人获胜。三是第一密封价拍卖。每个竞标者在规定时间内投递独立的标书，拍卖者组织竞标者到场当众开标，并将标的物卖给出价最高的人，同时支付最高报价。四是第二密封价拍卖，又称为维克里拍卖。每一个竞标者独立报价，然后标的授予出价最高的人，但获胜者仅需支付第二高的价格即可。

多个物品拍卖框架下，常见的拍卖机制有两类：其一，序贯拍卖。其实是标准拍卖形式的一种变形，差异在于其执行时等到所有标的物都拍卖完成之后才按照顺序执行。由于该拍卖方法降低了竞标者的有效需求，同时拍卖位置的不同会影响价格，因此该拍卖方法在实际应用中比较少见。其二，同步增价拍卖。该方法同时拍卖 N 个标的物，且对每一个标的物的报价都是公开的，每一轮报价结果在该轮结束时被公示出来。当对于任一个标的物的竞标都不变时，拍卖结束，同时报价最高的 N 个人获得 N 个标的物（Mcmillan，1994）。

3.2.2.4 认知匹配理论

认知匹配理论主要以认知心理学和信息处理理论为基础，探讨问题表征和任务特征的匹配关系对于任务解决绩效的影响。认知匹配理论在早期主要被应用于信息获取、信息评价等简单的信息处理任务，后续在信息检索、风险决策、绩效判断等相对复杂的任务，以及会计信息决策支持系统、计算机编程和软件维护、空间决策支持系统等专业领域得到了验证。按照理论发展过程，认知匹配模型大致可分为如下三类：

第一，认知匹配基础模型。该模型最早由维西（Vessey，1991）提出，包含四个要素：问题表征、任务类型、解决问题的心理表征和解决问题的绩效。该模型认为，当解决问题的问题表征和任务类型匹配时，受二者独立作用所形成的心理表征一致，这会降低解决问题者的认知负荷，提升解决问题的绩效；反之则会降低解决问题的绩效。

第二，认知匹配扩展模型。该模型进一步将解决问题者的个体因素和解决问题的环境因素等纳入研究范畴，包含如下几个关键要素：问题表征、任务类型、解决问题的工具、解决问题的技能、解决问题的心理表征和解决问题的绩效（Vessey and Galletta，1991；Sinha and Vessey，1992）。该模型同时考察了可能影响解决问题绩效的内、外部因素，强调除了问题表征和任务是否匹配会影响解决问题的绩效外，解决问题的技能或解决问题的工具是否与问题表征和任务匹配，也会影响解决问题的绩效。

第三，认知匹配分布式模型。沙夫特等（Shaft et al.，2006）在认知匹配扩展模型的基础上构建了由问题域的内部表征和外部问题表征构成的分布式问题表征系统，并由此形成了认知匹配分布式模型。其中，问题域的内部表征指解决问题者头脑中的知识结构，即可以从记忆中搜寻到的与解决问题相关的知识、符号、规则等，被认为是内部信息线索；外部问题表征指环境中的知识、约束、规定、关系、边界条件等，被认为是外部信息线索。该模型本质上是通过对表征维度的细化实现对被表征维度的更充分地表征，从而提升表征方式的有效性，代表认知匹配理论从重视解决问题的绩效向探究解决问题的认知过程及其内外信息线索的表征机制的转变。

3.2.2.5　任务技术匹配理论

在信息化时代，任何企业若想保持高速发展的态势都应重视对信息技术进行投资。然而，投资仅是一种手段，投资后能否获得相应的绩效才是企业关注的焦点，高投资无法带来高回报所引发的信息悖论使得各企业在认真思考技术与绩效的关系问题。任务技术匹配理论正是为解释信息悖论问题而提出（Goodhue and Thompson，1995）。该理论构建了一个"技术—绩效"链条表征技术任务匹配理论的基本框架，将影响 IT 投入绩效的因素划分为任务特征、技术特征、个人特征、任务技术匹配四种类型，认为任务特征、技术特征、个人特征会影响任务技术匹配，而任务技术匹配程度则会直接或间接影响任务绩效。

为了使学术界更加科学地应用任务技术匹配理论，古德胡（Goodhue，1998）将该理论中最具代表性的变量——任务技术匹配界定为"使用者对于信息系统或信息服务满足其任务需求程度的感知"，并从数据识别、数据获取、数据整合与解析三个方面将其划分为数据的详细程度、准确性、相容性等 12 个维度，最终确定了 32 个测量指标。这一工作为后续实证研究提供了基础工具，并使得不同研究之间可以进行对话和整合，有力推动了技术匹配理论的完善和发展。

此后，还有学者尝试将技术匹配理论与其他相关理论进行整合，以更加有效解释信息技术高速发展时代下的一系列新问题。其典型代表是将任务技术匹配理论与技术采纳模型（TAM）相融合，用以解释个人的技术认知、技术采纳行为和技术采纳绩效。相关工作主要包括：第一，将任务技术匹配这一变量纳入 TAM，分析其对个人技术认知、技术采纳行为的影响；第二，将任务技术匹配理论与 TAM 相整合，证明整合模型对使用行为具有更强的解释力；第三，将任务技术匹配理论与 TAM 相整合，从任务技术匹配、态度信念、行为意愿等角度探讨技术采纳行为和技术采纳绩效的前因；第四，将任务技术匹配理论、TAM 以及其他理论相整合，综合多个理论的观点、基于不同的视角探讨技术采纳意愿和技术采纳行为的前因。

3.2.3　智能交易匹配的方法

3.2.3.1　基于文本的匹配方法

自然语言理解的许多任务，例如信息检索、自动问答、机器翻译、对话系统、复述问题等，都可以被抽象成文本匹配问题。过去的文本匹配研究主要集中在人工定义特征之上的关系学习，模型的效果很依赖特征的设计。最近，深度学习自动从原始数据学习特征的思想影响着文本匹配领域，大量基于深度学习的文本匹配方法被提出，本书称这类模型为深度文本匹配模型。相比于传统方法，深度文本匹配模型能够从大量的样本中自动提取出词语之间的关系，并能结合短语匹配中的结构信息和文本匹配的层次化特性，更精细地描述文本匹配问题。根据特征提取的不同结构，深度文本匹配模型可以分为三类：基于单语义文档表达的深度学习模型、基于多语义文档表达的深度学习模型和直接建模匹配模式的深度学习模型（庞亮等，2017）。

（1）基于单语义文档表达的深度学习模型。将文档表达成一个向量，该向量被称为文档的表达，广义来说，传统方法得到单个文档的特征就可以看作一个文档的表达。例如，文档中每个词的词频，文档的长度等。而基于单语义深度学习模型中的文档表达则是利用深度学习的方法生成一个文档的高维度稠密向量。因此这类算法首先将待匹配的两个对象通过深度学习表达成两个向量。得到两个文档的表达之后，通过计算这两个向量之间的相似度便可输出两者的匹配度（Chopra et al.，2005）。目前，主要的几类构建文档差异化表达的模型方法包括：基于全链接神经网络的方法、基于卷积神经网络的方法以及基于循环神经网络的方法。以上基于单语义文档表达的深度学习算法具有三个优点：一是将文本映射为一个简洁的表达，便于储存；二是匹配的计算速度快；三是模型可以用大量无监督的数据进行预训练。但是该方法存在一个重要缺陷，即很多匹配问题不具备传递性，因此不适合用单个度量空间来描述。

（2）基于多语义文档表达的深度学习模型。针对基于单语义文档表达的深度学习模型存在的缺点，一些新的深度匹配模型被提出，用于综合考虑文本的局部性表达（词、短语等）和全局性表达（句子）。这类模型不仅会考虑两段文本最终的表达向量的相似程度，也会生成局部的短语或者更长短语的表达进行匹配。这样多粒度的匹配可以很好地补充基于单语义文档表达的深度学习模型在压缩整个句子过程中的信息损失。现阶段，其主要方法包括：可伸展递归自动编码器、多粒度卷积神经网络、多视角循环神经网络等。基于多语义文档表达的深度学习模型支持更细粒度的表达，因此带来了更丰富的信息，所以能够比基于句子级别表达的深度模型获得更好的效果。此外，该模型支持大量无监督的预训练。但是该方法存在如下不足：算法鲁棒性不足；无法区分不同上下文中局部化信息的重要性；难以捕获匹配中的结构信息。

（3）直接建模匹配模式的深度学习模型。区别于以关注文本表达（局部化或者全局化）为核心的思路，直接建模匹配模式的深度学习模型旨在直接捕获匹配的特征：匹配的程度和匹配的结构。这样更接近匹配问题的本质，更加契合人们面对两段文本进行匹配分析的方法。当进行两段文本的匹配时，我们会先看是不是有匹配的关键词，然后再看关键词之间的相对位置是不是匹配的，最后整合整个句子的意思给两段文本匹配的程度进行打分。现阶段，该模型应用的主要的方法包括主题深度匹配模型、树深度匹配模型、卷积网络深度匹配模型等。与基于语义文档表达的深度模型相比，直接建模匹配模式的深度学习模型能够保持细粒度的匹配信息，避免在一段文本抽象成一个表达时，细节的匹配信息丢失。但是该方法也存在一些局限，例如，需要大量的有监督的文本匹配的数据训练，无法通过无监督的文本进行训练；同时，由于计算过程比较复杂，预测的时候资源消耗较大。

3.2.3.2 基于市场设计理论的匹配方法

经济学界针对学生录取、婚姻选择、器官移植、集中分配等一般意义上不能引入价格机制的选择活动，提出了市场设计理论，并基于该理论先后提出了多种匹配方法，本节重点介绍如下三类：序列独裁算法、顶端调换循环

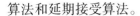

算法和延期接受算法。

（1）序列独裁算法。以学生座位分配为例，该算法的基本逻辑是：第一步，强制按照某种序关系（例如成绩、身高等）对全部学生进行排序。第二步，对排序最高的那个学生，优先指派给他最喜欢的座位；依次进行，第 k 轮学生的需求在第 k + 1 轮学生进行匹配前得到满足，第 k + 1 轮的学生只能在剩余的座位中选取自己最喜好的座位，直至所有学生选择完毕。这种匹配方法被证明是帕累托有效的、防策略的，且具备一定的公平性（Abdulkadiro-glu and Sonmez，1998）。

（2）顶端调换循环算法。以学生宿舍分配为例，该算法的基本逻辑是：假设每个学生都有一个初始的房间，即存在初始禀赋。第一步，每个学生画一个箭头指向其最喜欢的房间，每个被占用的房间指向其拥有者。第二步，从每个未被占用的房间出发画一个箭头指向对其排序最高的学生；这两步进行完毕后，已经画出的图形必定出现循环。第三步，就是对处于循环状态的学生，赋予其箭头所指的房间，这些学生放弃初始禀赋，带着重新分配的房间离开博弈。该过程不断进行，直到没有房间或没有剩下的学生为止。这种算法被证明对于任意给定的初始禀赋结构，当参与人的排序是严格的序关系时，可以生成唯一的帕累托有效、防策略且稳定的配对关系（Roth and Postlewaite，1977；Roth，1982）。

（3）延期接受算法。以学生选择学校为例，该算法的基本逻辑是：第一步，每个学生申请其排序最高的学校，每个学校面对向其提出申请的全部学生，按照学校对学生的排序，保留其排序靠前的 N_i 名学生，并拒绝后面的全部学生，其中 N_i 表示学校 i 的招生规模。第二步，第一轮申请被拒绝的学生，向其排序第二位的学校递交申请，所有学校接到申请之后，连同第一轮保留的学生，按照自身对学生的排序，保留其排序靠前的 N_i 名学生，并拒绝后面的全部学生。以此类推，直到没有学生被拒绝，或学生被所有的学校拒绝，算法结束。后续研究证明，该匹配方法几乎和顶端调换循环算法一样，具有较好的稳定性、防策略性、帕累托有效性（Dubins and Freedman，1981；Roth，1985）。

3.2.3.3 基于图论的匹配方法

地图匹配是应用软件的方法对导航定位误差进行修正的技术。该技术以模式识别理论为依据,基于车辆始终行驶在道路上的假设,其基本思想是结合车辆定位的轨迹与数字地图中的道路网络,将 GPS 定位方法所测得的车辆位置信息与导航系统的电子地图数据比较和匹配,找到车辆所在的路段,计算出车辆在路段上的确切位置,将车辆点投影到路段上,从而校正定位误差(胡建超等,2009)。

当前的地图匹配绝大多数都是面对动态实时 GPS 数据,匹配算法总体分为两类:确定性地图匹配算法和不确定性地图匹配算法。其中,确定性地图匹配算法主要是指投影算法,该方法首先查找距离车辆位置最近的路段,然后将表示车辆位置的定位数据点投影到查找到的路段所对应的点上,将投影点作为车辆匹配后的位置。而不确定性地图匹配算法又可细分为概率统计算法、模糊逻辑算法、相关性分析算法、基于 D-S 证据推理算法等。其中,概率统计算法的基本思想是依据 GPS 接收到的数据信息设置一个置信区域,即利用概率准则来设定搜索道路的距离阈值,并从中选出用以匹配的道路位置信息(彭飞等,2001)。模糊逻辑算法主要用于解决地图匹配中涉及模糊度的定性决策过程,包括模糊化、推理机和去模糊化三个部分,利用隶属函数描述与候选道路定义误差模型(苏洁等,2001)。相关性分析算法的基本原理是利用拐角和交叉口或曲线路段的形状特性对定位系统测出的数据进行校正(常菲等,2004)。基于 D-S 证据推理算法的特点是既能处理随机性所导致的不确定性,又能处理模糊性所导致的不确定性,依靠证据的积累,不断缩小假设集,从而将"不知道"和"不确定"区分开(谷正气等,2008)。

3.2.3.4 基于异构网络的匹配方法

随着信息技术的发展普及,网络世界中的数据呈现出零散、低质、异构等典型特征,这给数据分析带来了极大的挑战,但却蕴含着巨大的商业价值。因此,高效匹配不同数据源中的异构实体成为大数据时代降低数据冗余、提高数据质量、深化数据分析的基础,并在智能推荐、智慧医疗、用户画像等典型互联网场景中具有广泛的应用价值。现阶段,异构网络下的实体匹配算

法主要可被划分为如下两类。

（1）基于监督学习的实体匹配算法。这表算法的基本思想是：首先对不同数据源的数据进行预处理操作，接着将不同数据源的数据两两配对生成实体对集合，对训练集中的实体对使用监督学习算法进行训练后得到算法模型；其次利用训练好的模型对新的实体对进行分类，得到匹配结果。基于监督学习算法训练的模型能更好地拟合数据，反映数据真实的特征。但是基于监督学习算法的训练过程需要大量的数据，训练模型有较高的复杂性，尤其是某些集成学习的方法还对硬件具有较高的要求。支持向量机、Logistic 回归、AdaBoost、梯度提升树、贝叶斯网络等机器学习算法均可以用来训练最终的决策模型。

（2）基于非监督学习的实体匹配算法。这类算法又可进一步划分为如下几类：一是基于规则的实体匹配算法。该算法一般基于人工定义的规则来判断两个实体是否匹配。该方法比较直观，代码复杂度不高，但是匹配规则需要依据专家经验人为设定，因此对规则的合理性、有效性产生较大的挑战。二是基于聚类的实体匹配算法。该算法是对大量未标注的数据，按照数据内部存在的特征划分为不同类型，使得同类之间的数据比较相似，而异类数据之间的差异较大。聚类匹配不需要事先生成候选集，即可以解决没有样本标签的实体匹配问题。这也是目前研究中的一个前沿和热点。三是基于概率图的实体匹配算法。该算法主要基于概率模型进行实体匹配。早期的算法将特征值拟合成某种概率分布，而分布的参数直接决定匹配的结果，因此其主要的挑战是求解分布的参数。此外，随着文本技术的发展，基于自然语言处理的方法也逐渐被应用到实体匹配中，比如主题模型、随机游走算法等。

3.2.4 智能交易匹配的发展方向

未来，智能交易匹配应主要在如下两个方面进行拓展。一是智能交易匹配理论的整合。随着新一代信息技术的普及和发展，物理世界和信息世界的边界日益模糊，人、机构、智能体之间的交互更加频繁，而所有类型的交互都可视为某种形式的交易，只是交易的标的有所不同。这大大超出了传统经济学只关注人、组织之间商品、服务交换的范畴。因此需要融合多种理论构筑更加全面、系统的智能交易匹配理论。

二是智能交易匹配方法的提升。智能交易理论的落地需要各种算法的支撑，而现有的匹配方法在效率和效果两个方面还有待提升。在效率方面，主要是要在扩大匹配搜索范围的同时降低匹配耗时，帮助交易者更快、更全面地匹配交易对手；在效果方面，主要是对交易条件的偏好序列进行精准化识别，从而提高交易达成率和满意度。

3.3 商品搜索算法

在智能交易网络中，买家节点和卖家节点都在本地节点中储存与自身相关的一系列商品信息。当买家节点要获得某一商品的信息时，不仅可以从卖家节点中获得在售的商品信息，也可以从卖家节点中获得包括购买记录、商品评价、相关卖家推荐等信息，可以更多元和综合地选择商品。而怎样获取这一商品信息，离不开高效的商品搜索算法。

众智电子商务交易网络的结构呈现为一种分布式非结构化的网络结构，整个网络运行不会过度依赖网络中任何一个节点，如图 3-1 所示。而在分布式非结构化网络中进行资源搜索的最为基础和常用的是几种盲目搜索算法，例如洪泛搜索算法、随机漫步搜索算法、最大度搜索算法等，然而这些搜索算法具有搜索时间长、搜索效率低、搜索成功率无法保证、占用大量的

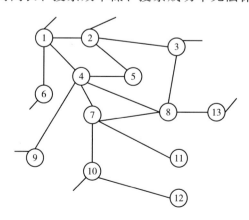

图 3-1　分布式非结构化网络搜索概念

网络宽带等缺点。因此，需要研究设计出众智电子商务交易网络的商品搜索算法，有效提高商品搜索效率以及成功率，减少搜索过程中对宽带网络的占用。

3.3.1　分布式网络搜索技术

众智电子商务交易网络属于一种分布式非结构化拓扑结构网络，分布式网络搜索技术是在网络中发现和定位信息资源的技术。在网络中，通过一定的搜索算法快速、准确、高效、节能地找到信息资源，是搜索技术所要达到的目标，因此分布式网络的基础搜索技术，是本章算法设计的重要技术基础。分布式网络结构分为结构化和非结构化，下面分别阐述。

在结构化网络中，每个节点储存的信息和网络节点有关，因此搜索采用基于 DHT 分布式散列路由算法实现，包括弦环型、树型、多维空间等搜索算法，而网络中会有大量节点的加入和离开，因此全局 DHT 维护成本较高，比较困难，局部性能较好。

（1）弦环型拓扑结构搜索算法。弦环型拓扑结构搜索算法首先把文件名映射到语义空间 S，节点映射到节点空间 N，通过 Hash 函数例如 SHA1，得到一个位于预定范围内的数字键。这样就将语义空间 S 转换到整数的数字 ID 空间 K，每个文件名均对应一个数字。在 Chord 中，每个节点保存一张指向所有活动节点的 finger table，ID 为 n 的节点的 finger table 表中的第 i 项指向 ID 空间中最小、最接近 $n + 2^{i-1}$ 的节点。图 3 - 2 所示是 Chord 系统中一个节点 N8 的 finger table 示意图，第 1、2、3 项均指向 N14，第 4、5、6 项均指向 N42。

（2）树型拓扑结构搜索算法。树型拓扑结构，也是一种结构化网络的典型系统。该系统的搜索过程大致可以总结为：系统中的节点 ID 和文件 ID 都是根据二进制划分的，并没有对散列进行定义，只规定了其后的键值是 128 字节的整数空间，每个节点都维护一张特定的路由表。当树型拓扑结构网络中的节点发出一个搜索请求时，在路由表中选择一个节点 ID 比当前节点多一位与文件 ID 相同的节点，并且转发请求消息，由此经过每一次路由，消息就像所要搜索的文件 ID 的节点靠近一步，最终找到该节点，返回所需信息。

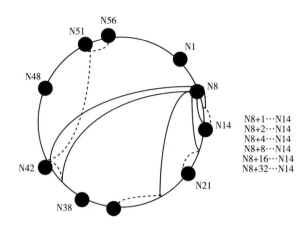

图 3 - 2　**Chord 系统节点 N8 的 finger table 示意**

（3）多维空间搜索算法。多维空间搜索是基于平面空间划分来建立节点相邻关系的算法，节点间按照其几何空间相邻关系完成搜索转发策略。多维空间探索要建立一张大型的 Hash 表，得到在多维空间下的结果。CAN 由大量自治的节点组成，每个节点保存 Hash 表的一部分，称为一个区。在查询过程中首先节点收到搜索请求，查看其邻居节点是否有相近的键值，如果有，将查询请求转发给其邻居节点，邻居节点再进行本地搜索，如此循环，直到找到目标信息。

3.3.2　分布式非结构化网络搜索技术

非结构化网络搜索算法主要分为三种类型：盲目式搜索算法、启发式搜索算法和基于节点特征的搜索算法。盲目式搜索算法主要是在网络节点转发路由时具有一定的盲目性和随机性，主要包括洪泛算法、随机漫步算法、最大度搜索算法等；启发式搜索算法则以盲目搜索为基础，通过和其他算法结合，设置启发式的节点转发路由规则，提升整个网络搜索效果；基于节点特征的搜索算法主要针对网络的特殊结构，例如针对网络中存在一部分超级节点进行设置的搜索算法。

（1）盲目式搜索算法。盲目式搜索算法是最为基础和常用的搜索算法，也是其他搜索算法的研究基础，如洪泛搜索算法、随机漫步搜索算法、Modified-BFS 搜索、最大度搜索等。算法思路较为简单，应用方便，但是不能够保证搜索的成功率和效率，特别是在大型和复杂的网络结构下。吉努特拉（Gnutella，2002）最先提出了洪泛搜索算法，洪泛算法是当前节点将搜索请求全部转发给邻居节点进行资源搜索，邻居节点再将搜索请求转发给它所有的邻居节点，直到搜索到所需资源或者存活时间（time to live，TTL）为零。这种算法的优点是可以保证网络搜索的成功率，而缺点是当网络拥有大量节点的情况下，它的转发节点数量会呈现指数爆炸式增长，因此会生成大量的无用消息，过多占用网络的宽带资源，完成一次搜索会经过较长的时间，因而这种搜索算法是低效率和高消耗的。吉坎西德斯等（Gkantsidis et al.，2006）提出随机漫步搜索算法，即节点将搜索请求，随机转发给它 K 个邻居节点，而不是像洪泛算法一样选择全部的邻居节点进行转发，这样可以有效地减少搜索过程中消息的传输量，但却降低了搜索的成功率。

（2）启发式搜索算法。启发式搜索算法根据分布式非结构化网络的基本特性，结合不同的算法，设置科学的搜索转发规则和启发式转发概率，通过使用网络较少的宽带资源，快速高效地实现网络搜索任务。这种算法成为近年来研究的热点。

舒加瓦拉（Sugawara，2005）和凯洛吉拉克等（Vana Kalogeraki et al.，2002）提出的 Modified-BFS 搜索算法是对洪泛算法的直接改进，它对于节点转发搜索请求的选择并非全部的邻居节点，而是提出了一种概率计算的公式，根据概率选择邻居节点进行转发搜索请求。

杨等（Yang et al.，2002）等提出了一种 expand ring 技术，通过计算在搜索过程中周期性的查询搜索路径深度作为搜索停止的条件，当出现相同搜索路径深度时候停止搜索，从而减少不必要的搜索次数。

西迈利等（Himali et al.，2011）提出的 SPUN 搜索算法，是通过节点记录每一次的历史搜索行为，在本地节点进行计算邻居节点成功搜索不同资源的成功概率，在下一次搜索进行消息转发时，选择前 K 个成功概率最高的邻居节点进行转发，并且设置一定的 TTL 值作为搜索终止条件。此搜索算法可以有效降低搜索请求转发的盲目性，但是当节点具有较多的属性时，搜索成功概率仅是其中一种影响搜索效率的因素，这种算法即显现出局限性。

约瑟夫等（Joseph et al.，2008）提出了一种基于兴趣域聚集的搜索策略，通过对比节点储存资源，对节点定义一定的兴趣度，兴趣度相近的节点聚集在一起，从而在资源搜索请求产生时，节点优先向其兴趣度相似邻居节点发出请求。该算法通过改变节点的空间位置提高搜索成功的概率，在一定程度上可以提高网络的搜索效率，但是对于网络中节点位置的改变需要大量资源消耗。

阿巴拉汉姆等（Abraham et al.，2002）运用基础的蚁群算法对节点中不同的资源类型进行信息素的设置和更新，通过搜索资源类型选择转发节点，有效提高搜索效率。但是此算法只支持精确性搜索，每次搜索要明确不同的资源类型，因此过于复杂。

（3）基于节点特征的搜索算法。该算法需要针对特定的网络结构，网络中具有一定数量的"超级节点"，承担着主要信息承载和资源搜索等任务，这种类型的搜索算法受限于其特殊的网络结构，适用性不广泛。

下面介绍几种典型的非结构化网络搜索技术。洪泛搜索又称广度优先搜索，其搜索过程如下：搜索需求点 a 首先进行本地搜索，若没有所需目标信息，再将搜索请求传递给所有的邻居节点，搜索其是否有目标信息，若 a 的邻居中有节点存储了目标信息，则将目标信息发送给搜索需求节点；若没有邻居含有目标信息，则所有的邻居将搜索需求发送给各自的邻居节点，直到找到目标信息位置。图 3 - 3 所示为搜索需求点 a 查找信息所在节点 b 的过程，搜索分为三步。

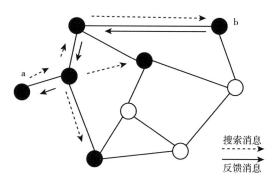

图 3 - 3　洪泛算法搜索过程

随机漫步搜索算法又称深度优先搜索算法，是另一种基础的搜索算法，其搜索的过程如下：搜索需求节点 a 首先进行本地搜索，如果没有所需的目标信息，则进入下一步；搜索任意一个邻居节点中有无所需目标信息，如果有，搜索停止；如果没有，则向这个邻居节点的任意一个邻居节点中搜索所需目标信息，该过程一直重复，直到寻找出目标信息所在的节点 b 为止。与洪泛搜索算法相比，随机漫步搜索大幅度降低了网络宽带的消耗。图 3 - 4 所示为搜索需求节点 a 查找目标信息所在节点 b 的过程，搜索分为六步。

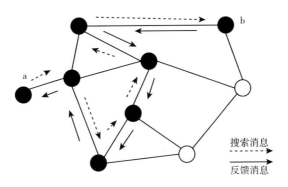

图 3 - 4　随机漫步搜索算法过程

　　最大度搜索是基于幂律的搜索技术，即优先搜索具有信息多的邻居节点，这里的信息数量定义为节点的度。每个节点都有自己邻居节点的度值记录。最大度策略搜索过程如下：搜索需求节点 a 首先搜索其度值最大的邻居节点，若此邻居节点上含有目标信息，则它将目标信息传输给 a；否则，由度最大的邻居节点继续搜索，直到搜索到目标信息为止。图 3 - 5 所示为搜索需求节点 a 查找目标信息所在节点 b 的过程，搜索分为四步。

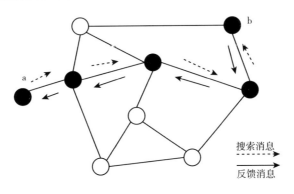

图 3 - 5　最大度搜索算法过程

非结构化网络的搜索算法还有其他启发式搜索算法，例如基于贪心算法
的动态搜索策略，将动态规划、贪心算法与搜索问题有效结合；SPUN 搜索
算法通过节点计算转发概率进行搜索转发；基于兴趣域聚集的搜索策略通过
对比节点储存资源对节点定义兴趣度，兴趣度相近的节点聚集在一起，提高
搜索效率；基于蚁群算法的搜索策略将蚁群算法与搜索相结合，通过信息素
机制改变节点转发的路线和规则，从而提高搜索效率。

3.3.3　广深结合启发式商品搜索算法

3.3.3.1　算法设计思想

广度搜索算法是当搜索请求发出后，转发给所有邻居节点，这样虽然能
够保证搜索成功率，但是需要消耗大量的网络宽带资源，产生大量的冗余信
息，使得网络的搜索时间变长，搜索效率降低；而深度搜索算法则是每次随
机选择一个邻居节点进行转发，这样会消耗很少的网络宽带，使得搜索速度
大大提升，然而随机性的搜索转发，导致搜索太过盲目，因此搜索的成功率
往往不高，产生大量的无用搜索。

在众智交易网络中，买家和卖家节点具有自己的属性特征和行为特征，例
如某个节点具有年龄、学历、性别、职业、爱好、收入等属性特征，而属性特
征越相近的节点之间，意味着他们对同一商品的喜爱程度可能越接近，也就是
说某一节点在属性特征相近的邻居节点中搜索到所需的商品信息比在属性特征
较远的邻居节点搜索到的概率更大；而节点也记录着与邻居节点之间的行为特
征，如历史消息传输次数、历史搜索成功次数、邻居节点商品信息数量等，这
些行为特征反映它与邻居节点的"亲密度"，历史消息传输次数、搜索成功次
数越多的邻居节点，意味着未来在此节点上搜索到所需商品信息的概率更大。

基于此，本章将节点间的属性关系特征和行为关系特征定义为属性关联
度和行为关联度，节点关联度为属性关联度和行为关联度的综合。每个节点
在进行搜索转发之前要计算与邻居节点的关联度，优先转发给关联度高的邻
居节点，从而减少网络搜索消息传输数量，提高搜索成功率，降低搜索时间，
这是一种基于节点属性和行为的启发式搜索算法。

3.3.3.2　节点间关联度

众智电子商务交易网络中买家和卖家都有各自的静态属性,如性别、学历、年龄、关系、职业、收入、性格、爱好等。节点之间也有着互相的动态行为,如拥有的商品种类数量、历史通信次数、历史搜索成功次数、共同邻居节点数等。在电子商务网络中,静态属性越相近、历史动态行为越频繁的用户,具有相同喜爱程度商品的可能性就越大,也就是说节点优先搜索静态属性越相近、历史动态行为越频繁的邻居节点,可以更快速地找到所需商品信息资源。因此本章将描述节点间静态属性关系和动态行为关系分别定义为属性关联度和行为关联度,分别选取可以量化关联度的影响因子,从而分别计算节点和邻居的属性关联度和行为关联度,得到节点和每一个邻居节点的综合关联度,这为本章的广深结合启发式搜索算法中节点搜索商品信息资源请求的转发提供量化依据。

节点间关联度的定义如下:节点属性关联度是描述众智电子商务交易网络中买家节点和卖家节点属性特征相关关系程度的属性,选取了性别、年龄、学历水平和收入情况4个维度影响因子,采用欧式距离的计算方法,表示关联度的大小。节点行为关联度是描述众智电子商务交易网络中买家节点和卖家节点历史行为特征相关关系的属性,由节点间历史通信频率、搜索成功率和商品信息数量构成,表示节点与邻居节点历史行为的"亲密关系"。节点关联度表示众智电子商务交易网络中节点之间的综合相关程度,由节点属性关联度和行为关联度组成,是商品信息资源在网络中进行搜索转发的重要依据。

(1) 属性关联度计算。消费者画像是目前电子商务平台给消费者建立的人物特征描述,反映着消费者的购买特点,作为消费者研究的一种量化形式,核心问题仍是消费者的洞察。在现存的大多数电子商务平台中,建立消费者画像有近200个画像标签,而在基本属性特征中,年龄、性别、收入情况和学历是最主要的4个画像指标,也是最能反正消费者消费特点的指标和电子商务平台最为常用的画像标签。

在属性关联度的计算中,分别选取了节点用户的年龄、性别、收入情况和学历4个维度影响因子,买家节点选取这4个属性特征进行量化作为计算因子，而卖家节点选取主要购买群体 4 个属性特征进行量化作为计算因子。将每个节点定义为多维的向量空间，一个向量空间由若干个代表属性特征信息的特征向量组成，用数学式表示为：$V_i = (a_{1i}, a_{2i}, \cdots, a_{ni})$。向量空间中每个属性特征信息表示的特征向量的取值由属性特征信息的维度决定，取从零开始的自然数。买家节点和卖家节点的属性特征量化表分布如表 3-1 和表 3-2 所示。

表 3-1 　　　　　　　　买家节点属性特征量化

属性类别	T_1		T_2		T_3		T_4	
属性特征	性别		年龄		收入		学历	
特征取值	男	0	儿童	0	无收入	0	高中及以下	0
	女	1	青少年	1	低收入	1	大专	1
			中年	2	中等收入	2	本科	2
			老年	3	高收入	3	硕士	3
							博士及以上	4

表 3-2 　　　　　　　　卖家节点属性特征量化

属性类别	T_1		T_2		T_3		T_4	
属性特征	常购买人群主要性别		常购买人群主要年龄分布		常购买人群主要收入水平		常购买人群主要学历水平	
特征取值	男	0	儿童	0	无收入	0	高中及以下	0
	女	1	青少年	1	低收入	1	大专	1
	全覆盖	0	中年	2	中等收入	2	本科	2
			老年	3	高收入	3	硕士	3
			全覆盖	0	全覆盖	0	博士及以上	4
							全覆盖	0

计算买家节点和其邻居节点的属性关联度，采用欧氏距离来衡量，网络中任意一节点和它邻居节点的特征向量分别为 $V_i = (a_{1i}, a_{2i}, \cdots, a_{ni})$，$V_j = (b_{1j}, b_{2j}, \cdots, b_{nj})$，两个节点的属性特征差异越大，向量的欧式距离 $|\Delta v|$ 越大，因此可以利用两向量欧式距离来表示两个节点 i 和 j 的属性关联度 $SimA(V_i, V_j)$，如下：

$$|\Delta v| = \sqrt{(b_{1j} - a_{1i})^2 + (b_{2j} - a_{2i})^2 + \cdots + (b_{nj} - a_{ni})^2} \qquad (3-1)$$

$$SimA(V_i, V_j) = \begin{cases} 2, & if\ |\Delta v| = 0 \\ \dfrac{1}{|\Delta v|}, & if\ |\Delta v| \neq 0 \end{cases} \qquad (3-2)$$

（2）行为关联度计算。众智电子商务交易网络中每个节点与邻居节点的行为特征，如拥有的商品种类数量、历史通信次数、历史搜索成功次数、共同邻居节点数等，都在时时发生动态变化，因此每个节点都拥有一个邻居节点行为特征信息表，记录着它与每一个邻居节点通信次数、搜索成功次数以及每个邻居节点的商品数量历史数据，并且可以在每一次搜索后进行更新。当一个节点与它邻居节点的历史通信次数越多，搜索成功次数越多，说明它与此邻居节点的下一次发生通信和搜索的可能性就越大；而一个节点的商品数量越多，说明在相同的通信步长下找到所需商品的概率越大，因此可以根据这些历史记录来计算每个节点和它邻居节点的行为关联度 $SimB(V_i,\ V_j)$。

节点 i 与邻居节点 j 的历史通信次数所占节点 i 与邻居节点通信总次数比例即历史通信频率 $X(i,\ j)$，如下：

$$X(i,j) = m_{(i,j)} \Big/ \sum_{j=1}^{n} m_{(i,j)} + x \qquad (3-3)$$

其中：$m_{(i,j)}$ 表示节点 i 与邻居节点 j 的历史通信次数。x 为随机较小的正数，防止当节点 j 的邻居节点通信总次数为 0 时，比值出现 $+\infty$ 情况，计算时 x 可取值为 0.00000000001。

节点 i 在邻居节点 j 的历史搜索成功次数所占节点 i 在邻居节点搜索成功总次数的比例即搜索成功率 $Y(i,\ j)$，如下：

$$Y(i,j) = l_{(i,j)} \Big/ \sum_{j=1}^{n} l_{(i,j)} + x \qquad (3-4)$$

其中：$l_{(i,j)}$ 表示表示节点 i 与邻居节点 j 的历史搜索成功次数，x 同上。

节点 i 的邻居节点 j 的商品数量占节点 i 所有邻居节点商品总数量的比例即商品信息数量占总比例 $Z(i,\ j)$，如下：

$$Z(i,j) = o_{(i,j)} \Big/ \sum_{j=1}^{n} o_{(i,j)} + x \qquad (3-5)$$

其中：$o_{(i,j)}$ 表示表示节点 i 的邻居节点 j 的商品数量，x 同上。

因此，节点的行为关联度 SimB(V_i, V_j)，如下：

$$SimB(V_i, V_j) = X(i,j) + Y(i,j) + Z(i,j) \tag{3-6}$$

（3）综合关联度计算。节点的关联度 Sim(V_i, V_j) 由属性关联度和行为关联度构成，如下：

$$Sim(V_i, V_j) = \alpha SimA(V_i, V_j) + \beta SimB(V_i, V_j) \tag{3-7}$$

其中：α 和 β 为节点属性关联度和行为关联度的比例参数。

3.3.3.3　商品匹配度

商品匹配度是衡量节点中商品信息资源是否与搜索需求商品信息资源匹配的标准，本章引入了空间向量的思想，计算需求商品信息与节点中商品信息的余弦相似度作为搜索结果的匹配度，通过设定一定的匹配度阈值，超过这一阈值则可以认定为满足搜索需求的商品信息资源。

商品信息资源由关键词和关键词频次组成，因此计算商品信息关键词特征权重，使用 tf×idf 框架进行计算。tf 是词频，表示关键词在商品信息中出现的次数；idf 是逆文档频率因子，一个词在文档集合中出现得越多，证明它区分文档之间差异的能力越弱，IDF 值越低，就像文档中的"你、我、的"等单词，由于在不同文档之间出现的频率很高，因此不能用这些词区分不同文档，因此这些词的 idf 值很低。运用 tf×idf 算法计算商品中关键词权重，见式（3-8）至式（3-10）。

$$tf_{i,j} = n_{i,j} \Big/ \sum\nolimits_k n_{k,j} \tag{3-8}$$

$$idf_i = \log \frac{N}{n_i} \tag{3-9}$$

$$\omega_{i,j} = tf_{i,j} \times idf_i = \frac{n_{i,j}}{\sum\nolimits_k n_{k,j}} \times \log \frac{N}{n_i} \tag{3-10}$$

其中：$n_{i,j}$ 表示 key_i 关键词在商品 D_j 中出现的次数，$\sum_k n_{k,j}$ 表示在商品 D_j 中所有关键词出现的次数，N 表示全部商品的数量，n_i 表示含有 key_i 的商品的数量。

运用空间向量计算商品匹配度 M_k，见式（3-11），其中，把查询商品表示为向量 q（$m_{i,1}$，$m_{i,2}$，…，$m_{i,q}$），把节点中被查询的商品表示为向量 D_j（$\omega_{i,1}$，$\omega_{i,2}$，…，$\omega_{i,j}$），$m_{i,q}$ 表示查询商品中关键词 key_i 的权重，$\omega_{i,j}$ 表示节点中被查询的商品中关键词 key_i 的权重。

$$M_k = \frac{(q \cdot D_j)}{|q| \times |D_j|} = \left[\sum_{i=1}^{n}(\omega_{i,j} \cdot m_{i,q})\right] \Big/ \left(\sqrt{\sum_{i=1}^{n}\omega_{i,j}^2} \cdot \sqrt{\sum_{i=1}^{n}m_{i,q}^2}\right)$$

$$(3-11)$$

3.3.3.4 算法相关规则

（1）搜索规则：某节点生成商品信息搜索请求，首先进行本地节点搜索，然后进行网络节点搜索，同时赋予一个 TTL 值，当每次搜索请求转发一次 TTL-1，当 TTL=0 或者找到所需商品信息资源满足终止条件后，搜索终止。

（2）转发规则：某节点商品信息搜索请求向邻居节点转发前，由此节点计算它所有邻居节点的关联度，选取关联度排名前 m 名进行搜索转发。

（3）反馈规则：某节点含有满足商品匹配度的商品信息资源，则由该节点发送该商品信息，由原路径返回到最初搜索请求节点。

3.3.3.5 算法描述

在众智电子商务交易网络中，运用广深结合启发式搜索算法进行商品信息资源搜索，分为两个阶段，包括节点商品信息资源搜索和网络商品信息资源搜索。当网络中某节点接收到 S 节点的商品信息资源的搜索请求，先在本地节点商品信息资源列表进行搜索和商品匹配度计算，并通过和匹配度阈值比较，如果有符合需求的商品信息，则返回节点 S，如果没有，则进行网络商品信息资源搜索；根据搜索算法设定的转发和搜索规则在网络节点中进行搜索，当搜到所需商品信息资源或 TTL 值为 0 时，搜索结束，其算法流程图如图 3-6 所示。

广深结合启发式搜索算法步骤如下：

（1）在网络某节点 a 随机生成搜索需求商品信息资源 q。

（2）在 a 节点进行本地节点商品信息资源搜索，计算商品匹配度 M_k（搜索次数 k=1），在 a 节点上的商品匹配度 M_k 与已设匹配度阈值 M_0 进行比较，若 $M_k \geqslant M_0$，则返回目标商品信息资源，并且记录M_k，搜索成功次数 $V+1$，更新与此节点通信的邻居节点次数和搜索成功的邻居节点的次数，算法结束；若$M_k < M_0$，则不返回目标商品，$k=k$，更新与此节点通信的邻居节点次数，进入下一步。

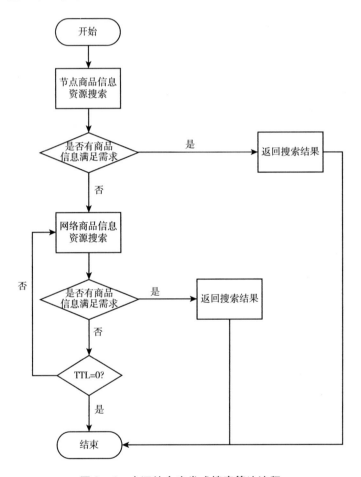

图 3-6　广深结合启发式搜索算法流程

（3）进行网络邻居节点搜索，此时赋予 TTL，计算 a 节点与邻居节点的综合关联度S_i，并且将S_i进行排序，将关联度按从大到小的前 m 个节点进行搜索，计算商品匹配度M_k（$k=1$），若$M_k \geqslant M_0$，则返回目标商品信息资源，并且记录M_k，$k=k+1$，搜索成功次数 $V+1$，更新与此节点通信的邻居节点次数和搜索成功的邻居节点的次数，算法结束；若$M_k < M_0$，则不返回目标商

品，$k = k$，$TTL - 1$，更新与此节点通信的邻居节点次数，进入步骤（4）。

（4）计算步骤（3）中S_i最大的节点与邻居节点的综合关联度S_j，并将S_j进行排序，将关联度按从大到小的前 m 个节点进行搜索，计算商品匹配度M_k，若$M_k \geqslant M_0$，则返回目标商品信息资源，并且记录M_k，$k = k + 1$，搜索成功次数 $V + 1$，更新与此节点通信的邻居节点次数和搜索成功的邻居节点的次数，算法结束；若$M_k < M_0$，则不返回目标商品，$k = k$，$TTL - 1$，更新与此节点通信的邻居节点次数，进入步骤（5）。

重复步骤（3）和步骤（4），直到搜索到目标商品信息资源或 $TTL = 0$，记录M_k和 V，算法结束。

（5）每进行一次搜索，对搜索结果数据进行记录和统计。

3.3.4　基于蚁群算法的商品搜索算法

3.3.4.1　算法设计思想

蚁群算法具有分布计算、信息正反馈和启发式搜索的特征，这些特征完全适用于分布式非结构化的网络搜索问题。众智交易网络的商品信息资源搜索类似于 TSP 问题，可简单概括为：交易网络中某买家节点 S 需求商品信息资源 q，则向它的邻居节点发送搜索请求，如果邻居节点存在符合需求的商品信息，则将其发送给 S 节点，如果邻居节点不存在符合需求的商品信息，则会向邻居节点的邻居节点转发搜索请求，直至搜索到所需商品信息资源或者搜遍整个网络。

蚁群算法很适用于众智交易网络搜索问题。网络中的一个节点相当于一个"蚁巢"，可以释放"蚂蚁"进行商品资源的搜索或者携带商品资源返回需求节点。而"蚂蚁"则根据网络中信息素和启发信息的作用选择邻居节点来进行搜索请求转发，即信息素浓度越高、启发因子越大的"路径蚂蚁"会有更大的概率进行转发搜索，这样可以避免搜索的盲目性；同时网络中的信息素在每一次搜索结束后根据搜索的效果进行局部的信息素的更新，产生了正反馈的作用，并且在一定时间周期 T 内，进行一次网络的信息素全局的更新，避免搜索过早陷于局部最优。

3.3.4.2　蚁群搜索算法机制设计

（1）搜索蚂蚁 Ant_{search}：节点收到商品信息搜索请求进行网络节点搜索时，生成搜索蚂蚁 Ant_{search} 根据算法转发规则进行邻居节点搜索，同时赋予一个 TTL 值，蚂蚁每转发一个节点，TTL-1，当 TTL=0 或者找到所需商品信息资源满足终止条件后，蚂蚁死亡，搜索停止。

（2）反馈蚂蚁 Ant_{reply}：节点具有满足商品匹配度的商品信息资源，则由该节点生成反馈蚂蚁 Ant_{reply} 携带该商品信息资源由原路径返回到最初搜索请求节点，蚂蚁死亡。

（3）商品匹配度：同式（3-11），计算商品匹配度 M_k。

（4）关键词信息素：关键词信息素是网络中节点 i 到邻居节点 j 搜索蚂蚁进行更新的关键词信息素，是计算转发概率的一个重要因子，用 $\tau_{ij,key}(t)$ 表示。节点 i 上邻居节点商品关键词信息素表记录其所有邻居节点上每一种关键词信息素浓度，当节点产生搜索蚂蚁前，计算搜索需求商品信息关键词对应的所有邻居节点中信息素浓度，当邻居节点信息素浓度越大，则计算的转发概率越大。

（5）启发方程：启发方程是蚁群算法中计算转发概率的另一重要因子，用 $\eta_{ij}(t)$ 表示。本章算法选取了三个启发因子，分别是节点间通信频率 $X(i,j)$，节点间搜索成功率 $Y(i,j)$ 和节点间商品数量占比 $Z(i,j)$，启发方程计算，见式（3-12）。

$$\eta_{ij}(t) = 10 \times [X(i,j) + Y(i,j) + Z(i,j)] \qquad (3-12)$$

（6）节点间通信频率：节点间通信频率由 $X(i,j)$ 表示，是节点 i 与邻居节点 j 的历史通信次数所占节点 i 与邻居节点通信总次数比例，当节点间通信频率越高，未来节点间转发的可能性越大，见式（3-13）。

$$X(i,j) = \frac{m_{(i,j)}}{\sum_{j=1}^{n} m_{(i,j)}} + x \qquad (3-13)$$

其中：$m_{(i,j)}$ 表示节点 i 与邻居节点 j 的历史通信次数；x 为随机较小的正数，防止当节点 j 的邻居节点通信总次数为 0 时，比值出现 $+\infty$ 情况，实际计算时 x 可取值为 0.00000000001。

（7）节点间搜索成功率：节点间搜索成功率由 $Y(i, j)$ 表示，是节点 i 在邻居节点 j 的历史搜索成功次数所占节点 i 在邻居节点搜索总成功次数的比例，节点间搜索成功率越高，未来节点间搜索商品信息资源成功的可能性越大，见式（3 – 14）。

$$Y(i, j) = \frac{l_{(i, j)}}{\sum\limits_{j=1}^{n} l_{(i, j)}} + x \qquad (3 - 14)$$

其中：$l_{(i, j)}$ 表示表示节点 i 与邻居节点 j 的历史搜索成功次数，x 同上。

（8）节点间商品信息数量占比：节点间商品信息数量占比由 $Z(i, j)$ 表示，是节点 i 的邻居节点 j 的商品数量占节点 i 所有邻居节点商品总数量的比例，当邻居节点 j 中的商品信息资源数量越大，意味着找到需求商品信息资源的可能性越大，式（3 – 15）。

$$Z(i, j) = \frac{o_{(i, j)}}{\sum\limits_{j=1}^{n} o_{(i, j)}} + x \qquad (3 - 15)$$

其中：$o_{(i, j)}$ 表示表示节点 i 的邻居节点 j 的商品数量，x 同上。

（9）转发概率计算：节点生成搜索蚂蚁前，需要对所有邻居节点的转发概率进行计算，由 $p_{ij}^{k}(t)$ 表示，是节点 i 到邻居节点 j 生成搜索蚂蚁的概率，$p_{ij}^{k}(t)$ 影响着算法的转移规则，见式（3 – 16）和式（3 – 17）。

$$p_{ij}^{k}(t) = \begin{cases} \dfrac{[\tau_{ij, key}(t)]^{\alpha} \cdot [\eta_{ij}(t)]^{\beta}}{\sum\limits_{s \in allowed} [\tau_{is, key}(t)]^{\alpha} \cdot [\eta_{is}(t)]^{\beta}}, & \text{if } j \in allowed \\ 0, \text{else} \end{cases}$$

$$(3 \quad 16)$$

$$\tau_{ij, key}(t) = \sum_{r=1}^{r} \tau_{ij, keyr}(t) \qquad (3 - 17)$$

其中：$\tau_{ij, key}(t)$ 为关键词信息素浓度，$\eta_{ij}(t)$ 为启发方程，α 为信息素影响浓度因子，β 为启发方程影响因子，$\tau_{ij, keyr}(t)$ 为搜索商品信息资源中关键词的信息素浓度，r 为搜索商品信息资源中关键词种类数。

（10）信息素更新机制：本算法中信息素更新包括信息素局部更新和信息素全局更新。

蚁群算法具有正反馈性，因此信息素局部更新是当节点生成应答蚂蚁后，携带商品信息资源返回到需求节点，在返回过程中对节点的关键词信息素进行更新，见式（3-18）和式（3-19）。式中 $\rho(0 < \rho < 1)$ 是信息素挥发系数，$\Delta\tau_{ijr}(t)$ 是邻居节点中具有所需商品信息资源中每一种关键词信息素的单次增量；每一种关键词信息素的更新，和"蚂蚁"所走的路径长度和返回商品的匹配度有关，"蚂蚁"所走的路径越短，搜索成功商品的匹配度越大，则信息素增加越多，反之越少；并且每一种关键词信息素的更新，与所搜索中商品信息资源的关键词权重占比有关。

$$\tau_{ij,keyr}(t+n) = (1-\rho)\tau_{ij,keyr}(t) + \Delta\tau_{ijr}(t) \tag{3-18}$$

$$\Delta\tau_{ijr}(t) = \left(\frac{\omega_r}{\sum_{r=1}^{r}\omega_r}\right) \times (TTL + 10 M_k) \tag{3-19}$$

其中：TTL 为当前值，TTL 当前值越大说明"蚂蚁"走的路径越少；M_k 为成功返回商品匹配度的平均值；ω_r 为所搜索商品的关键词权重，r 为所搜索商品关键词种类数量。

为了防止信息素的无限累积，而导致信息素完全影响转移概率，因此在一定的周期 T 内进行全网络的信息素减少，也就是信息素的全局更新，见式（3-20）。

$$\tau_{ij,keyr}(t+T) = (1-\varepsilon)\tau_{ij,keyr}(t) \tag{3-20}$$

其中：ε 为周期 T 的信息素挥发系数，$0 < \varepsilon < 1$。

（1）tabu 表和 allowed 表：tabu 表是蚂蚁禁忌表，在一次搜索中"蚂蚁"走过的节点加入 tabu 表中，"蚂蚁"不会再进入，其他"蚂蚁"可以进入的节点位于 allowed 表中。

（2）蚁群算法改进策略：本章搜索算法设计除了基于基础的蚁群算法之外，还采用了最大最小蚁群系统改进策略思想，使得全网络中信息素更新在 $[\tau_{min}, \tau_{max}]$，既可以有效防止启发因子影响因素过大而降低信息素对转发策略的影响，提高收敛速度，又可以避免算法后期有的路径信息素浓度过大而过早陷入局部最优。

3.3.4.3 算法描述

基于蚁群算法的搜索算法流程如下，其中：K 为搜索次数，V 为搜索成功次数，M_k 为商品匹配度，M_0 为商品匹配度阈值，$p_{ij}^k(t)$ 为蚂蚁转发概率。Q 为蚂蚁的最大商品资源数量，QL 为蚂蚁所搜索到的商品资源表，TTL 为蚂蚁最大转移次数。

（1）在网络某节点 a 随机生成搜索需求商品信息资源 q。

（2）在 a 节点进行本地节点商品信息资源搜索，计算商品匹配度 M_k（K＝1），在 a 节点上的商品匹配度 M_k 与已设匹配度阈值 M_0 进行比较，若 $M_k \geqslant M_0$，则返回目标商品信息资源，并且记录 M_k。若 Q＝0，则搜索成功，算法结束；否则，转步骤（3）。

（3）计算该节点的所有邻居节点的转发概率 $p_{ij}^k(t)$，取转发概率排名前 o 的邻居节点，各生成一个搜索蚂蚁 Ant_{search} 携带查询请求转移至该邻居节点，每个蚂蚁均执行步骤（4）至步骤（7）。

（4）将该节点加入搜索蚂蚁 Ant_{search} 的 tabu 表中，查询本地商品信息资源，计算商品匹配度 M_k，若 $M_k \geqslant M_0$，将商品资源加入 QL。若 QL 中的商品数量大于 Q，或者 TTL＝0，则生成反馈蚂蚁 Ant_{reply}，将商品信息资源返回到搜索请求节点，更新与此节点通信的邻居节点次数和搜索成功的邻居节点的次数，Ant_{search} 死亡，转步骤（5）；否则，取该节点的邻居节点，如果该节点不在 tabu 表里，则放入 allowed 表，转步骤（6）。

（5）反馈蚂蚁 Ant_{reply} 将商品返回过程中，对节点进行商品关键字信息素局部更新。

（6）计算 allowed 表里的邻居节点的转发概率 $p_{ij}^k(t)$，取转发概率排名前 o 的节点，将 Ant_{search} 携带查询请求转移至该邻居节点，TTL＝TTL－1，转步骤（4）。

（7）重复步骤（4）至步骤（6），直到所有搜索蚂蚁 Ant_{search} 死亡。

（8）汇总各个反馈蚂蚁 Ant_{reply} 返回的搜索结果，若商品数量 ＞1，搜索成功，否则，搜索失败。

（9）每隔一定的周期 T，对整个网络中节点的商品关键字信息素进行全局更新，也就是将信息素进行定期性挥发。

3.3.5　仿真实验及分析

3.3.5.1　算法性能评价指标

电子商务网络评价搜索性能主要从两个维度出发：一是从用户体验维度

出发；二是从网络性能维度出发，如表 3 – 3 所示。

表 3 – 3   网络搜索性能评价指标

用户体验维度	网络性能维度
搜索到商品信息数	搜索消耗
搜索匹配度	搜索可扩拓展性
搜索时间	算法鲁棒性
搜索成功率	

（1）用户体验维度的几个基础评价指标包括搜索到商品信息数、搜索匹配度、搜索时间和搜索成功率。

搜索到商品信息数：搜索到的商品信息数是衡量用户满意度的指标之一，当进行一次搜索，得到商品信息数越多，意味着用户对搜索结果的选择性越大，则找到满意搜索结果的概率越大。

搜索匹配度：搜索到商品信息的匹配度是衡量用户对搜索商品满意度的指标，通过匹配度公式可以计算出搜索到每一条商品信息的匹配度，匹配度越大则意味着所搜到的商品信息更接近所需要商品信息，用户更满意。

搜索时间：搜索时间是指用户从搜索开始到搜索结束所需要的时间，搜索算法的消息传输步数越多，则搜索时间就越长，用户等待的时间也就越长。

搜索成功率：不可能每一次搜索都会成功，尤其是在商品信息储存在网络中每个节点的分布式网络中，大多数搜索算法都有 TTL 设定，因此搜索成功率越高的搜索算法，搜索性能越好。

（2）网络性能维度的几个基础评价指标包括搜索消耗、搜索可扩展性以及算法鲁棒性。

搜索消耗：搜索消耗是衡量一次搜索对网络资源消耗的情况，一般可以用平均搜索消息量来比较，搜索消耗越低，网络中并行搜索的数量就可以越多，搜索效率也就会越高。

搜索可扩展性：对于分布式网络来讲，搜索算法可以承受的网络节点增量很重要，网络中节点增多而不影响搜索性能，说明搜索的扩展性好。

算法鲁棒性：分布式网络中节点可以自由加入或退出，因此需要搜索算法具有较高的鲁棒性。因此，在网络中节点以及商品资源高频率动态变化下，搜索算法性能受影响越小，说明算法的鲁棒性越高。

3.3.5.2　算法评价的选取与设计

本章的搜索算法评价指标设计也从两个维度进行，包括用户体验维度和网络性能维度。

（1）在用户体验维度方面，选取搜索成功率、平均搜索时间、平均搜索商品信息资源数量和平均商品匹配度等四个评价指标。

搜索成功率：搜索成功率是在一次实验中搜索成功次数与搜索总次数的比值。搜索成功率是搜索性能评价的重要指标，一个搜索算法的搜索成功率越高，说明搜索算法在网络中的搜索性能越好，买家节点搜索到商品信息资源的可能性越大。

平均搜索时间：平均搜索时间是在一次实验中搜索总时间与搜索总次数的比值。平均搜索时间是衡量搜索算法运行速度的重要指标，一个搜索算法在网络中平均搜索时间越短，说明此算法的搜索速度越快，买家节点搜索过程中的等待时间越短。

平均搜索商品信息资源数量：平均搜索商品信息资源数量是在一次实验中返回的商品信息资源总量与搜索成功次数的比值。平均搜索商品信息资源数量反映了买家节点搜索成功一次所能返回的资源信息条数，平均搜索商品信息资源数量越大，用户对搜索结果的选择性和参考范围就越大，用户也对搜索结果满意的可能性越大。

平均商品匹配度：平均商品匹配度是在一次实验中所有返回商品信息资源匹配度的平均值。在每次搜索成功后返回商品信息资源都大于商品匹配度阈值，但又不全相同，一个搜索算法返回商品的匹配度平均值越高，说明此算法在网络中搜索匹配效果越好，用户的满意度可能也越高。

（2）在网络性能维度方面，选取平均消息传输步数和可拓展性两个评价指标。

平均消息传输步数：平均消息传输步数是在一次实验中消息传输的总步数与搜索总次数的比值，这里的消息传输一步是指搜索请求每转发一个节点。平均消息传输步数表示搜索算法在每次搜索中占用网络宽带资源，平均消息传输步数越低，表明此搜索算法运行过程中占用网络宽带资源越少。

可拓展性：搜索算法的可拓展性是在不改变其他变量的情况下，逐渐增加网络中节点的数量，查看搜索算法的搜索成功率、搜索时间等性能是否受到影响。当搜索算法的搜索性能随着网络节点的增加基本不受到影响时，说明搜索算法的可拓展性较高，反之，说明搜索算法的可拓展性较低。

3.3.5.3 实验仿真

采用 Peersim 软件建立众智交易网络的仿真环境。网络中具有一定规模的用户节点，每个节点都有自己唯一的节点 ID，以及节点上依照算法设计的数据结构随机储存商品信息，每个节点可以自由加入或退出网络，并且具有一定数目的邻居节点数。用户节点按照一定比例分为买家节点和卖家节点，买家节点和卖家节点具有不同商品信息数量和属性特征，搜索请求会在买家节点上随机生成并且按照搜索算法进行搜索，并最终生成搜索结果。

在评价搜索算法效果实验方面，本章共编写了 4 种搜索算法的 Java 程序，包括两种基础性搜索算法——洪泛算法和随机漫步算法，以及本章设计的广深结合启发式搜索算法和基于蚁群算法的搜索算法。将编写的搜索算法在 Peersim 的网络环境下进行仿真实验，通过 Control 接口收集实验数据，并且根据本节第一部分所设计的算法评价指标分别计算这 4 种搜索算法的搜索效果，然后进行实验数据对比，从而可以评测出本章设计的两种搜索算法的搜索效果。并且在本节仿真实验中每一个循环（Cycle）是一个实验周期，一个实验周期内进行多次商品信息资源搜索，每种搜索算法要进行多个循环，从而取多次实验的平均结果，以增加实验的客观性和可信度。

（1）实验参数设置。本节仿真实验中参数设置主要包括 Peersim 模拟网络参数设置、广深结合启发性搜索算法参数设置和基于蚁群算法的搜索算法参数设置。

①Peersim 仿真软件模拟众智交易网络中每个节点都有唯一的 ID，并且每个节点的朋友圈都与 5 个邻居节点相连，网络中的总节点数为 N，N 可以根据实验节点数量需求进行设定。仿真实验中网络的买家节点比例为 0.95，卖家节点比例为 0.05，买家节点拥有的商品信息数量为 0~10 种，卖家节点拥有的商品信息数量为 50~100 种。网络参数设置如表 3-4 所示。

表 3 – 4   Peersim 模拟网络参数配置

参数	参数说明	取值
N	网络节点数	10000
Buyer rate	网络中买家节点比例	0.95
Seller rate	网络中卖家节点比例	0.05
Buyer commodyinfo quantity	买家节点商品信息数量	0 ~ 10
Seller commodyinfo quantity	卖家节点商品信息数量	50 ~ 100

网络中节点的属性、邻居节点信息、信息素信息等都根据算法中相关数据结构进行设置，并按照算法规则进行更新，根据控制变量的原则，每次实验中节点的商品信息资源、节点属性等静态特征保持不变。

节点的本地商品信息资源索引如表 3 – 5 所示，在实验开始时，利用随机函数将网络中所有节点按表 3 – 4 生成商品信息资源数量，每一种商品信息都生成相应的关键词和关键词权重，在整个实验过程中不随搜索过程的变化而改变。

表 3 – 5   某节点本地商品信息资源索引

商品名称	商品类别	商品关键词	关键词权重	储存位置
D_1	P_1	(key_1, key_2, key_5)	$(1, 5, 8)$	Location1
D_2	P_2	(key_1, key_3, key_4)	$(2, 6, 9)$	Location2
...	...	...	...	...

节点的属性特征设置如表 3 – 6 所示，实验开始前，将网络中所有节点按照节点属性设置规则随机生成节点属性，将节点赋予属性特征，属性特征不会随着搜索过程而发生改变。例如表中节点 ID_1 表示是一名具有博士学历以上的高收入中年男性用户。

表 3 – 6   节点属性信息

节点 ID	性别	年龄	收入	学历
ID_1	0	1	2	3

节点通过读取邻居节点的属性信息表，将邻居节点的属性信息记录到自身邻居节点属性信息表，如表 3 – 7 所示，在每次搜索请求转发前，计算所有邻居节点的属性关联度。

表 3 – 7　　　　　　　　　　　邻居节点属性信息

邻居节点 ID	性别维度	年龄维度	收入维度	学历维度
ID₁	1	3	3	1
ID₂	0	4	3	2
…	…	…	…	…

节点还包含邻居节点历史行为信息，如表 3 – 8 所示，实验开始前将各行为特征初始化为 0，信息传输次数和搜索成功次数根据搜索的历史行为记录，商品数量特征读取邻居节点的商品信息资源索引表并记录。在下一次搜索前进行读取，计算节点的行为关联度。

表 3 – 8　　　　　　　　　　　邻居节点历史行为信息

邻居节点 ID	信息传输次数	搜索成功次数	商品数量
ID₁	15	3	9
ID₂	60	11	51
…	…	…	…

通过读取邻居节点的属性信息表和行为信息表，进行邻居节点的关联度计算，将计算结果写入邻居节点关联度信息表中，如表 3 – 9 所示。

表 3 – 9　　　　　　　　　　　邻居节点关联度信息

邻居节点 ID	属性关联度	行为关联度	关联度
ID₁	2	0.5	1.25
ID₂	0.9	0.8	0.85
…	…	…	…

②广深结合启发性搜索算法的各参数设置如表 3 – 10 所示，在实验过程中根据表中参数设置进行算法搜索。

表 3 – 10 广深结合启发性搜索算法参数配置

参数	参数说明	取值
α	属性关联度重要系数	0.5
β	行为关联度重要系数	0.5
m	搜索转发邻居节点数	3
M_0	匹配度阈值	0.7
TTL	搜索最大存活步数	4

③在基于蚁群算法的搜索算法中，邻居节点关键词信息素设置如表 3 – 11 所示，网络中所有节点设置邻居节点关键词信息素表，实验开始前各关键词信息素初始化为 τ_{min}，在实验进行中信息素按照算法设计的信息素更新机制进行实时更新。

表 3 – 11 邻居节点关键词信息表

节点 ID	key	$\tau_{ij,keyr}(t)$
ID_1	key_1	29
	key_2	12
	…	…
	key_r	22
ID_2	key_1	33
	key_2	12
	…	…

邻居节点启发因子设置如表 3 – 12 所示，蚁群算法中的启发方程根据启发因子计算，在实验中启发因子的设置规则如同表 3 – 8，实验开始前将各行为特征初始化为 0，信息传输次数和搜索成功次数启发因子根据搜索的历史行为记录，商品数量启发因子读取邻居节点的商品信息资源索引表并记录。

表 3 – 12 邻居节点启发因子信息表

邻居节点 ID	信息传输次数	搜索成功次数	商品数量
ID_1	11	6	9
ID_2	4	0	3
…	…	…	…

基于蚁群算法的搜索算法参数设置如表 3 – 13 所示，在基于蚁群算法的搜索算法仿真实验过程中，按表 3 – 13 进行参数选择。

表 3 – 13 　　　　　　　　　　基于蚁群算法的搜索算法参数配置

参数	参数说明	取值
α	关键词信息素重要系数	0.5
β	启发方程重要系数	0.5
ρ	信息素挥发系数	0.1
ε	全局信息素挥发系数	0.1
M_0	匹配度阈值	0.7
o	搜索转发生成搜索蚂蚁节点数	3
TTL	搜索最大存活步数	4
τ_{min}	信息素更新最小值	5
τ_{max}	信息素更新最大值	15
T	全局信息素更新周期	10

（2）实验结果分析。本次仿真实验共进行四种搜索算法仿真实验，包括洪泛算法、随机漫步算法、广深结合启发式搜索算法和基于蚁群算法的搜索算法。每种算法进行 10 次实验，每次实验进行 100 次搜索，根据每次实验计算各项算法评价指标，再将各项评价指标进行 10 次实验的平均，得出此算法的各项评价指标，以此增加实验的客观性，降低实验数据误差。四种搜索算法的实验原始数据分布如表 3 – 14 至表 3 – 17 所示。

表 3 – 14 　　　　　　　　　　洪泛算法仿真实验结果数据

实验次数	搜索总次数	搜索成功次数	平均搜索时间（毫秒/次）	平均商品匹配度	返回商品信息资源数	消息传输步数
1	100	51	5140	0.810	1189	2360
2	100	62	5540	0.802	965	3424
3	100	57	3540	0.799	1201	3091
4	100	57	3280	0.798	1038	3216
5	100	61	2710	0.795	1076	3414
6	100	54	3330	0.795	1002	2953
7	100	63	5960	0.796	988	3309

续表

实验次数	搜索总次数	搜索成功次数	平均搜索时间（毫秒/次）	平均商品匹配度	返回商品信息资源数	消息传输步数
8	100	55	6780	0.796	1120	3068
9	100	59	4890	0.797	1274	3267
10	100	61	5010	0.798	1035	3390

表 3-15　　　　　　　随机漫步算法仿真实验结果数据

实验次数	搜索总次数	搜索成功次数	平均搜索时间（毫秒/次）	平均商品匹配度	返回商品信息资源数	消息传输步数
1	100	23	210	0.803	99	63
2	100	21	320	0.798	304	172
3	100	22	180	0.807	211	218
4	100	17	290	0.803	103	257
5	100	21	370	0.803	87	310
6	100	19	390	0.801	235	324
7	100	18	290	0.800	354	271
8	100	27	310	0.799	201	270
9	100	22	330	0.798	128	291
10	100	17	290	0.798	115	295

表 3-16　　　　　　　广深结合启发式算法仿真实验结果数据

实验次数	搜索总次数	搜索成功次数	平均搜索时间（毫秒/次）	平均商品匹配度	返回商品信息资源数	消息传输步数
1	100	70	820	0.808	1420	845
2	100	73	730	0.815	1301	1653
3	100	58	1290	0.815	1224	1555
4	100	57	970	0.817	1531	1657
5	100	60	1160	0.816	1464	1626
6	100	55	790	0.817	1358	1512
7	100	64	1440	0.817	1278	1612
8	100	55	1070	0.816	1469	1594
9	100	65	1360	0.816	1328	1475
10	100	53	1020	0.816	1296	1672

表 3-17   基于蚁群算法仿真实验结果数据

实验次数	搜索总次数	搜索成功次数	平均搜索时间（毫秒/次）	平均商品匹配度	返回商品信息资源数	消息传输步数
1	100	74	1730	0.833	2621	1260
2	100	76	1290	0.830	2215	1367
3	100	79	1260	0.833	2212	1789
4	100	80	1130	0.827	1945	1543
5	100	75	1160	0.829	2252	1509
6	100	72	1310	0.837	1966	1490
7	100	81	1040	0.834	2431	1673
8	100	81	1310	0.843	2140	1477
9	100	73	1560	0.841	1484	1650
10	100	74	1170	0.832	2165	1632

根据各个算法的实验数据，可以计算出搜索成功率、平均搜索时间、平均商品匹配度、平均搜索商品信息资源数量和平均消息传输步数各项算法评价指标，如表 3-18 所示。

表 3-18   搜索算法评价指标计算结果

算法名称	搜索成功率（%）	平均搜索时间（毫秒/次）	平均商品匹配度（%）	平均搜索商品信息资源数量	平均消息传输步数
洪泛算法	58.00	4618	79.88	19	31.49
随机漫步	20.70	298	80.09	9	2.47
广深结合	61.00	1065	81.54	23	15.20
蚁群算法	76.50	1296	83.40	28	15.39

各个算法的搜索成功率对比如图 3-7 所示。基于蚁群算法的搜索算法在搜索成功率方面效果最好，均值可达到 76.50%，而广深结合启发式算法和洪泛算法的搜索成功率效果相当，都能达到 60% 左右，并且前者效果稍优于后者，而随机漫步搜索算法的搜索成功率只有 20.70%，明显低于其余三个搜索算法。基于蚁群算法的搜索算法在搜索过程中信息素和启发方程起着重要的作用，在一定的 TTL 内，搜索成功率可以达到很高的程度，而广深结合

启发式搜索算法继承了洪泛算法搜索成功率较高的特点，搜索成功率并没有
因为搜索邻居节点数量的减少而降低，因此算法也起到了启发性作用。

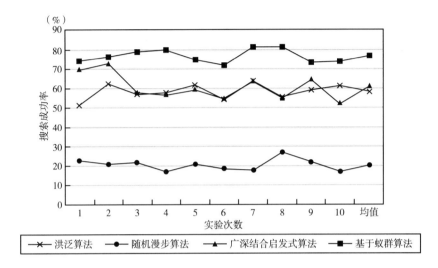

图 3 - 7　搜索成功率对比

各个算法的平均搜索时间对比如图 3 - 8 所示。在本次仿真实验中，洪泛
算法平均每次搜索的时间明显高于其余三种算法，这也是它算法本身性质导
致的。随机漫步算法由于随机性，导致搜索时间极短。本章设计的广深结合
启发式搜索算法和基于蚁群算法的搜索算法，在搜索时间上也相较于洪泛算
法大幅度缩减，搜索效率分别约是洪泛算法的 4 倍和 3.5 倍。

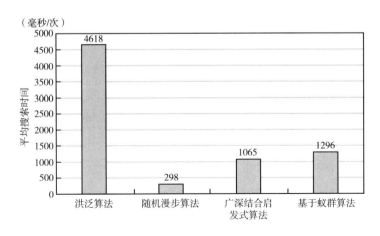

图 3 - 8　平均搜索时间对比

各个算法的平均商品匹配度对比如图 3-9 所示。洪泛算法和随机漫步算法，搜索到商品的平均匹配度基本一致，在 80% 左右。而广深结合启发式算法和基于蚁群算法的搜索算法，在商品匹配度上也略有提高，主要得益于这两种算法都对节点的属性特征、行为特征以及节点中商品信息资源关键词进行计算，在这些特征更相近的节点间搜索，所得到的商品信息资源匹配程度更大，用户也可能更满意。

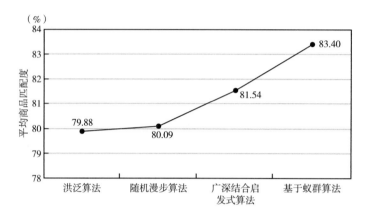

图 3-9 平均商品匹配度对比

各个算法的平均搜索商品信息资源数量对比如图 3-10 所示。在一次的成功搜索中，广深结合启发式算法和基于蚁群算法的搜索算法搜索到的商品信息资源数量都表现得比较优异，因为他们在启发计算中，优先搜索商品信息资源数量多且属性更相近的邻居节点，因此可以搜索到更多的结果供用户进行选择。

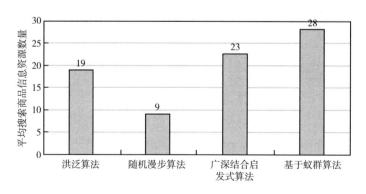

图 3-10 平均搜索商品信息资源数量对比

各个算法的平均消息传输步数对比如图 3-11 所示。搜索算法在一次搜索平均消息传输步数代表着它对网络中宽带资源的消耗情况。广深结合启发式算法和基于蚁群算法的搜索算法在一次搜索中平均消息传输步数基本相等，都大约是洪泛算法的一半，因此本章设计的两种算法的宽带资源的消耗相较于洪泛算法降低约一半。

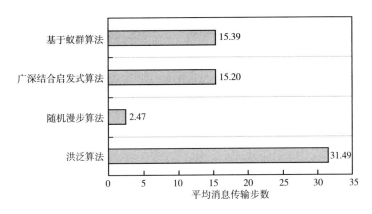

图 3-11 平均消息传输步数对比

在搜索算法拓展性检验中，改变网络节点的数量，其余变量不变，分别进行广深结合启发式算法和基于蚁群算法搜索算法的仿真实验，检验算法搜索成功率和平均搜索时间主要评价指标的效果是否受到影响。实验结果如表 3-19 所示，两种算法在 50000 节点以内随着节点的递增搜索成功率和平均搜索时间算法评价指标都在正常范围内波动，因此两种算法都有比较好的可拓展性，随着网络规模一定的增长，算法的搜索效果不会受到影响。

表 3-19 　　　　　　　　　　　**可拓展性试验结果**

网络节点	广深结合启发式算法		基于蚁群算法	
	搜索成功率（%）	平均搜索时间（毫秒/次）	搜索成功率（%）	平均搜索时间（毫秒/次）
10000	61.00	10.65	76.50	12.96
15000	57.90	9.86	75.30	11.48
20000	62.30	8.99	76.20	11.98
25000	59.40	11.02	74.90	12.56
30000	63.50	10.98	72.10	12.47
35000	61.80	7.97	73.40	10.87

续表

网络 节点	广深结合启发式算法		基于蚁群算法	
	搜索成功率（%）	平均搜索时间（毫秒/次）	搜索成功率（%）	平均搜索时间（毫秒/次）
40000	60.60	9.64	75.30	13.55
45000	62.30	12.01	71.20	12.46
50000	58.60	11.29	73.50	13.01

综合仿真实验结果的比较，本章设计的两种搜索算法在用户体验维度和网络性能维度都有着比较好的提升。广深结合的启发式算法消耗较少的网络宽带资源和使用最少的搜索时间，可以达到较高的搜索成功率和商品匹配度；基于蚁群算法的搜索算法，在搜索成功率、平均商品匹配度、返回商品信息资源数量上都有着绝对的优势，并且也可以达到高效、快速的搜索效果。同时，两种搜索算法都有着比较好的可拓展性，可以满足交易网络规模的一定范围内的扩增。

3.4　基于典型场景的应用

在众智网络中，随着智能数体之间了解程度加深，连接应用已经渗透到生活和生产各个领域，连接对象也从个人向企业、平台及政府扩展。众智网络是相互独立的以亿级为单位的智能主体互联结构，常规的基于关键词的检索技术不能满足在语义上和知识上的需求。自动识别智能数体间的供需关系，最终形成众智网络中最合适的供需匹配规则的理论设计和实践至关重要，以达到实现众智网络智能数体间的精准、深度互联，提供可行的高精准供需匹配、全网低功耗，智能快速搜索的目标。本节将聚焦于供需智能自动识别和匹配的落地，基于在线医疗场景、智能出行场景、在线地图匹配、公众科学场景、众包场景这五个具体而典型的众智网络应用场景验证供需智能识别和匹配的理论、方法在现实情境中的实用性。

3.4.1　基于在线医疗场景的研究

在线健康社区（OHCs）是患者和护理人员搜索和分享健康相关信息的平台，近年来吸引了大量用户。健康消费者在平台上参与各种讨论，与同行交流健康相关的信息。然而，由于在线健康社区中不断产生大量的内容，并且由于缺乏医学知识，患者难以准确了解和表达自己的健康问题，导致社区的信息检索能力较差。健康消费者面对在线健康社区中超载的信息，很难找到自己感兴趣的内容。本书立足于智能主体的需求描述规则，解决智能主体的需求与供给自动识别问题，为实现智能匹配奠定基础。

智能主体的需求与供给一般是模糊的、不明确的，甚至于主体也未必清楚他们到底需要什么，或者能够提供什么。智能匹配的目标是利用大数据技术根据用户日常的行为习惯、浏览搜索内容以及购买记录，智能化地向用户推荐个性化的产品。本书设计一个有效的内容推荐系统来发现在线健康社区用户感兴趣的主题，实现供需双方的精准匹配。目前，大多数基于社交网络的推荐方法都忽略了内容信息在社交媒体中的使用，这些内容信息描述了用户的兴趣，可以用来衡量用户的相似度。因此，本书提出基于社会网络分析和文本挖掘的在线健康社区内容推荐框架。根据用户活动特征构建隐式用户行为网络，基于隐式用户行为网络可以检测出具有共同兴趣的用户，最后利用主题模型找到最终推荐的内容。

本书提出的内容推荐框架包含四个步骤：隐式网络生成和规范化、用户社区检测、用户相似度分析和内容主题分析，如图 3 - 12 所示。首先，建立并规范两个隐式网络，即无向和有向的用户行为网络，以一个在线健康社区收集的训练数据为基础，对用户活动进行建模。其次，通过递归运行基于模块化的社区检测算法来发现紧密连接的用户，从而在无向用户行为网络的基础上检测分层的用户社区。再其次，利用自适应 SimRank 算法计算有向用户行为网络中用户之间的相似性，将同一子社区中的相似用户发布帖子作为推荐的候选内容。最后，使用主题模型执行内容分析，与焦点用户发布帖子最相关的内容将作为最终内容推荐，并基于测试数据集对模型的性能进行评估。

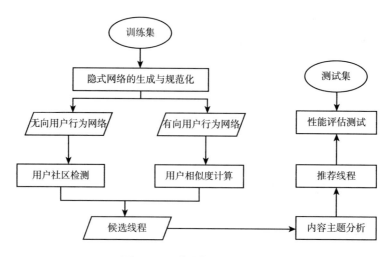

图 3 – 12　内容推荐系统框架

　　在线健康社区中，用户通过相互发帖和回复来交换与健康相关的信息。本书认为如果两个用户参与了同一帖子的讨论，则认为他们具有相似的兴趣；如果存在更多这样的连接，则认为他们更相似。另外，本书认为用户参与的帖子越多、帖子越受欢迎，用户间的相似性越低。本书以此来确定了用户行为网络是否连边以及连边之间的权重。由用户是否参与同一帖子和帖子的参与人数建立无向用户行为网络，因每个用户参与的帖子数量不同，加入这个指标之后，本书建立了有向用户行为网络。最后使用最大权边对用户行为网络进行规范。

　　本章基于所构建的无向用户行为网络来检测用户社区。被检测到的社区被认为是紧密联系的用户，他们可能共享相似的活动模式，并且在社区中有相似的兴趣。假设一个帖子 t 用户 i 参与了，但是用户 j 没有参与，假设用户 i 和用户 j 有相似的兴趣，那么用户 j 可能对帖子 t 感兴趣，那些用户本身没有参与，但是有其他相似用户参与的帖子可以作为推荐内容，因此本书使用分层社区检测技术来检测彼此紧密相关的用户。分层社区检测用于规范化无向隐式用户行为网络的用户社区检测，该方法基于最大化模块化的社区检测算法，度量网络中分区的质量，更高的模块化值表示更好的分区结果。递归运行社区检测算法，对用户行为网络进行划分，并将被检测到的大社区进一步划分为小社区，当所有被检测到的社区大小都小于 50 时停止。

在检测到与用户行为相关的其他用户之后，本书需要选择与每个用户最相似的用户。本书基于所构建的有向用户行为网络，采用 SimRank 算法计算在线健康社区中用户之间的行为相似度。SimRank 算法的基本思想是如果网络中的两个节点相似，那么与这两个节点相连的节点也相似，由此可以测量网络中每一对节点之间的相似性。本书使用改进的 SimRank 算法，通过更新网络中每对节点之间的相似度值，递归计算节点之间的相似度。与焦点用户在同一子社区的最相似的前 n 个用户被选为最终的亲密用户。

焦点用户的亲密用户所参与的，但焦点用户未参与的所有帖子都被认为是推荐的候选内容。本章使用基于主题模型的方法——LDA 来检测与焦点用户发布的内容最相似的帖子，以进行最终选择。LDA 是一个生成统计模型，它假定每个文档都混合了各种主题，并假定每个单词的出现都可归因于文档的某个主题。帖子的内容可以表示为一个主题分布，计算帖子主题之间的余弦相似度来衡量相似度，由此产生的相似度值范围在 0 和 1 之间，其中较大的值表示帖子之间的相似度较高。本书选择最相似的 n 个帖子作为焦点用户的最终推荐内容。

使用一糖尿病在线健康社区的相关数据对模型进行评估，最后获得了27786 个帖子，包含由 6035 个用户生成的 452988 条消息。将收集到的数据集随机分为两部分，其中 90% 作为训练数据集，其余 10% 作为测试数据集。这个过程重复了 10 次，得到 10 组不同的训练集和测试集，每次使用不同的随机训练和测试集，将产生的 10 组结果的平均值作为最终结果，并使用准确率、召回率和 F1 值作为评价指标对模型进行评价。为了对比所提模型的性能，选择基于用户、基于项目的协同过滤方法、基于内容的方法以及随机选择法四种推荐方法进行比较。

在线健康社区为消费者提供了交流健康信息的理想场所。然而，大量的用户生成内容使得消费者很难有效地找到他们需要的内容。用户行为隐式地描述了他们的关注点，并可用于兴趣建模。本章针对在线健康社区用户以往活动的特点，提出一个内容推荐模型。该模型利用社会网络分析和文本挖掘发现用户可能感兴趣的帖子，并从在线健康社区收集数据集来评估所提议的框架。希望本书的工作在以下几个方面有所贡献。首先，从用户行为分析的角度出发，设计一个新颖的在线健康社区用户内容推荐框架。其次，隐式用户行为网络是基于在线讨论的用户活动构建的，它有助于分析用户活动并发现有相似兴趣的用户社区，为研究人员提供了另一个发现用户兴趣的视角。这项工作的潜在局限性如下：第一，本书捕获了用户在健康论坛发帖或回复时的活动，但未能捕获其他类型的活动，如浏览可能导致不适当的推荐；第二，提出的推荐框架可能对新用户或网站上不活跃的用户不利，因为很少能获取他们的活动信息。

本书立足于在线健康社区解决智能主体的需求与供给自动识别问题，设计一个有效的内容推荐系统来发现在线健康社区用户感兴趣的主题，实现供需双方的精准匹配。从隐式网络生成和规范化、用户社区检测、用户相似度分析和内容主题分析四个方面提出的内容推荐框架，并基于测试数据集对模型的性能进行评估，力求提出需求规律及精准需求智能获取方法，供给规律及精准供给智能获取方法。

3.4.2　基于智能出行场景的研究

"互联网约租车"是以"租车 + 代驾"的模式为乘客提供服务的一种城市交通出行方式（曾江，2015）。"互联网 + "代表一种新的经济形态，即充分发挥互联网在生产要素配置中的优化和集成作用，通过将互联网创新成果应用于经济社会的各个领域中，提升社会整体创新力和生产力，使技术进步真正作用于能源效率的提升（程絮森等，2015）。"互联网约租车"（以下简称"网约车"）的兴起，一方面是顺应移动互联网的发展趋势，电商资本纷纷抢占商机布局；另一方面，长期以来，城市客运交通主要有公共交通、出租汽车等传统的运营方式，服务模式比较单一，运力供应与服务需求一直存在结构性矛盾（彭倩文和曹大友，2016）。从 2012 年兴起的出租车在线打车软件、商务约租车、平价快车再到今天的互联网拼车，各类约租车公司蜂拥而起，其中占据较大市场份额的包括一号约租车、滴滴约租车、易到用车、神州租车以及来自美国的优步，不同的网约车公司面对中国情境下司乘关系选择了差异较大的商业模式。已有文献对网约车市场的研究主要集中于描述网约车市场的运营过程、定价结构和法律监管等问题，而对于网约车市场商业模式、司机、乘客、平台不同利益主体之间的供需关系缺乏有效地匹配研究（胡雅芬和杨晓双，2018；杨娇娇，2019；祝蕊，2019）。本书基于中国现实背景，从智能交易匹配和组织经济学的角度，聚焦中国网约车市场的商业模式，研究网约车市场商业模式的定义、类型及其背后的经济机制，从经济学视角解释平台、司机、乘客、商业模式之间的最优匹配以达到最优化市场配置。

本书认为网约车平台是一个使用互联网和信息技术搭建的在线乘车平台，是一个典型的双边市场。双边市场是指一个平台组织实现了两个或更多用户之间的直接交互，例如网约车平台连接了乘客和司机两种不同类型的用户。本书主要研究的问题是：网约车平台的商业模式是什么？网约车平台选择不同的商业模式背后的经济机制是什么？

为了回答这两个问题。首先，对已有的研究双边市场商业模式的文献进行评述。早期的学者普遍认为，交叉网络外部性和价格结构非中性是双边市场的主要特征。大多数学者都集中研究双边市场的定价结构（Jean-Charles and Jean，2003；Weyl，2010）。后来哈吉和怀特（Hagiu and Wright，2013）在他们的研究基础上，认为双边市场下的商业模式具体可以分为市场模式、垂直整合模式、经销商模式、直接供应商模式以及二者混合模式五种类型，并分析了在不同决定因素的影响下，企业应当如何选择合适的商业模式。

在梳理了前人文献的基础上，本书从组织经济学的角度对双边市场的商业模式进行定义，即双边市场的商业模式是指平台企业设计并制定的相关交易规则；不同类型使用者依据这一规则进行策略性互动，从而实现平台企业的利润最大化。进一步地，本书基于哈吉和怀特（2013，2015）的结论，根据网约车平台、司机（车辆）与乘客三个主体之间不同的组织形式，将网约车市场的商业模式划分为市场模式与自营模式，并构建了两种商业模式概念模型（见图 3 - 13）。

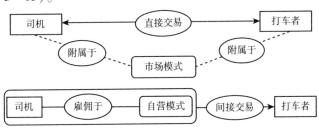

图 3 - 13　网约车平台商业模式概念模型

本章厘清了影响网约车平台选择不同的商业模式的经济诱因有哪些。从网约车平台、司机、乘客和政府之间现实关系的背后，将影响网约车平台选择商业模式的经济诱因划分为内部因素和外部因素。内部因素是指从网约车平台自身利润最大化角度考虑的影响因素；外部因素则指平台自身之外的、由于市场环境的改变导致的影响。影响网约车平台商业模式选择的四个内部因素包括资产效应、成本效应、价格效应和激励效应。外部因素主要考虑乘客的异质性程度。当外部因素改变引起内部因素变化时，网约车平台会如何选择符合利润最大化目标的商业模式。显然，不同商业模式的利润空间会随着经济诱因的变化而变化，所以不同商业模式在市场中比重不同的原因在于填补利润空间的差异，从而实现选择不同商业模式的无套利原则。因此，平台也会根据利润大小对商业模式结构比重进行调整。

本章结合内部因素和外部因素的分析，得到网约车平台选择商业模式的三个结论：一是当网络外部性较弱、乘客个性化程度较低时，市场模式是网约车市场主导的商业模式，且网约车市场的整体竞争水平较弱；二是当网络外部性和乘客个性化程度适中时，市场模式仍占据主导地位，自营模式也拥有部分的市场份额，其比重取决于网络外部性水平与乘客个性化程度，并且市场竞争程度有所提升；三是当网络外部性与乘客个性化程度均较强时，网约车市场的主导商业模式为市场模式与自营模式并存，且市场竞争程度较高。

本章尝试综合考虑价格结构和平台企业商业模式，以分析网约车市场商业模式的决定因素。本书的贡献来自两个方面：第一，就我们所知，这是第一次讨论网约车市场不同商业模式的经济定义，并将现实情况和理论预测结合在一起的著作。本章不仅分析了网约车市场商业模式的经济决定因素，而且分析了随着外部环境的变化，网约车平台如何选择最佳的商业模式。第二，本章对中国网络车市场的发展进行了理论研究，为进一步了解这一特定双边市场的发展机理提供了新视角。

3.4.3　基于在线地图匹配的研究

随着消费互联网的升级以及车联网技术的逐步成熟，汽车已经不再是单纯的交通工具，而是可以提供出行、生活、娱乐及办公等服务的智能载体。随着汽车保有量的增加，车联网技术的应用得到了迅速发展。车联网是以车内网、车际网和车载移动互联网为基础，按照约定的通信协议和数据交互标准，在 V2X（Vehicle to Everything）之间进行无线通信和信息交换的大系统网络，是能够实现智能化交通管理、智能动态信息服务和车辆智能化控制的一体化网络。车联网不同数据源数据表现出了强关联性，如车辆数据与交通流数据之间的强关联性，道路历史数据与交通实时数据之间的强关联性。车联网智能化、网联化、共享化、全场景、全周期的解决方案契合研究面向众智机理的众智网络广度互联、深度互联的协作模型，在智能出行场景下，解析数据源与应用之间的关系，自动识别驾驶者与汽车管理终端之间的供需关系，从而优化驾驶员的行为决策，赋能智慧出行新篇章。基于车辆网络终端采集的驾驶员驾驶行为数据，可以进行车辆网络保险、交通监管、路线推荐、行程时间估算与预测、城市规划等车辆网络服务。该数据主要由 GPS 车载终端和车载诊断系统采集。然而，定位误差的存在使得数据无法直接应用，特别是无法应用在车联网中。"两客一危"国家车辆监控平台的 GPS 数据一般每 30 秒发送一次。利用现有的地图匹配算法（MMA）难以准确匹配 GPS 数据和 GIS 道路网络。

因此，本章借鉴现有 MMA 的思想，考虑速度方向与道路交通方向之间的夹角，以及从点到候选路段的最短距离，基于高精度 GIS 电子地图，设计并评估了一种基于优先级规则的地图匹配算法（MMPR）。

该算法的具体过程是：首先，输入候选路段和电子地图，由候选半径确定候选路段；其次，计算速度方向与道路交通方向的夹角，找出夹角最小的候选路段；再其次，根据该点到候选路段最短距离找到最佳候选点；最后，根据候选点的坐标信息对观测点的坐标信息进行校正，绘制出轨迹的过程实质上是根据观测点的时间戳重复向前迭代的过程。当所有点匹配时，算法结束。

基于 MMA 的研究现状，发现目前的地图匹配主要考虑三个因子：速度方向、观测点到候选点的距离和道路可达性。由 GPS 数据观测可知，在所有候选路段中，观测点与实际路段的距离并不是最小的。其根本原因是

GPS 系统定位的误差区域是一个椭圆区域，而候选段距离椭圆区域的中心点不近。因此，距离系数实际上不如速度角系数重要。比较电子地图断线段与相邻 GPS 点的距离，可以发现道路可达性因子的参考值不稳定。当相邻点距离较远时，道路可达性因子的参考意义不大。因此在本书中，提出的 MMPR 算法首先考虑速度，其次考虑距离因素，MMPR 算法不考虑道路可达性因素。

候选路段的选择是地图匹配的第一步。选择合适的候选路段，一方面可以提高算法的计算效率；另一方面可以提高匹配精度。GPS 实心点一般落在以观测点为中心的某一长度和长度轴的椭圆区域内。为了简化计算，可以将椭圆区域抽象成一个候选圆。以观测点为圆心，构造一定半径的缓冲区，通过缓冲区和路网进行空间交叉查询操作，得到候选路段。候选圆半径的计算方法可按式（3 - 21）计算：

$$\rho = \alpha + \omega/2 + \beta - m/2 \qquad\qquad (3 - 21)$$

其中：α 代表路网定位误差，一般为 5；ω 代表道路宽度，平均取 20；β 为 GPS 误差，伪随机码 C/A 用于民用信号系统，测距精度在 2.93 米至 29.3 米之间，可先取平均误差 $\beta = 16$；m 为车辆宽度，一般为 2；$\rho = 30$，待候选半径初定后，通过试验分析进行调整。

在角度设计中，首先在候选路段上找到距离观测点最近的点，然后画出该点曲线的切线方向，最后用该点的切线方向作为该路段的方向。GPS 数据中的速度方向范围为（0，360°）；电子地图中的通道方向由一个有序变量表示。结合折线的起点和终点，计算出曲线上某一点的切线与正北方向的夹角，再利用速度方向角与绝对值的差，求出速度方向与道路通过方向的夹角（用 λ 表示）。道路交通方向角的确定（用 θ 表示）可分为双向道路和单向道路。在电子地图中，单行道可分为前进道路（地理信息系统电子地图中的道路入口为线段的起点）和后退道路（地理信息系统电子地图中的道路入口为线段的终点）。因此，分别在双向街道、上坡路和逆行道路三种情况下讨论角度的确定问题。

GPS 速度方向角是基于正北方向的角度。由上述公式得出的道路方向切角的水平方向的计算方法，需要转换成与正北方向成一定角度才能与速度方向的角度区分开。

本章中的 GPS 数据来自交通部的"两客一险"数据。数据格式为离线 DMP 文件格式，需要通过 Oracle 数据库导入和重用。通过数据观测，GPS 原始数据包括时间戳、经纬度、速度、航向角等 16 个信息。存在数据冗余和数据异常。因此，需要对其进行消除数据冗余、异常数据拒绝以及属性字段过滤的预处理工作。

本章电子地图数据采用工业级 shp 格式矢量电子地图，包含国道、省道、高速、县级路网信息，占用磁盘空间约 7GB。通过 ArcGIS 软件导入空间数据库 ArcSDE，路网共包含 35 个属性字段。为了提高算法的匹配及时性，需要对电子地图进行如下处理：第一，电子地图属性字段的分类与筛选；第二，电子地图的空间裁剪，为了提高前端程序加载 map 的速度，有必要对 map 进行裁剪；第三，空间坐标转换，任何对象的位置描述都需要参考坐标系。在地图匹配过程中，涉及 GPS 坐标与电子地图空间坐标系的统一。WGS1986 需要转换为地理坐标系。转换过程根据方程式（3 - 22）进行：

$$X = (M + H)\cos\varnothing\cos\lambda$$
$$Y = (M + H)\cos\varnothing\sin\lambda$$
$$Z = \left[M(1 - e^2) + H\right]\sin\varnothing \qquad (3 - 22)$$

在公式（3 - 22）中，（X，Y，Z）表示地理坐标系的坐标，（λ，Ø，H）表示 WGS 坐标。统一参考坐标系后，即可进行地图匹配工作。否则，路网中 GPS 显示误差将超过 100 米，无法进行地图匹配。

（1）整体匹配结果分析。以汽车某一天的行驶轨迹为例。当日原始数据有 2833 个点。数据预处理（消除数据冗余）后，还有 130 个点。轨道通过 G15 沈海高速公路、G104、S10 温环高速公路、G1513 温利高速公路。

经整理共有 128 个点匹配正确的 MMPR 算法，2 个点匹配错误。误差原因是 GPS 点的顶角记录不正确。计算在 Visual Studio 2010 C + + 环境中运行，匹配精度 98.46%，匹配时间 1.72 秒，匹配速度 76 点/秒。

加权算法考虑了速度与道路方向的夹角和距离因子。这两个因素是标准化的。通过迭代实验，发现加权系数为 0.6，距离加权系数为 0.4，匹配精度最高。结果表明，在相同的环境下，正确的权值算法匹配 109 个点，匹配误差 21 个点，匹配精度为 83.3%，匹配持续时间为 1.23 秒，匹配速度为 106 点/秒。

（2）局部匹配结果分析。在图 3 - 14 中，X 形表示原点，圆点表示修正点，箭头表示行进方向，粗体曲线表示行进轨迹，其他曲线表示路网。

图 3 - 14（a）是使用 MMPR 在具有环形交叉口和平行道路的道路网络上进行匹配的结果。图中有四个点，都与正确的道路相匹配。图 3 - 14（b）是相同的权重算法，但两个点的匹配有错误，左下角的一个点匹配环形交叉口。原因是该点更靠近环形交叉口的内部，并且最上面的点与平行道路的另一侧匹配。左侧的轨迹与右侧的轨迹相交，产生匹配误差的原因是该点距离右侧道路较近。

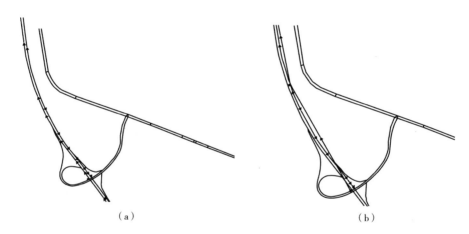

（a）　　　　　　　　　　　　（b）

图 3 - 14　环形交叉口与平行断面的匹配结果

图 3 - 15（a）是使用本章算法匹配复杂交叉口的结果。图 3 - 15（b）是使用权重法匹配相同位置的结果。通过观察发现，本章匹配算法的匹配点均匹配正确，加权方法在图的左下角有一个未对准的点与相邻路段匹配。原因是该点更靠近环形交叉口的内侧。

为了消除偶然性，选取 10 辆低频采样率点车辆的 10 天 GPS 轨迹数据进行实验分析，结果如表 3 - 20 所示。符号"‖"的左侧是 MMPR 结果，右侧是加权方法的结果。算法的最终匹配精度为 98.10%，标准差为 0.012，匹配持续时间为 73 点/秒，标准差为 1.748。

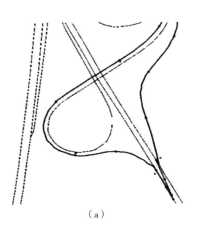 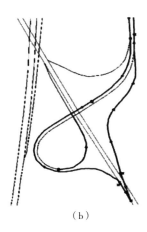

(a)   (b)

图 3 - 15 复杂交集匹配结果

表 3 - 20   10 辆车匹配结果（低采样频率）

车辆编号	总样本点数	数据处理后的样本点数	正确匹配的数量	错误匹配的数量	匹配正确率	处理速度（点/秒）
1	2833	130	128 ‖ 108	2 ‖ 22	98.46% ‖ 83.08%	76 ‖ 106
2	1004	235	224 ‖ 191	11 ‖ 44	95.32% ‖ 81.28%	75 ‖ 104
3	1524	299	292 ‖ 246	7 ‖ 53	97.66% ‖ 82.27%	74 ‖ 107
4	1983	421	408 ‖ 363	13 ‖ 58	96.91% ‖ 86.22%	70 ‖ 103
5	1102	160	157 ‖ 128	3 ‖ 32	98.13% ‖ 80.00%	72 ‖ 103
6	899	152	151 ‖ 125	1 ‖ 27	99.34% ‖ 82.24%	71 ‖ 106
7	994	103	101 ‖ 82	2 ‖ 21	98.06% ‖ 79.61%	74 ‖ 108
8	2420	190	189 ‖ 156	1 ‖ 34	99.47% ‖ 82.11%	75 ‖ 110
9	2237	221	219 ‖ 189	2 ‖ 32	99.10% ‖ 85.52%	73 ‖ 104
10	1943	205	202 ‖ 176	3 ‖ 29	98.54% ‖ 85.85%	72 ‖ 106
平均值	—	—	—	—	98.10% ‖ 82.82%	73 ‖ 106
标准差	—	—	—	—	0.012 ‖ 0.022	1.748 ‖ 2.147

从表 3 - 20 中可以看出，该算法的平均精度为 98.10%，比权重算法高 15.82%，比明和卡里米（Ming and Karimi，2009）的算法高 2.10%，比刘等（Liu et al.，2007）的算法高 0.30%。该算法处理速度平均达到 73 点/秒；由于加权法计算规则简单，在提高运行速度的同时牺牲了计算精度，所以该算法运行速度比加权法要低。

基于现有的 MMA 理论，本书做了以下工作：设计一种基于优先级的 MMA。在论证速度方向角与道路交通方向角大于点到候选路段距离的因素的基础上，设计了一种基于速度方向角与道路交通方向角的计算方法。通过对"两客一危" GPS 轨迹数据的实验研究，本章算法的准确率超过 98.1%，优于其他同类算法，地图匹配速度达到了 73 点/秒。

在本章的算法验证中，虽然考虑了 GPS 数据采样频率的多样性，但是所使用的实验数据仍然是单一的数据源。实验车辆轨迹数据能够在电子地图上匹配的路网结构主要有三种：国道、省道和高速路。若将该算法应用于城市间道路匹配或其他更复杂的环境中，会降低该算法的准确性和时效性。因此，下一步的研究方向是收集车辆轨迹数据中较为复杂的路网结构进行算法测试，找出实际匹配中存在的问题，分析原因并进一步改进该算法。

3.4.4　基于公众科学场景的研究

信息技术的发展给商务、组织行为、学习教育等领域发展带来很大的变化，然而信息技术在促进全民科普活动方面仍处在起步阶段。公众科学是一种吸纳公众参与科学合作、解决科学问题的群体协作模式（Bonney et al.，2009；Franzoni and Sauermann，2014）。公众科学是一种大规模分布式智慧的协作方式（Crain et al.，2014），代表了全民参与科学创新的新方向。在公众科学项目中，科学家将科学问题进行分解转化成规模较小、形式简单的任务，通过网络招募普通志愿者来完成科学任务。志愿者的积极参与贡献是公众科学项目成功的重要因素，也是科研创新大众化的实践方向。目前，前期研究在公众科学相关问题取得了一些探索性进展，主要是对现有公众科学项目中志愿者贡献特点、参与动机、志愿者与研究发布者的交互特征以及群智科学项目平台的设计方法（Bowser et al.，2014；Lowry and Fienen，2013；Rotman et al.，2012）。然而，很少有研究结合群智科学任务设计与游戏化设计，多角度研究公众科学用户激励机制及其参与行为。

在信息系统行为研究和众包研究的基础上，公众科学用户行为研究需要考虑人口特征的复杂性、参与行为的自主性、参与方式的灵活性。所以，需要综合考虑这些因素，建立任务特征与用户行为匹配模型。首先，通过系统分析针对公众科学任务特征与用户行为特征，构建基于任务特征的用户行为影响模型。其次，从积极动因与消极动因两个角度出发，研究公众科学中用户激励对用户参与行为的影响。本章希望探讨分析游戏化设计的理论基础、设计方法和影响效果，并结合激励理论、环境心理学和行为科学等理论框架，构建公众科学项目中任务特征与游戏化要素对用户激励及行为影响因素模型。最后，结合时间维度，揭示公众科学用户在不同的参与阶段，激励动因的变化及其对用户激励效应和持续参与行为的影响。

本章将最初应用于管理决策这一领域的"任务—个体—技术匹配"理论，结合公众科学项目特有的任务与用户关系，提出了公众科学项目中的"任务—个体匹配"理论，从可行任务、个体特征出发，研究匹配对用户态度、用户贡献行为的影响，从供需双方匹配视角探索公众科学场景下用户与任务的智能匹配问题。基于公众科学场景，由于公众科学项目依赖大规模、持续、高质量的用户参与，因此对用户行为特征的分析具有重要意义。本书重点探讨了在网络平台环境下供给能力的影响因素。公众科学用户具有不同的人口特征、兴趣爱好、自我成长需求。现有文献表明，大部分用户参与科研活动是基于对某个科学领域的兴趣，同时，知识水平较高、社会经济地位较高的人群更有可能参与公众科学活动。根据现有文献（Preece et al.，2004；Preece and Shneiderman，2009），用户在网络社区中具有不同的参与度、贡献度、活跃度。众包和公众科学中关于用户的行为研究表明，用户在数据贡献、数据质量等工作绩效方面也有不同的表现（Sauermann and Franzoni，2015）。总体来说，用户行为特征可以从参与程度与工作绩效两个维度进行分析，描绘公众科学用户的行为特点。本章综合文献研究法、案例分析与用户访谈，整理分析形成用户行为特征集。首先分析在技术设计任务中游戏化设计对参与动机的影响，其次通过系统的文献分析方法勾勒在技术设计任务中，游戏化设计与参与动机的关系。本章采用内容分析法对筛选出的60篇文献逐一进行分析，并将游戏化设计特征变量和动机变量分别进行提取、梳理，然后采用对应分析方法，显示不同的游戏化设计特征与不同动机之间的关系。

而上述特征可进一步概括为4种类型。下面将基于这4种游戏化设计类型探讨其与需求动机的关系。

Type1：通过量化手段提供绩效表现水平。

Type2：帮助玩家更深入地了解游戏。

Type3：展现社会意义和影响。

Type4：提高体验质量。

另外，本章还对需求动机进行了分类，在综合既有研究框架的基础上，得出如表 3 - 21 所示的需求动机分类框架。

表 3 - 21　　　　　　　　　　需求动机分类框架

基本需求	描述
自主性（autonomy）	在开始和调节自己的行为时需要选择
自我（self）	需要定义/创造自我和自我形象，将自我与社会联系起来，并发现和发展个人潜力
能力（competence）	需要掌握适合发展的挑战
成就（achievement）	希望相对于卓越标准（包括与任务、自我及他人的竞争）表现出色
领导力（leadership）	渴望使物质世界或社会世界符合自己的形象/计划；渴望影响或控制他人或世界
追随（followership）	渴望被他人影响，跟随他人
关系（relatedness）	渴望归属
影响和感情（affect and emotion）	对重要刺激的反应引起的感应状态；对刺激的反应是自然选择过程；通过认知过程维持所需的情绪

基于上述两个方面的研究和分析，本章建立起需求动机与游戏化设计类型的对应关系表，如表 3 - 22 所示。

表 3 - 22　　　　　　游戏化设计类型与需求动机的对应关系

基本需求	类型一	类型二	类型三	类型四
自主性（autonomy）	16	9	12	1
自我（self）	5	4	5	1
能力（competence）	28	18	22	2
成就（achievement）	23	13	15	1
领导力（leadership）	6	2	4	0
追随（followership）	6	2	5	0
关系（relatedness）	25	13	23	1
影响和感情（affect and emotion）	32	20	24	4

　　在此基础上，研究还采用 R 软件进行对应分析，发现第一维度可以解释将近76%的方差，第二维度解释17%的差异，两者合计解释将近93%的差异。

　　基于上述分析发现，在既有研究中，共有4种游戏化设计类型和8种需求动机被提及，而对应分析显示出两者呈现出有趣的相关性。本书对于实践具有重要的指导意义：在设计技术性任务时，要根据不同的需求动机开发针对性的游戏化设计方案，这样才能激发有效供给。

　　首先，公众科学由于其科学内容和问题需求不同，任务具有不同展现形式与特性。其次，由于用户的个体特征不同，包括教育背景、家庭收入、对科学的兴趣等，通过引入游戏化要素，从积极动因与消极动因两方面研究任务特征与游戏化要素对用户激励的直接效应和调节效应，并构建基于游戏化设计的用户激励及行为影响模型。本书在此章节重点研究反馈类型和目标导向对参与行为的影响，探讨如何提高用户的参与绩效。通过借鉴反馈干预理论和目标成就理论，构建一个理论框架来解释两者对于用户参与绩效的影响，并进一步探讨了倾向性目标导向是否会调节反馈设计与用户参与行为之间的关系。本书主要研究任务设计方法应用于提高用户贡献行为的相关场景。在已有研究中，主要关注根据实践项目总结的任务特征的影响效应，而忽略了任务特征与用户个体特征的匹配关系和交互效应。

　　已有文献表明，不同任务特征和用户个体特征的匹配情景下，用户对公众科学项目的态度、用户自我效能和用户贡献行为存在差异。本章构建了一个"任务—个体匹配"作为自变量，用户态度和自我效能作为关键心理状态的两个变量，用户贡献行为作为因变量的模型，如图 3 - 16 所示。具体而言，自变量为"任务—个体"匹配 TIF（task-individual fit），TIF 包括两个要素特征：任务复杂度和个体训练，匹配程度为一个三分类变量：高、中和低。模型关注的两个关键心理状态为用户对公众科学项目的态度和自我效能。因变量包括两个：任务完成数量和任务完成准确度。

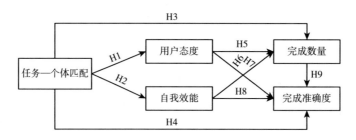

图 3－16　"任务—个体"匹配对用户态度、自我效能及用户贡献行为的影响模型

根据匹配理论，以及对用户态度和自我效能，用户贡献行为等的相关研究，本章提出的假设如下：

H3－1　TIF 显著影响用户个体参与公众科学项目的态度，且匹配等级越高，用户态度越积极

H3－2　TIF 显著影响用户个体参与公众科学项目获得的自我效能感，且匹配等级越高，自我效能感越强

H3－3　TIF 显著直接影响用户完成数量，且匹配等级越高，用户完成数量越多

H3－4　TIF 显著影响用户完成准确度，且匹配等级越高，用户完成准确度越高

H3－5　用户态度积极影响用户完成数量，即用户态度越积极，用户完成任务的数量越多

H3－6　用户态度积极影响用户完成准确度，用户态度越积极，用户完成任务准确度越高

H3－7　自我效能积极影响用户完成数量，即自我效能感越强，用户完成任务的数量越多

H3－8　自我效能积极影响用户完成准确度，即自我效能感越强，用户完成任务准确度越高

H3－9　完成数量积极影响完成准确度，即完成数量越多，完成准确度越高

研究设计方面，本章采用原型开发法进行公众科学任务设计，共设计了如表 3－23 所示的四组任务。

表 3 – 23　　　　　　　　　　　任务设计的四组任务

组别	任务复杂度	人是否接受训练	任务—个体匹配程度
1	简单（3 个选项）	否	中
2	简单（3 个选项）	是（正式任务开始前给予五道题的提示）	高
3	复杂（7 个选项）	否	低
4	复杂（7 个选项）	是（正式任务开始前给予五道题的提示）	中

对用户态度和自我效能这两个关键心理状态指标设计的量表如表 3 – 24 所示。

表 3 – 24　　　　　　　　　　　模型中用到的测度项

构念	测量项	参考文献
用户态度	我认为该公众科学任务设计得很合理	Harrati et al. , 2017
	我认为完成此次公众科学任务的行为很明智	
	我认为参与此次公众科学任务很有价值	
自我效能	在此次公众科学任务过程中，我的信心水平非常高	Lin and Huang, 2008
	在此次公众科学任务过程中，我的舒适程度非常高	
	在此次公众科学任务过程中，我完成指定任务的技能水平非常高	

在数据分析阶段，预测试一共 76 人有效参与，正式实验阶段一共收取到 183 份有效参与数据，简单—未训练组、简单—训练组、复杂—未训练组、复杂—训练组的有效参与数分别为 52、65、40 和 26。

信效度分析采用 Cronbach's α 值计算测量项的可靠性，用 lisrel 工具求解各因子的标准化因子负荷和相关系数，并计算每个构念的组合信度和平均抽取方差。结果表明各测度项具有聚合有效性和区别有效性。

在模型验证方面，采用单因素多元方差分析（one-way MANOVA）来验证 H3 – 1 至 H3 – 4，采用多元回归的方法对 H3 – 5 至 H3 – 9 的线性回归模型部分进行验证。在多元回归部分，根据实际结果增加了路径分析研究，探索了用户态度、自我效能、完成数量、完成准确度之间的影响路径。

多元方差分析事后检验的结果显示，对用户态度而言，"任务—个体匹配"程度为高的简单—训练组的用户态度显著高于"任务—个体匹配"程度为低的复杂—未训练组,未发现其他组存在明显差异,说明 H3-1 部分成立。对自我效能而言,"任务—个体匹配"程度为中的简单—未训练组的自我效能显著低于"任务—个体匹配"程度为高的简单—训练组,并且显著高于"任务—个体匹配"程度为低的复杂—未训练组,说明 H3-2 几乎全部成立。同样的,可认为 H3-3 和 H3-4 成立。

通过对变量之间进行相关系数分析、多元回归分析,以及采用路径分析对多元回归分析的结果进行修正,得到如下结论:在该模型中,一共有三条变量之间的影响路径(见图 3-17)。第一,自我效能和完成数量积极影响完成准确度;第二,用户态度通过影响自我效能,进而积极影响完成准确度,即自我效能是用户态度影响完成准确度的中介变量;第三,用户态度积极影响自我效能。

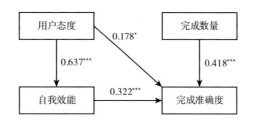

图 3-17　路径分析结果

注: *** p < 0.01, ** p < 0.05, * p < 0.1。

总结而言,H3-1 至 H3-4 部分成立,H3-5 和 H3-7 不成立,H3-6、H3-8 和 H3-9 成立。模型的前半部分 H3-1 至 H3-4 属于验证性分析,模型的后半部分 H3-5 至 H3-9 属于探索性分析。本章能够为公众科学项目的设计得到如下有效结论:第一,在根据任务特征设计任务时,可以将个体特征考虑在内,预先定义"任务—个体"匹配等级能够帮助设计者预估参与者的用户贡献行为;第二,提高参与者的用户态度和自我效能感能够提高参与者完成公众科学任务的准确度;第三,在某些公众科学任务中,参与者提高完成任务的数量,可能会提高其完成任务的准确度。

3.4.5　基于众包场景的研究

Web 2.0技术的快速发展为企业以众包实现开放式创新提供了新的可实现方式，即企业通过互联网将松散的、地理分布广泛的用户以较低的成本组织起来实现协作创新。众包系统包含三类行动者（见图3-18）：第一，转让方是任务的发布者也是解决方案的寻求着，是众包过程的开端也是结尾。转让方通过任务发起众包过程，并在众包过程的结尾获得任务的解决方案。第二，供应方是大型的、不确定的、无清晰界限的大众群体。大众响应由转让方发布的任务号召，尝试参与任务并提交解决方案。第三，中介平台用以连接众包系统中的转让方与供应方。中介平台作为众包过程的组织者为众包的组织形式制定相应的规则。如技巧、认证水平、期限、预期结果和获胜者酬金（非必须）等。

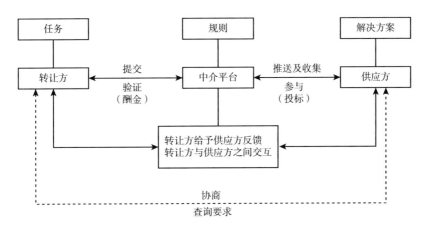

图3-18　众包系统过程

在明确智能交易供需双方内涵的前提下（即交易需方是利用互联网购买或获得商品或服务的企业、组织或个人，而交易供方是利用互联网出售商品或服务的企业、组织或个人），在众包场景下，从智能交易的供方（用户）和需方（任务）视角研究供需双方的智能匹配问题。本章首先探讨了任务特征与用户的参与行为之间的匹配问题，具体而言，深度研究了任务奖励及任务期限与用户众包参与数量之间的关系：在众包场景下，任务奖励是最基础的一个项目要素。但是关于奖励金额与众包参与行为的关系理论界却存在两种不同的观点：一种观点认为，任务奖励提供的物资刺激有助于激励用户的参与水平和参与绩效；另一种观点认为，过高的任务奖励可能给用户带来任务难度较大的预期，有可能会阻碍用户的参与意愿。此外，还有观点认为，任务奖励可能对参与意愿和参与质量具有异质性影响。本书旨在通过一个严密的实证设计，检验任务奖励、任务期限与众包参与行为之间的关系。基本假设如下：众包奖励金额与任务提交数量呈倒"U"型关系；众包任务期限与任务提交数量呈倒"U"型关系。

随后，本章基于任务中国（目前国内最重要的众包网站之一）的实际数据对上述假设进行了实证检验。

单变量分析结果表明，奖励金额和任务期限均与任务提交数量呈正相关关系，这仅仅展现了自变量与因变量的一阶关系，并不能反映两者之间的二阶关系。在此基础上，利用 OLS 方法进行了回归分析，结果表明奖励金额和任务期限的一阶因子均与任务提交数量呈显著的正相关关系，表明随着金额的提高和任务期限的增加，众包任务可以吸引更多的参与者。但是，两个变量的二阶因子均与任务提交数量呈显著的负相关关系，这意味着在超过一定的阈值后，随着金额的提高和任务期限的增加，众包任务的提交数量反而会降低。综合来看，奖励金额和任务期限均与任务提交数量呈倒"U"型关系。

本章从任务特征与用户的参与行为之间的匹配视角，揭示了任务奖励金额和任务期限这两个最关键的众包任务变量与任务提交数量的非线性关系。这对于众包任务的发包方设计任务文本提供了重要的实践指导。

在任务特征（需方）与用户的参与行为（供方）之间的匹配视角下，任务特征密度和用户提交任务数量关系密切。大量研究考察任务自身的特征对众包活动参与情况的影响，但是忽视了环境因素的作用。基于此，以任务密度作为任务环境的代理变量，在控制任务奖励和任务期限等任务特征变量后，进一步考察相似任务的密度对众包活动参与情况的影响。其中，任务密度被定义为在特定时间周期内，相似任务的发布数量。数量越大，意味着该任务面临的竞争越激烈，众包参与者的方案也可能更加分散。同时，本章还进一步考察了任务奖励和任务期限可能存在的调节效应。相关研究假设如下：任务密度与众包方案的提交数量负相关；奖励金额正向调节任务密度与众包方案提交数量之间的关系；任务期限正向调节任务密度与众包方案提交数量之间的关系，如图 3 - 19 所示。

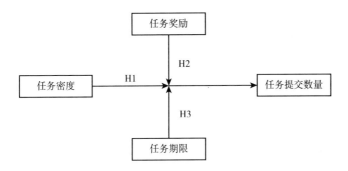

图 3 - 19 任务特征与众包参与理论模型

研究采用任务中国的实际数据对上述理论模型进行了实证检验。数据集合为 2015 年 2 月 1 日至 2018 年 1 月 1 日在任务中国上已完成的 3833 个设计任务。

多变量分析结果表明，任务密度与任务提交数量的关系并不显著，原因可能是任务密度与奖励金额、任务期限之间存在共线性问题。在消除共线性偏差后，随着任务密度的提高，任务提交数量呈显著下降趋势。同时，任务密度与任务期限的交互项系数显著为正，这意味着任务密度带来的负向影响，可以通过设置更长的任务期限加以抵消。但是，任务密度与奖励金额的交互项系数不显著，这意味着任务金额的提高并不能显著缓解任务密度增加带来的负向作用。

众包使得企业以较低的成本从用户群体中获取外部知识或技能用以完成创新任务（Bederson and Quinn, 2011；Estelles-Arolas and Gonzalez-Ladron-de-Guevara, 2012；Howe and Jeff, 2006）。企业不仅可以利用具有相关知识或技能的用户参与重复性的简单项目，而且可以利用具有专业性知识或技能的用户完成企业内部无法完成的复杂项目（Howe and Booksx, 2008；Kleemann et al., 2008）。已有研究多以大型企业为例解释众包这一社会现象，如戴尔、乐高、宝马、宝洁等。然而，众包其实也为中小型企业的创新项目提供了更具性价比的选择。中小型企业的内部资源有限，没有充足预算聘请广告代理、公共关系管理人员、品牌设计师或摄影师等专业人才。中小型企业通过众包平台可以以较低的酬金获得较高质量的创新任务解决方案，达成令人满意的成本收益率（Pnin and Burger-Helmchen，2017；Sloane，2011）。

从交易出现开始，供需精准识别就一直是企业管理、市场营销、公共服务供给等各领域的关注重点。随着科学技术的进步，供需精准识别有了更丰富的应用场景，例如众筹、众包、电子商务等已经将供需精准识别提上重要日程（Wexler and Mark，2011；Zhao and Zhu，2014）。在众包场景下，任务特征、用户个体特征、众包形式、用户行为、绩效之间的智能匹配问题体现了众智网络交易主体、交易客体以及交易过程的多元化，本章基于任务技术匹配理论研究了众包这一众智网络中的智能匹配问题，为众包平台的运营提供了实际借鉴。

第4章

智能交易的价格预测和动态定价方法研究

　　交易活动或交易行为是众智网络中各类智能体之间相互作用的一种体现。智能交易活动中的一个重要因素是价格，价格决定了交易行为发生的可能性和交易方的盈利水平。相较于传统交易，智能交易的主体更智能、客体更丰富、过程更复杂。这种复杂性使得交易价格具有更大的不确定性，也为精确预测交易价格、科学确定交易价格增加了难度。动态定价方法是根据交易涉及的各项因素动态确定交易标的价格的一种方法，这种方法能够更好地体现市场对商品的需求和交易方的利润诉求，有效的动态定价策略能够促进交易双方交易达成、降低交易成本。随着市场竞争的日益激烈和信息技术的快速发展，商业企业都建立了自己的数据库，收集数量庞大的各类数据与信息，实现细分客户群体、研判商品供需情况、监控竞品价格走向等功能，进而推动商品定价模型的转型、促进商品交易规模的增长。然而，能够针对市场变化情况进行有效动态定价的商家并不多，即使是一些采用了动态定价方法的商家，也因为顾虑价格动态调整的精准度和有效性，导致远远没有发挥动态定价的潜在优势。

　　智能交易动态定价是降低交易成本、提高交易效率、推动智能交易持续进化的关键，而一个有效的动态定价策略往往包括三方面的内容。第一，探究影响商品交易价格的因素，即明确哪些因素对商品交易价格的确定有影响，这些因素往往是确定定价策略和推动交易实现的基础。价格制定者必须深入了解交易价格受何种因素影响，以及不同因素的影响程度。第二，对商品未来交易价格进行预测，即预测商品未来交易价格、发现商品交易的价格走向趋势。价格制定者可以考虑商品交易价格的影响因素，基于智能交易主体和交易客体的具体特征属性，从多维度挖掘价格的有效预测特征，进而使用计算机技术和数据分析方法根据供需对商品未来销售价格进行预测。第三，确定商品交易价格，即根据商品特征形成动态定价机制，确定商品价格。价格制定者以多维特征的精准预测为基础，建立合适的动态定价机制，针对不同时段的不同商品进行定价。

本章针对智能交易中的商品动态定价开展研究，依次研究了交易价格的影响因素、商品交易价格预测方法以及动态定价方法，并分别选择在线医疗服务、股票交易服务以及商业车险定价作为场景，结合不同场景的特点开展相关内容的研究工作。首先，通过相关理论和文献分析，探究在线医疗服务平台医生问诊价格的影响因素，重点关注在线问诊服务渗透率对服务价格和质量的影响。其次，选择股票交易服务作为场景，找出与股价波动有关的预测特征，并采用深度学习模型进行股票价格预测。最后，选择车辆保险定价作为场景，研究近期在国内兴起的基于驾驶行为（usage-based insurance，UBI）的车险动态定价，在新的费率政策下，提出基于驾驶行为分类的 UBI 费率厘定模型，将数据挖掘的分类技术应用于驾驶行为的评估。

4.1　交易价格的影响因素研究

4.1.1　概述

交易价格能够在一定程度上反映商品的实际价值和供需关系，同时，合理有效的交易价格能够推动交易的完成和市场的繁荣。然而，交易市场往往存在着信息不对称现象，同一质量的商品在不同情境下可能会有截然不同的价格，这极大程度上影响了市场各方的利益分配。其中，市场管理者希望交易价格能够如实反映商品或服务的质量，通过设置合理的交易价格来增加市场的交易量；市场销售者往往希望在价格和销量方面实现平衡，从而制定最大化自身利益的商品价格；市场消费者则希望以合理的价格来满足自身需求，并拒绝支付不合理的价格。因此，为了组织的长期利益，市场销售者如何定价以及市场管理者如何影响销售者定价也就成为一个长期受到市场从业者和研究人员关注的研究问题。

为更好地制定交易价格，首先要了解交易价格的形成机制或影响因素。目前，已经有很多学者就交易价格的影响因素做了大量相关研究。从本质上看，商品的供给和需求情况是影响价格的直接因素，而供给量取决于市场销售者的供给能力和意愿，需求量取决于市场消费者的需求程度和购买能力。具体来说，商品价格会受到自身商品特征和竞争力、其他销售者的商品供给量、市场需求规模以及市场环境等多因素的影响，但在不同类型的交易市场中略有不同。在线服务交易市场是互联网时代的新兴市场，与传统的实体商品交易市场相比，在线服务交易市场具有商品质量难衡量、商品价格变动快、交易主体规模大、交易场景全线上的特点。由于在线服务交易市场的规模庞大和产品多样化，引起信息过载的问题，导致销售者不知如何定价、消费者认为价格不合理等现象的出现，但这方面的研究工作还处于早期阶段。因此，有必要进一步研究在线服务交易市场中的交易价格影响因素，为市场销售者的定价决策提供支持，提高交易效率。

本节以在线医疗服务交易市场为研究场景，采用好大夫在线和北京市国家卫健委网站的真实数据进行实证分析，探究在线医疗服务价格的影响因素，重点分析了市场渗透率这一因素对医疗服务提供者的服务价格和质量的影响。研究结果有助于剖析在线服务交易市场中不同服务提供者行为对服务价格的影响机制，了解服务提供者之间的互相影响关系，从而帮助服务提供者及时调整自己的定价决策，进而通过政策干预来合理调整市场各方的利益分配，推动交易市场健康发展。

4.1.2　研究假设

市场渗透率指的是在被调查的对象中一个产品或服务被使用的比例。市场渗透率在一定程度上代表了产品的受欢迎程度，而最优市场渗透率则体现了供方和需方等多方主体利益的最大化。曹祎和罗霞（2016）构建了包含司机和乘客的出租车社会福利函数，并求出了手机召车软件的最优市场渗透率在 0.401~0.455。在线医疗平台中，医生与患者的关系类似于司机与乘客，但医疗服务的专业性更强、类别更多，同时，医生的服务过程较为独立，除团队、科室成员外很少与其他人交流。本书将市场渗透率定义为同一医院、同一科室内开通在线咨询服务的医生数与科室总人数的比值，代表了在线医疗服务在医院或科室的普及情况。

在线医疗网站中，患者一般会通过依次选择地区、医院、科室来确定最终要咨询的医生，患者的每一步选择都与自身情况和查询对象的声誉有关，越知名的医院和科室会吸引越多的病患。同时，每个科室一般会因其名声和规模的不同而有不同的潜在患者，但数量一般较为稳定。这些潜在患者是可以被开通问诊服务的科室医生分享的。根据供需理论，当需求固定时，供给量越大，价格越低。因此，本章提出假设：

H4-1 医生所在科室的在线医疗渗透率对医生在线问诊的服务价格有负向影响

医院一般分为综合医院和专科医院两种。综合医院覆盖面更全、疾病种类更广，医生数量和涉及的学科也更多。综合医院往往能接收更多的病人，而专科医院是专门针对某类或某种疾病设立，医生的专业性更强，医生之间的专业知识重合度也较高，即可替代性也越强。因此，本章提出假设：

H4-2 在线医疗渗透率对综合医院医生在线问诊价格的影响比对专科医院医生的影响要小

在线问诊对于医生来说是一门新技术，想要掌握需要一段学习的过程，除了获取自身经验外，也可以间接获得同伴的经验来提高自己的在线问诊水平。除同伴合作外，同伴带来的竞争也会促使医生提高自己的业务水平。因此，本章提出假设：

H4-3 医生所在科室的在线医疗渗透率对在线问诊的服务质量有正向影响

医生之间存在着合作竞争关系，当业务重合度较低时，竞争程度较低而合作意愿较高；反之，合作意愿越低。相比专科医院，综合医院医生有更高的合作意愿，能更有效地提升自己的问诊水平。此外，专科医院中因同伴竞争带来的压力更大，也能促使医生提升问诊质量。但比较而言，合作要比自己提高努力程度带来的效益更大。因此，本章提出假设：

H4 – 4　在线医疗渗透率对综合医院在线问诊服务质量的影响比对专科医院医生的影响要小

4.1.3　数据收集和变量构造

本章的研究数据分别来自好大夫在线网站与北京市卫健委。截至 2018 年，好大夫在线是中国最大的互联网医疗公司，已收录 8833 家医院的 544711 位医生，可提供在线咨询（包括图文问诊与电话咨询）等服务。北京市卫健委网站提供免费公开的医疗机构查询系统，可获得指定医院的等级、类别、级别、经营性质等信息。本章获取了好大夫在线网站中北京市中心城区（海淀区、朝阳区、东城区、西城区、丰台区）所有医院的医生职称、科室人数、电话咨询价格和评分等信息，同时根据北京市卫健委网站上的医院数据得到医生所在医院的相关信息，在清除缺失值后，最终获得 3796 条医生层面的数据。

本章研究的因变量是在线问诊价格和质量。因为电话咨询比图文问诊更能体现医生的专业素质，所以选择医生的电话咨询价格作为因变量。患者对医生的感知质量受很多因素影响，比如专业水平、服务态度等，现有研究结果认为，线上评分可以代表医生的服务质量。因此，本章使用医生评分来代表在线问诊服务质量。本章的自变量是渗透率，其计算方式如下：

$$penetration = consult/count \qquad (4-1)$$

其中：penetration 表示渗透率，consult 表示科室开通咨询服务的人数，count 表示科室总人数。

本章的控制变量有个人水平的职称 title（虚拟变量，共 4 类）、科室水平的人数 count、医院水平的经营性质 business（等于 1 时为公办，否则为非公办）、等级 grade（虚拟变量，共 3 类，表示医院等级）、等次 rank（等于 1 时为甲级，否则为非甲级）。

各变量的描述性统计结果见表 4 – 1。

表 4 – 1 研究数据描述性统计

	变量		均值	标准差	最小值	最大值
因变量	问诊价格	price	129.50	112.18	9	1500
	问诊质量	quality	3.98	0.34	3	5
自变量	渗透率	penetration	0.4478	0.2209	0.03	1
	综合医院	category	0.8022	0.3984	0	1
控制变量	个人水平					
	主任医师	title	0.3393	0.4735	0	1
	副主任医师		0.3369	0.4727	0	1
	主治医师		0.2463	0.4309	0	1
	科室水平					
	科室人数	count	30.85	34.29	1	281
	医院水平					
	公办	business	0.9518	0.2142	0	1
	甲级	rank	0.8709	0.3353	0	1
	三级	grade	0.9239	0.2654	0	1
	二级		0.0722	0.2588	0	1
样本数			3796			

医生职称 title 是有 4 个取值的分类变量,将其用 3 个二值变量来表示,分别为主任医师 title_1(等于 1 时为主任医师)、副主任医师 title_2(等于 1 时为副主任医师)、主治医师 title_3(等于 1 时为主治医师),三个变量都为 0 时为住院医师。

医院等级 grade 是有 3 个取值的分类变量,将其用 2 个二值变量来表示,分别为三级 grade_3(等于 1 时为三级)、二级 grade_2(等于 1 时为二级),两个变量都为 0 时为一级。

4.1.4 交易价格影响因素的分析模型

本章着重分析在线医疗渗透率对服务价格和质量的影响,而价格和评分信息都为连续型数据,故采用线性回归模型进行分析。同时,因为医生的问诊价格和质量受多方面因素的影响,故增加控制变量来提高结果的准确性。

此外，在线服务问诊价格的分布形式呈指数型分布，故须进行对数处理，用 $logprice_i$ 表示。

已有研究表明，医院、个人水平、在线评价和科室情况都会影响医疗价格。本章以科室人数代表医生所处科室的专业水平。在控制科室整体水平的基础上，使用下述的线性回归模型来研究科室在线医疗渗透率对问诊价格的影响。

$$
\begin{aligned}
logprice_i &= \alpha_0 + \beta_1 penetration_i + \beta_2 category_i + \beta_3 rank\_1_i + \beta_4 count_i \\
&+ \beta_5 score_i + \beta_6 grade\_2_i + \beta_7 grade\_3_i + \beta_8 title\_1_i \\
&+ \beta_9 title\_2_i + \beta_{10} title\_3_i + \varepsilon_i
\end{aligned} \tag{4-2}
$$

相比综合医院，专科医院医生因其专业知识趋同、替代品多，故需求价格弹性较大。在模型（4-2）的基础上加上渗透率与医院类别的交互项，以研究不同类别医院的差异。

$$
\begin{aligned}
logprice_i &= \alpha_0 + \beta_1 penetration_i + \beta_2 category_i + \beta_3 category_i \times penetration_i \\
&+ \beta_4 rank\_1_i + \beta_5 count_i + \beta_6 score_i + \beta_7 grade\_2_i + \beta_8 grade\_3_i \\
&+ \beta_9 title\_1_i + \beta_{10} title\_2_i + \beta_{11} title\_3_i + \varepsilon_i
\end{aligned} \tag{4-3}
$$

在控制医院、科室和个人水平的基础上，使用模型（4-4）研究科室在线医疗渗透率对问诊质量的影响：

$$
\begin{aligned}
quality_i &= \alpha_0 + \beta_1 penetration_i + \beta_2 category_i + \beta_3 rank\_1_i + \beta_4 count_i \\
&+ \beta_5 grade\_2_i + \beta_6 grade\_3_i + \beta_7 title\_1_i + \beta_8 title\_2_i \\
&+ \beta_9 title\_3_i + \varepsilon_i
\end{aligned} \tag{4-4}
$$

相比专科医院，综合医院医生专业知识的互补性更强，能从同伴身上获取更多经验，而且竞争氛围也会有所不同。在上述模型的基础上加上渗透率与医院类别的交互项，以研究不同类别医院的差异。

$$
\begin{aligned}
quality_i &= \alpha_0 + \beta_1 penetration_i + \beta_2 category_i + \beta_3 category_i \times penetration_i \\
&+ \beta_4 rank\_1_i + \beta_5 count_i + \beta_6 grade\_2_i + \beta_7 grade\_3_i \\
&+ \beta_8 title\_1_i + \beta_9 title\_2_i + \beta_{10} title\_3_i + \varepsilon_i
\end{aligned} \tag{4-5}
$$

4.1.5　实证分析结果及检验

使用 R 语言 stats 程序包内的 lm 函数进行线性回归分析，结果见表 4-2。

表 4-2　　　　　渗透率对服务价格和质量的影响回归分析结果

变量	(1) log（问诊价格） Coef. （Std. Err.）	(2) log（问诊价格） Coef. （Std. Err.）	(3) 问诊质量 Coef. （Std. Err.）	(4) 问诊质量 Coef. （Std. Err.）
渗透率	-0.3305 *** （0.0495）	-0.5276 *** （0.1004）	0.1758 *** （0.0237）	0.1688 *** （0.0484）
渗透率和医院 类别交互项		0.2556 ** （0.1134）		0.0091 （0.0547）
医院类别	-0.1285 *** （0.0276）	-0.2428 *** （0.0577）	-0.0877 *** （0.0132）	-0.0918 *** （0.0278）
截距	1.4791 *** （0.1507）	1.5676 *** （0.1559）	3.8373 *** （0.0374）	3.8405 *** （0.0418）
等次	0.2133 *** （0.0444）	0.2126 *** （0.0443）	0.1938 *** （0.0212）	0.1937 *** （0.0212）
科室总人数	0.0027 *** （0.0003）	0.0027 *** （0.0003）	0.0004 ** （0.0001）	0.0004 ** （0.0002）
医生评分	0.7428 *** （0.0337）	0.7426 *** （0.0337）		
二级	-0.2702 *** （0.0536）	-0.2714 *** （0.0536）	-0.0786 *** （0.0258）	-0.0786 *** （0.0258）
三级	0.0974 （0.1770）	0.0973 （0.1771）	-0.1066 （0.0854）	-0.1059 （0.0855）
主任医师	-0.4932 *** （0.0432）	-0.4907 *** （0.0432）	-0.246 *** （0.0205）	-0.246 *** （0.0205）
副主任医师	-0.2786 *** （0.0284）	-0.2788 *** （0.0284）	-0.1211 *** （0.0136）	-0.1211 *** （0.0136）
主治医师	0.3652 *** （0.026）	0.364 *** （0.026）	0.0883 *** （0.0124）	0.0883 *** （0.0125）
R^2	0.3636	0.3644	0.1482	0.1482
观测数	3796	3796	3796	3796

注：括号中为稳健标准误，** 、 *** 分别表示显著性水平为 5% 、1% 。

根据表 4 - 2 的模型（1）可知，渗透率的系数项显著，符号为负，H4 - 1 成立。这说明同科室开通问诊服务的医生增多会引起同科室人均咨询量下降，为获得更多收益不得不降低价格，从而降低患者的医疗成本。

根据表 4 - 2 的模型（2）可知，渗透率与医院类别交互项显著，符号为正，H4 - 2 成立。这说明综合医院的医生相比专科医院的专业知识面宽泛，受渗透率的影响小。

根据表 4 - 2 的模型（3）可知，渗透率项显著，符号为正，H4 - 3 成立。这说明同科室开通问诊服务的医生增多会提高互相学习的效率，竞争氛围的增强也会促使医生更加努力提升在线问诊质量。

根据表 4 - 2 的模型（4）可知，渗透率与医院类别交互项不显著，符号为正，H4 - 4 未被支持。这说明没有足够的信息证明渗透率提升时，医生互相学习大于自身提高努力程度带来的质量提升。

本章研究了在线医疗渗透率对服务质量和价格的影响，发现了渗透率对问诊价格的显著负向影响作用和对问诊质量的显著正向影响作用，并结合医院类别做了分析，发现相同情况下渗透率对专科医院的价格影响更大。因此，医生之间的竞争合作行为在医疗网站健康发展中扮演着一个重要的角色，网站管理方可以通过调整渗透率来降低患者的医疗成本、提高医生的问诊质量和技术接纳效率，以达到网站、患者和医生的总体福利最大化。为了降低新医生引入成本，相比专科医院，网站可以投入更多资源在综合医院，因为综合医院的医生合作效率高，彼此竞争性小，可大量引进综合医院的医生参与在线问诊活动。本章研究的结论也可以拓展到其他在线服务交易市场，并结合具体场景开展进一步深入分析。

本章以在线医疗服务交易市场为背景，从商品或服务提供者角度研究了商品或服务价格的影响因素，发现了市场渗透率对在线服务价格的影响规律，探究了市场渗透率对不同组织的不同影响作用。探讨智能服务交易中的服务定价影响因素，为了解在线服务交易市场中的价格规律提供了新的启示，有助于服务提供方、服务接收方和交易平台管理方综合分析智能服务交易的影响因素，为顺利实现智能化服务交易提供了理论基础和实践支撑。

4.2　交易价格预测方法研究

4.2.1　概述

价格预测是指对价格变化趋势做预见性测算和判断。价格预测通常采用技术手段分析过去和现在已知的价格状况，利用一定的方法和技巧模拟未知的中间过程，进而推断出未来的价格。常见的价格预测期限有长期价格预测（5 年以上）、中期价格预测（1～5 年）和短期价格预测（1 年以下）。常见的价格预测类型包括宏观价格预测和微观价格预测，前者指对理论价格体系、全社会物价总水平及各大类商品价格水平的预测；后者指单项或单个商品价格、供求关系变化趋势的预测等。价格预测的基本步骤为确定预测目标、收集预测资料、选择预测模型和基于预测结果形成判断与结论。

价格预测的主要目的是为价格决策提供依据，为制定定价策略提供参考。例如对某种或某类商品价格变动、对全社会商品价格总水平变动、对各类商品内部及其之间比价关系变动等进行预测，其目标都是更好地管理和制定价格。通过预测，可以了解未来时期市场上某种以至全部商品价格的变动及其幅度，掌握商品价格变动的趋向及其将会产生的影响，因而在社会经济管理中具有越来越重要的作用。

本章以股票交易作为研究场景，对股票的未来价格进行预测。股票已经在全球范围内成为众多投资者青睐的理财产品。人们在进行投资前都会评估股票未来的发展和价值，准确预测股价能够帮助投资者作出更合理的投资决策，因此股票价格预测长久以来都是股票研究的一个热点话题。同时，有效的预测模型可以为企业、金融机构和个体投资者提供决策支持，具有较强的实际意义。本章主要关注了基于深度学习的价格预测模型，提出一种新的金融文本处理方法，同时从多角度考虑提升模型预测准确率，构建较为完整的股票价格预测模型。

4.2.2 方法框架

经济全球化促进了金融市场的发展，股票市场也变得更加成熟且复杂，并受到越来越多因素的影响。金融社交媒体的快速发展极大地增加了投资者获取信息的渠道，也促进了投资者之间的交流，受到人们的广泛喜爱。众多学者的研究也证实了股民情感是影响股票价格波动十分重要的因素之一。随着海量的交流贴以及新闻文本的累积，如何有效利用这些信息从而提高股票价格预测准确率成为一个值得关注的研究问题。目前，国内外已进行了一些相关的研究，例如从推特或微博等媒体提取股民情感，但这些文献通常使用基于词频或词典的方式给不同情感指标打分，很少有人尝试利用深度学习的文本挖掘方法提取股票的文本特征。另外，不同类型的股票具有的关键词可能有比较大的差异，而且帖子中会出现大量的专业性金融词汇，想构建一个质量较高的专业领域词典并不容易。这些问题给有效利用社交媒体信息带来了很大难度。

为了更好地挖掘社交媒体中的有效信息，本章提出一种基于深度学习的金融文本挖掘方法，进而建立融合文本特征和非文本特征的股票价格预测方法。首先，使用 Doc2Vec 模型对每一条帖子或新闻进行建模，得到其段落向量表达。其次，借助堆叠式自动编码器（stacked auto-encoder，SAE）模型训练该向量，逐层降低向量维度，进而得到最终输入预测模型的文本特征向量。最后，使用小波变换处理时间序列数据中的噪声问题，进而结合文本特征和非文本特征，采用长短期记忆神经网络（long short-term memory，LSTM）模型实现对未来股价的预测。图4-1是具体的模型结构图，可以分为以下几个主要步骤：

（1）模型特征选择：构建用于股票价格预测的特征集合，包括文本特征和金融技术指标特征。其中，文本特征来源于在线社交媒体中的投资者交流数据，针对投资者交流数据进行文本处理得到相关预测特征。同时，通过参考以往股价预测文献，收集股票交易数据，并计算金融技术指标，组成非文本特征（即金融技术指标特征）。

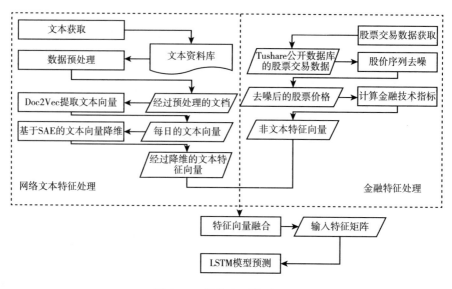

图 4 – 1　股价预测模型流程

（2）长文本向量提取：使用 Doc2Vec 模型训练经过数据清洗的文档，获得每个文档的向量表示，并且将同一天内的多个向量的每个维度取均值，作为当日的文本特征。

（3）文本特征降维：利用 SAE 模型训练上一步形成的文本特征向量，将其压缩为低维向量，作为预测输入特征的一部分。

（4）时间序列降噪：通过小波变换分解时间序列数据中的随时间变化和随频率变化的趋势，保留原始数据的重要信息，并剔除数据中噪声。

（5）模型预测：选取 LSTM 模型的时间窗口，对数据集进行划分，实现对未来股票价格的预测。

4.2.3　特征选择

股票价格预测模型有两类输入特征，分别是文本特征和非文本特征。非文本特征主要包括股票的交易数据和金融技术指标；文本特征是从金融社交媒体中提取出包含有效信息的文本特征向量，原始文档包括网站官方发表的新闻以及投资者在网站中的评论。

本章从 Tushare 公开数据库中获取股票的每日交易数据，并基于此计算相关金融技术指标，共选择 21 个非文本特征指标。每日交易数据是对股票日常交易情况的描述，能够反映股票价格的基本信息，包括开盘/收盘价、最低/最高价、交易额、涨跌额以及涨跌幅等，是股市直接提供的每日第一手交易信息，这部分特征能够最直接地反映出股票的历史交易情况。金融技术指标是指经济学家根据股票交易数据计算的指标，包括商品渠道指数（CCI）、均幅指标（ATR）、随机动量指数（SMI）等，这些指标往往能够反映出股票变动的一些规律性特征。具体指标如表 4 - 3 所示。

表 4 - 3　　　　　　　　　　　　非文本特征介绍

	特征	描述
每日交易数据	Open/Close Price	开盘/收盘价
	High/Low Price	最高/最低价
	Volume	每日交易量
	Price_change	涨跌额
	P_change	涨跌幅
金融技术指标	MACD（异同移动平均线）	由快、慢均线的离散、聚合表征当前的多空状态和股价可能的发展变化趋势
	CCI（商品渠道指数）	考虑价格与固定期间的股价平均区间的偏离程度，关注股价平均绝对偏差在股市技术分析中的重要性
	ATR（均幅指标）	通过一定时间周期内的股价波动幅度的移动平均值，用于研判买卖时机
	BOLL（布林线）	通过股价所处于布林通道内的位置来评估股票走势的强弱
	EMA20	20 日指数移动平均值
	MA5/MA10	5/10 日移动平均值
	V_MA5/V_MA10	5/10 日交易量平均值
	MTM6/MTM12	6/12 月动量指标：考察股价的涨跌速度，以股价涨跌速度的变化分析股价趋势的指标
	ROC（价格变化率）	当天的股价与一定的天数之前的某一天股价比较，其变动速度的大小，反映股票市场变动的快慢程度
	SMI（随机动量指数）	获取当前收盘价相对于近期高点到低点区间的中点位置
	WVAD（威廉变异离散量）	用于测量从开盘价至收盘价期间，买卖双方各自爆发力的程度

文本特征向量是通过 Doc2Vec 模型从金融社交媒体中提取出来的，向量中包含公司决策、投资者情感等重要影响股票波动的信息。但是，Doc2Vec 模型训练得到的原始特征向量维数较高，而非文本特征维数较低。两类特征的维数不平衡会影响预测模型的效果，因此需要对文本特征向量进行降维，使两类特征具有相同的维数。

4.2.4　文本特征抽取

文本分词是指将段落或句子中的每个词语切分开，英文中单词之间是以空格作为自然分割符的，所以分词工作比较简单。在中文里，分词需要将汉字序列准确地划分成一个个独立的字或词语，是将连续的语言序列按照相应的规则重新组合成词序列的过程。目前的中文分词方法大致可以分为五大类：基于词典的方法、基于统计的方法、基于规则的方法、基于词标注的方法以及基于人工智能技术的方法。常用的中文分词工具包括哈工大 LTP 语言云平台、中科院 ICTCLAS 系统、THULAC 以及 Jieba 分词等。Jieba 分词是目前国内最流行的分词工具，支持精确模式、全模式以及搜索引擎三种分词模式，用户也可以根据自身需要添加有关领域的自定义词典，通过捕捉专业词汇提升分词的精确度。

本章收集了股民发表的评论贴以及网站官方发布的新闻资讯。这些文本中存在大量的金融专业词汇，我们从搜狗输入法中搜集了金融领域的相关专业词典，作为用户的自定义词典，并借助 Python 中的开源 Jieba 分词库实现分词任务。

网络文本存在着长度参差不齐、文本内容零散等问题，无法满足传统文本挖掘技术的数据需要。因此，需要采取适当的技术对文本特征进行有效提取。深度学习中的 Doc2Vec 模型是在 Word2Vec 模型基础上增加了段落向量得到的，段落向量作为训练副产物，通过保留段落的语义特征达到比传统文本特征提取方法更好的性能。本章通过 Doc2Vec 模型对社交媒体文本数据进行特征抽取形成文本特征向量，使用文本特征向量获取股民对股票的情感倾向和公司决策对股价波动带来的影响，并基于此来预测股票的价格波动。我们从金融社交媒体中收集了两类文本，分别是股民每日的评论信息，以及社交媒体平台和企业官方账号发布的公司信息，然后进行社交媒体文本特征抽取。Doc2Vec 模型分为 DM 和 DBOW 模型,研究发现将 DM 和 DBOW 模型结合使用会取得较好结果。本章选择 DM 和 DBOW 中表现最好的一组模型,将它们生成的文本向量进行拼接,作为下一步处理的输入特征。

本章借助 Python 开源库 Gensim 提供的 Doc2Vec 接口,以单个帖子为一个文档,训练文本特征向量。由于非文本特征是按日为时间间隔收集的,但社交媒体每日会发多条帖子,所以将同一日期的多条帖子分为一组,将组内帖子对应的文本特征向量的每个维度的数值取均值,作为当天的文本特征向量。另外,由于股票市场存在非交易日,例如周末与法定假期股市不开盘,但这些日期在金融社交媒体上是存在评论的,因此,将非交易日的文本并入上一个交易日,例如将周末的文本算在周五中。利用 Doc2Vec 模型可以得到以每日为单位的高维文本特征,接下来需要对其进行降维,达到和非文本特征相同的维度。

Doc2Vec 模型要求产生较大的文本特征维度,从而更好地表述原始文档中的信息。一般来说,Doc2Vec 方法通常会得到几百维,甚至上千维的特征向量。但本章选取的非文本特征只有几十维,两类特征的维度失衡会带来两个严重问题:第一,削弱非文本特征在预测模型中的重要性,而非文本特征在股价预测中通常是最重要的一类特征,其他新加入的特征往往是在其基础上提供额外的信息;第二,如果直接将两类特征拼接成输入特征矩阵,则矩阵维度过大,影响模型的训练速度。因此,引入堆叠自编码器(SAE)来压缩文本特征向量的维度,使文本特征在达到与非文本特征相同维度的同时,尽可能多地保留原有向量中的有效信息。

由于 Doc2Vec 模型训练得到文本的维数较高,如果隐藏层节点较多时,样本特征学习的能力会受到较大的影响。因此,借鉴斯坦福大学安德鲁(Andrew)教授提出的降噪方式,我们在损失函数中加入 KL 惩罚项,使 Sigmoid 函数输出接近 0 的特征被抑制。此时损失函数可以改进为:

$$J = \frac{1}{2} \sum_{i=1}^{m} \| x_i - y_i \| + J_{wd} + J_{sp} \qquad (4-6)$$

本章的目标是通过训练使 J 达到最小。x_i 和 y_i 是第 i 个样本对应的向量,m 是样本总数,表示训练集中的交易天数。J_{sp} 是稀疏惩罚项,可以被表示为:

$$J_{sp} = \beta \sum_{j=1}^{m} KL(\rho \| \hat{\rho}_j) \qquad (4-7)$$

$$KL(\rho \parallel \hat{\rho}_j) = \rho \log \frac{\rho}{\hat{\rho}_j} + (1-\rho)\log \frac{1-\rho}{1-\hat{\rho}_j} \qquad (4-8)$$

$$\hat{\rho}_j = \frac{1}{m}\sum_{i=1}^{k} h_j(x_i) \qquad (4-9)$$

其中：β 是稀疏惩罚项的系数，$KL(\cdot)$ 代表 Kullback-Leibler 离散度，$\hat{\rho}_j$ 代表所有训练样本在隐藏层神经元 j 上的平均激活值，ρ 是超参数，通常取接近 0 的值，$h_j(x_i)$ 是第 j 隐藏层上 i 个神经元的值。

梯度下降算法是堆叠自编码器中最常见最有效的优化算法，故本章选择该算法来更新模型中的参数。

使用 SAE 对 Doc2Vec 生成的文本特征向量进行降维，得到了与非文本特征维度相同的文本向量。SAE 由多个逐层堆叠的自编码器组成，每一层都以上一层的表达为基础，通过逐层学习的方法获得原始数据的深层表达，更适合于复杂的降维任务。本章构建了一个拥有三个自编码器堆叠的 4 层 SAE。具体结构为 $\{x, m_1, m_2, k\}$，其中，x 是输入的原始文本向量，m_1 是第一个自编码器的隐藏层向量，m_2 为第二个自编码器的隐藏层向量，k 是第三个自编码器隐藏层向量，即我们最终通过降维得到的文本特征向量。利用 SAE 可使原高维向量中的信息损失最小化，其中维度大小关系为 $k < m_2 < m_1 < x$。我们使用的 SAE 的具体结构如图 4-2 所示。

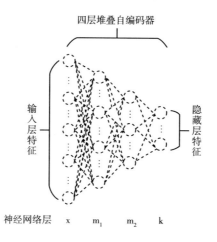

四层堆叠自编码器

输入层特征　　　　　　　　　　隐藏层特征

神经网络层　　x　　m_1　　m_2　　k

图 4-2　堆叠自编码器结构

注：圆圈表示神经元，虚线表示不同神经元之间的连接。

4.2.5 价格预测

由于股票市场波动的复杂性，股票价格数据往往充满随机性噪声，会使得价格波动幅度较大，从而引起基于深度学习算法的学习拟合曲线过于陡峭，出现过拟合问题。本章希望在保留数据趋势的同时，消除一些随机性较强的噪声。一般时间序列数据的去噪方式是通过函数变换，消除原始数据中的很多细微波动，在不改变整体波动趋势的前提下，使原始数据的波动曲线图变得较为平滑。

小波变换是一种常用的去噪方法，能够较好地处理非平稳时间序列，更好地保存价格数据在时间维度的特征，在预测股票和汇率等多种金融场景有着良好的效果。因此，本章选择 Haar 小波变换作为股票价格去噪的方法。该方法不仅能够根据时间和频率对数据进行分解，而且可以大大减少处理时间，时间复杂度为 O(n)。

小波变换通过对原始数据进行变换后产生一些小波信号，这些小波信号会包含原始数据的重要信息和噪声。其中，重要信息的信号系数较大，噪声的信号系数较小。算法会自动选择一个合适的阈值，大于阈值的小波信号被认为含有重要信息，应予以保留；小于阈值的信号被认为是噪声，应予以去除。通过这种方法，可以获得去噪声后的股票价格序列，帮助模型提高预测准确率。

长短期记忆神经网络（LSTM）是递归神经网络（RNN）的改进模型，它们都加入了时间维，可以很好地进行时间序列预测。与 RNN 相比，LSTM 加入了三种不同的门限以解决深层 RNN 模型的梯度消失问题，在时间序列建模中得到了广泛的应用。综合考虑机器性能、数据量等因素并通过相关实验后，本章选择具有 2 个隐藏层的 LSTM 作为最终的预测模型。

具体的预测模型框架如图 4-3 所示，第一层为输入层，本章选取金融数据库中的股票交易数据以及计算交易技术指标作为非文本特征，并结合 Doc2Vec 模型提取并降维后的社交媒体文本特征，作为模型的输入矩阵。在隐藏层中，由于按天收集到的股票交易样本数相对较少，添加过多的隐藏层会增加模型复杂度并且可能产生过拟合的问题，因此，经过实验后选择加入两层隐藏层。最终通过迭代不断优化损失函数，生成对数据拟合后的预测数值。

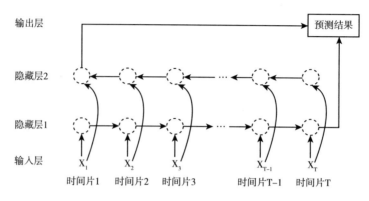

图 4 – 3　LSTM 模型结构

　　LSTM 输入数据是一个三维数组，分别代表时间维、样本维以及特征维，时间维通过滑动时间窗口表示，样本维代表训练以及测试的样本量，特征维代表输入预测变量的数量。LSTM 模型需要人工设置训练的时间窗口，根据不同的实际场景，需要选择合适的窗口大小。在股价预测场景中，时间窗口不宜过大，同时窗口太小会难以捕捉股价波动趋势，无法有效预测未来股价。因此，本章选择 7 天作为一个时间窗口，预测第 8 天的收盘价格。在输入特征中，一半是非文本特征，另一半是文本特征。具体的预测如图 4 – 4 所示。其中，x_1，x_2，$\cdots$，x_n 为输入样本，x_1 为第一天的数据，步长为 7，则 $x_1 - x_7$ 为第一组样本用以预测第 8 天的股票价格，$x_2 - x_8$ 为第二组样本用以预测第 9 天的股票价格，依此类推，直到将第 n 天的样本进行预测。

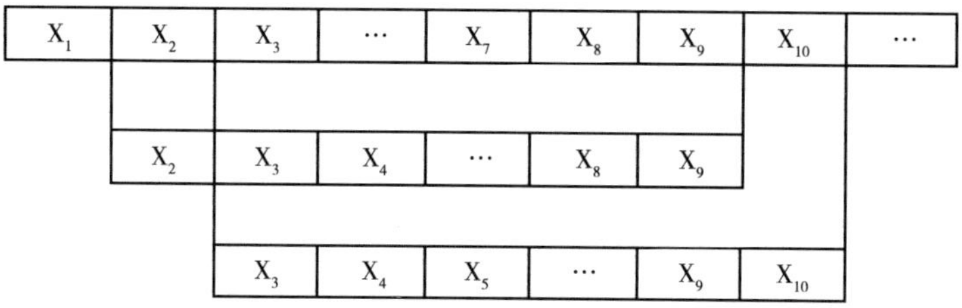

X_1	X_2	X_3	$\cdots$	X_7	X_8	X_9	X_{10}	$\cdots$
	X_2	X_3	X_4	$\cdots$	X_8	X_9		
		X_3	X_4	X_5	$\cdots$	X_9	X_{10}	

图 4 – 4　LSTM 时间序列预测方式

　　针对时间序列数据的预测和评估过程，参考钱等（Chan，2016）采用的分段预测方法。这种方法包括三个部分：第一部分是训练部分，用于训练模型和更新模型参数；第二部分是验证部分，使用它来调整参数并得到一个最佳的模型参数设置；第三部分是测试部分，使用调参后的最优模型来预测数据。本章收集了约 10 年的股票交易数据，参考非时间序列任务的十折交叉验证法，共选择十段数据进行预测。本章从 2015 年 1 月开始，每 5 个月都使用过去 5 年的数据来训练模型，然后利用接下来的 5 个月作为验证集，最后再选取 5 个月用于模型测试。数据集划分过程见图 4 - 5。

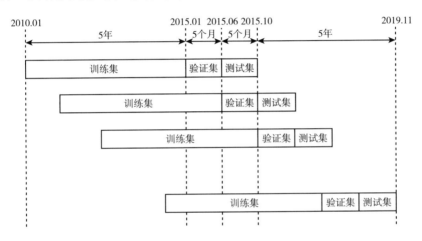

图 4 - 5　数据集划分与使用

　　数据经过上述方法处理后，本节选择 LSTM 模型结合实际场景对文本特征提取方法进行参数调优，从而获得最优的模型生成文本向量，并利用 LSTM 模型作为最终的预测模型。

4.3　交易价格预测方法性能评估

4.3.1　概述

　　上一节提出了融合文本特征和金融指标特征的股票价格预测方法，本节针对上一节的方法进行实验分析，验证提出的价格预测方法的准确性和精度。

本节首先介绍实验过程中的数据获取和评价指标，说明数据获得后的主要预处理环节，阐述实验过程中使用的评价指标计算方法。接着对预测模型中各个模型参数的选择进行详细的介绍，说明模型参数的选择寻优过程。然后通过几个实验来验证本书方法的有效性，主要包括验证文本挖掘模型的有效性、验证集成文本特征和非文本特征的预测模型的准确性以及验证预测模型的投资收益效果三个部分。其中，第一部分分别使用 Doc2Vec 模型与 Tf – idf、SAE 模型与 PCA 算法进行预测性能比较；第二部分对比加入文本特征以及非文本特征和只加入非文本特征对 LSTM 模型预测性能的影响，验证文本特征的预测价值；第三部分通过 Buy-and-sell 以及 Buy-and-hold 策略对本书模型的基础收益能力进行检验，并与其他模型进行对比。

4.3.2　数据获取和评价指标

本章选取"东方财富网"作为数据来源收集社交媒体文本数据。东方财富网是中国访问量大、影响力大的财经证券门户网站之一，并且其针对各只股票的贴吧十分成熟，有大量专业的人士在网站上交流分享股票的相关信息，其金融相关的交流文本质量较高。本章选取医疗医药板块的股票作为研究对象，通过编写 Python 爬虫抓取了 2010 年 1 月至 2019 年 11 月期间，来自东方财富网 2018 年公开数据中前 15 家上市医疗医药企业的股民评论文本和企业官方账号发布的公司信息，共获得了 530813 条记录。其中，选择了"美年健康"作为预测的目标股票，原因如下："美年健康"在所有上市医疗企业中利润总额排名第 2，贴吧十分活跃；"美年健康"于 2005 年上市，可以收集到 2010 年之后的所有发帖信息。

同时，本章选择从 Tushare 公开数据库中获取股票的每日交易数据，Tushare 数据库是一个免费、开源的 Python 财经数据接口包，可以方便地实现股票等金融数据的数据采集、清洗加工和数据存储，且便于 Python 进行数据分析和可视化工作。基于股票交易数据可以计算相关金融技术指标征，最终共选择 21 个非文本特征指标。对股票交易数据的描述性统计结果如表 4 – 4 所示。

表4-4   股票交易数据描述性统计

指标	最大值	最小值	平均值	标准差
最高价	22.57	1.43	7.26	5.56
最低价	20.79	1.38	7.01	5.33
开盘价	21.17	1.42	7.13	5.43
收盘价	21.17	1.43	7.14	5.45
交易量	205096012	0	13878008.9	16023563.7
调整后的收盘价	21.01	1.14	6.95	5.55

　　由于网络文本的规范性较差，网络用语较多，存在长度过短、内容质量差等问题，需要将这部分不合格的文本剔除，避免影响模型的训练效果。部分不规范的文本内容如表4-5所示。

表4-5   不规范文本示例

不规范类型	示例
无效输入	!!!!!!!!!
内容过短	我同意
连续重复表达	很好很好很好很好

　　基于上述问题，我们针对文本的筛选主要包括删除过短的文本，删除完全相同的评论以及机械压缩去词（去掉连续重复的表达）。具体的处理流程如下：

　　（1）文本去重。由于网络评论容易复制他人的观点进行追评，所以首先删除了出现两次及两次以上完全相同的句子或段落。

　　（2）机械压缩去词。在文本中存在连续重复的内容，例如"很好很好很好很好"等，此外还有些网民会重复写同一个词，例如"今天这事出来之后，肯定会跌跌跌跌跌"。同时，删除了连续出现的标点符号，即两个或两个以上标点符号连续出现，在此操作后，类似于"!!!!!!!!!"这类内容以及网络流行的文字将被处理。上述情况，需要对文本进行压缩去词，去掉连续重复的表达，提升后续模型训练的效果。

　　（3）短句删除。经过前两步处理后，删除不满足长度要求的内容。文字越少的段落所能表达的语义就越少，过短的文本大多没有实际意义。本章要求文本的长度阈值大于 40，即删除了文本长度低于 40（20 个汉字）的文档。

完成上述的预处理步骤后，共获得 342118 条有效发帖。表 4 - 6 是对剩余文本的描述性统计信息。

表 4 - 6 经预处理的文本统计

指标	数值
文档数量	342118
平均长度	303.59
最大长度	2442
最小长度	21
长度标准差	782

股票交易数据是从专业的金融库中收集的，数据相对比较规范，但金融技术指标较多，计算也比较复杂，部分指标在计算过程中会出现个别空值。这种情况在 LSTM 模型训练时会影响参数学习、拟合过程，甚至会出现损失函数输出为 Null 的情况，导致训练失败。因此，需要对非文本特征中的异常数据进行处理。

常用的异常值处理方法有直接删除、估计、模型预测等。其中，直接删除法是对异常值处理最简单的方法，通常存在异常值的样本较少，删除后不影响整体数据分布时使用。估计法按照回归和分类任务也分为广义插补法和相似插补法。广义插补法是通过存在异常值特征的所有非异常值的中位数或均值来代替异常值，相似插补法是通过所有类别的众数来进行替换。

模型预测是异常值处理相对复杂的方法，它针对存在缺失值的列选择合适的模型进行训练，并用预测值来代替异常值。在这种方法下，需要将不存在异常值的样本分为一组，含有异常值的样本分为另一组。将存在异常值的列作为预测目标，然后选取合适的特征和模型对第一组样本进行训练，最后预测第二组样本的异常值，以预测结果代替异常值。众多实验表明随机森林模型在预测异常值任务中效果良好，由于出现异常值的样本数量较少，因此本章选择随机森林作为异常值的预测模型。

数据的归一化会将数据按比例缩放，使其落入一个很小的特定区间，常见的有 [0，1] 和 [-1，1]，从而消除特征之间取值范围、量纲不同等造成的影响。数据归一化是很多预测分析模型的重要处理步骤。

　　本章选择的部分特征取值范围和单位存在很大的差异，例如收盘价格通常在个位数到 100 之间，而交易额的量级通常是百万或千万。不同特征的单位不同和取值范围差距过大会对模型的收敛速度和参数更新过程产生很大的负面影响。在通常情况下，取值较大的特征会比取值较小的特征对参数更新的影响更大。为解决这两个问题，采取相应的归一化方法对输入矩阵进行处理。

　　常用的归一化操作包括：

　　（1）min-max 归一化：通过对原始特征进行线性变换，归一化后的结果落在 [0，1]。其计算公式如式（4-10）：

$$x^* = \frac{x - min}{max - min} \qquad (4-10)$$

其中：max 代表所有样本数据在当前特征中的最大值，min 代表所有样本数据在当前特征中的最小值。

　　（2）Z-score 归一化：利用原始特征的均值和标准差对其进行归一化处理，处理后的特征均值为 0，标准差为 1，符合标准正态分布，故也称为标准差标准化。其计算公式如式（4-11）：

$$x^* = \frac{x - \mu}{\sigma} \qquad (4-11)$$

其中：μ 代表所有样本数据在当前特征上的均值，σ 代表所有样本特征在当前特征上的标准差。

　　在一般的机器学习算法中，Z-score 归一化方法通常能够取得较好的效果。因此，我们借助 Python 的 sklearn 库实现 Z-score 方法对文本特征和非文本特征进行归一化处理。

　　本章将选择平均绝对误差（MAE）、均方根误差（RMSE）和拟合优度（R^2）作为度量来评估所提出预测方法的有效性。MAE 是预测值减去真实值绝对值和观测次数的比值，可以很直观地体现出模型预测结果的好坏。RMSE 是预测值和真实值偏差的平方与观测次数比值的平方根，误差经过平方后会放大拟合较差的样本。MAE 和 RMSE 可以评估预测值和真实值之间的接近程度，R^2 能够衡量回归方程的整体拟合度，消除量纲对不同回归问题的影响。希望模型拥有较低的 MAE 和 RMSE 值和较高的 R^2 值。三者的具体计算公式如下：

$$MAE = \frac{1}{m} \sum_{i=1}^{m} \left| y_{true}^{(i)} - y_{predict}^{(i)} \right| \tag{4-12}$$

$$RMSE = \sqrt{\frac{1}{m} \sum_{i=1}^{m} \left(y_{true}^{(i)} - y_{predict}^{(i)} \right)^2} \tag{4-13}$$

$$R^2 = 1 - \frac{SS_{residual}}{SS_{total}} = 1 - \frac{\sum_i \left(y_{true}^{(i)} - y_{predict}^{(i)} \right)^2}{\sum_i \left(\bar{y} - y_{true}^{(i)} \right)^2} \tag{4-14}$$

其中：$y_{true}^{(i)}$ 表示第 i 个样本目标变量的真实值，$y_{predict}^{(i)}$ 表示第 i 个样本目标变量的预测值，$\bar{y}$ 表示所有目标变量真实值的均值，m 是样本总数。

4.3.3 参数选择

Doc2Vec 是无监督算法，包括模型种类（DM 或 DBOW）、生成的向量维度以及文本滑动窗口的大小等超参数。罗韩杰等（Lau et al.，2016）提出 Doc2Vec 的调优需要结合具体的模型和任务来进行。由于 Doc2Vec 生成的文本向量也用于时间序列场景研究，本章依然选择 LSTM 模型对 Doc2Vec 模型的超参数进行调优，其中，Doc2Vec 的模型种类记为 m，维度为 s，窗口大小为 w。根据经验和实际场景，设置了一些初始参数如表 4-7 所示。

表 4-7　　　　　　　　　　Doc2Vec 模型基础参数

参数	数值
m（DM 或 DBOW 模型）	DM
s（特征向量长度）	100
w（滑动窗口大小）	5

LSTM 模型在训练过程中需要对多种重要的超参数进行调整优化，包括隐藏层神经元数量 C，防止过拟合的 Dropout 以及隐藏层层数 H。隐藏层神经元数量直接决定了模型的学习能力，过少的神经元会导致欠拟合问题，相应地，过多的神经元也会导致过拟合问题，尤其在训练集样本有限的情况下原始数据不足以满足隐藏层中所有神经元的训练。除此之外，过多的

神经元也会增加训练时间。Dropout 参数决定了在每个批次的学习过程中，有多少比例的神经元会被随机丢弃，这些神经元将不再参加本批次的训练任务，从而可以防止过拟合问题，并简化模型训练过程，提高效率。隐藏层层数可以影响模型对数据挖掘的深度，层数越多，理论上拟合函数的能力越强，但可能更深的层数会带来过拟合问题，同时也增加了训练难度，使模型更难收敛。通常情况下，在计算机视觉和自然语言处理领域会选择高隐藏层，其他任务从 1～2 层开始尝试即可。因此，各个参数初始值如表 4－8 所示。

表 4－8 LSTM 模型初始参数

参数	初始值
隐藏层神经元数量 C	50
Dropout	0.2
隐藏层层数 H	1

4.3.4 实验结果与对比分析

4.3.4.1 参数调优

根据金姆等（Kim et al.，2019）的研究，Doc2Vec 模型提取的文本向量维度通常会选择比文档平均长度略低的值，因此本书选择 100 和 200 作为备选参数；针对滑动窗口，窗口过大或过小都会影响 Doc2Vec 模型的性能，本章选择常见 5 和 10 这两个值。由于 DM 模型没有滑动窗口参数，因而将 3 个超参数组合后生成了 6 组不同的模型。本章使用"美年健康"作为实验对象，按照时间序列分段预测法将数据集划分成十份。分别将 Doc2Vec 生成的各组向量作为预测特征输入 LSTM，使用训练集和验证集调整 LSTM 模型参数，然后使用测试集验证 Doc2Vec 模型得到文本特征向量的预测效果。每个模型将十组结果取均值，具体结果如表 4－9 所示。

本章通过模型训练，使用产生的 Doc2Vec 向量来预测股票价格，选择评价指标表现最好的一组用作组合。从表中可以看出表现最好的 DM 模型是 s

取 200 时；表现最好的 DBOW 模型是 s 取 100、w 取 5 时。所以将这两个模型生成的向量拼接，生成最终的 DM-DBOW 模型。

表 4 – 9　　　　　　　　　Doc2Vec 模型参数选择

参数组合	MAE	RMSE
m = DM，s = 100	1.358	1.646
m = DM，s = 200	1.191	1.561
m = DBOW，s = 100，w = 5	1.131	1.658
m = DBOW，s = 200，w = 10	1.338	1.724
m = DBOW，s = 100，w = 10	1.530	1.959
m = DBOW，s = 200，w = 5	1.284	1.780

随后，本章使用 4 层堆叠自编码器，其结构为 $\{x, m_1, m_2, k\}$，其中 x 和 y 的长度为 300，对应输入特征和输出结果的维度，m_1 对应第一个自编码器的隐藏层向量，m_2 对应第二个自编码器的隐藏层向量，k 是一个 21 维的向量，它是最终需要获得的文本特征向量，维度和金融技术特征保持一致。Doc2Vec 模型与加入 SAE 后的模型对比如表 4 – 10 所示。

表 4 – 10　　　　　　　Doc2Vec 模型和加入 SAE 的模型对比

模型	MAE	RMSE
DM – DBOW	1.073	1.339
SAE + DM – DBOW	0.894	1.239

结合表 4 – 9 和表 4 – 10 可以看出，最好的单个模型为 m = DM、s = 200 和 m = DBOW、s = 100、w = 5，而将 DM 和 DBOW 两种模型结合使用能够取得。但是 Doc2Vec 生成的向量维度过高，包含很多噪声，会出现很严重的过拟合问题，所以在测试集的整体表现并不好。在文本向量经过自编码器处理后，MAE 和 RMSE 都有显著的改善，预测能力和效果得到有效提升。

随后对 LSTM 模型进行参数调优。在隐藏层神经元数量选择的问题上，综合考虑了特征矩阵的维数以及训练样本的总量。特征矩阵共包含 21 维非文本特征和 21 维文本特征，总维度为 42，因而选择 C 的初始值为 50。由于按天为单位预测股票价格，能收集到的样本数相对较少，神经元数量的取值不宜过大，否则样本量无法支持所有的神经元进行参数更新。在通常任务中，所有隐藏层中会使用相同的神经元数量。因此，本章将隐藏层神经元数设置为50、75和100，然后分别进行模型训练。如表4-11中的参数对比结果所示，预测模型最优的隐藏层神经元数量为75。

表4-11   隐藏层神经元数量调优结果

神经元数量 C 取值	MAE	RMSE	R^2
C = 50（基础值）	0.029	0.201	0.939
C = 75	**0.028**	**0.194**	**0.942**
C = 100	0.028	0.199	0.940

在 Dropout 选择的问题上，已有深度学习研究中，大多数 Dropout 的取值范围在 0.2 ~ 0.5。本章依次选择了 0.2、0.3、0.4 和 0.5 四种方案进行训练。训练结果如表4-12所示。从表中可以看出，预测模型最优的 Dropout 值为 0.5。

表4-12   Dropout 调优结果

Dropout 取值	MAE	RMSE	R^2
Dropout = 0.2（基础值）	0.029	0.201	0.939
Dropout = 0.3	0.028	0.198	0.941
Dropout = 0.4	0.028	0.197	0.941
Dropout = 0.5	**0.027**	**0.195**	**0.943**

在隐藏层层数选择的问题上，考虑到相较于计算机视觉和自然语言处理，本章工作的研究问题并不复杂，样本量也并不大。因此，分别选择 1 ~ 3 层隐藏层进行训练。训练结果如表4-13所示。从表中可以看出，预测模型最优的隐藏层数为 2。

表4-13   隐藏层神经元数量调优结果

隐藏层层数 H 取值	MAE	RMSE	R^2
H = 1（基础值）	0.029	0.201	0.939
H = 2	**0.026**	**0.190**	**0.948**
H = 3	0.029	0.205	0.938

通过上述实验，最终确定最优参数组合为 2 层隐藏层，隐藏层神经元 75

个，Dropout 为 0.5。除此之外，LSTM 模型还有一些相对不太重要的参数需要确定，最终预测模型选择的优化器为 Adam，batch_size 为 4，epochs 为 50，此处不再赘述。

4.3.4.2　文本处理方法性能对比实验

本章文本特征提取方法包括特征抽取和降维两部分，结合了基于深度学习的 Doc2Vec 和堆叠自编码器两种方法对金融社交媒体文本进行特征提取。本章分别选择两种传统的文本特征提取方法进行比较，选择预测性能较好的方法，验证本章的文本处理方法在股价预测场景的有效性。

为了验证 Doc2Vec 方法的有效性，本章选择 Tf-idf 特征表示方法作为调优后 Doc2Vec 模型的对比模型，对文本数据进行了特征抽取。使用 Tf-idf 方法时，经过文本预处理后的语料词仍然较多，训练后产生近 2000 维的向量，出现向量稀疏性的问题导致预测模型训练速度和精度受到影响。因此，本章仍使用堆叠自编码器对高维的 Tf-idf 向量进行降维处理，将向量维度降低到 21 维。然后将处理后的文本特征和非文本特征融合，形成特征矩阵，输入 LSTM 模型。进而通过评估指标对两种文本特征方法的有效性进行比较，具体实验结果如表 4-14 所示。

表 4-14　　　　　　　　　　两种文本特征提取方法结果对比

特征提取方法	MAE	RMSE	R^2
Doc2Vec	**0.029** **	**0.325** *	**0.907** **
Tf-idf	0.033	0.462	0.885

注：* 表示 $p < 0.1$，** 表示 $p < 0.05$。

从表中的结果可以看出，与 Tf-idf 相比，Doc2Vec 模型十组数据平均的 MAE 值下降了 0.004，RMSE 平均值下降了 0.137，R^2 平均值提高了 0.122。虽然各指标的提升部分较小，但 t 检验的结果显示各个指标的提升均是显著的。同时，在文本前期的处理中，Tf-idf 方法在大样本训练任务中会生成非常高维的稀疏向量，堆叠自编码器需要更多的隐藏层层数，提升了训练的复杂度，降低训练效率，为降维工作带来了困难。而 Doc2Vec 模型生成隐含信息更丰富向量的同时，保持相对较低的维度，为降维工作带来便利，

能够体现出该方法在文本特征提取上的优势。各指标的对比如图 4 – 6
所示。

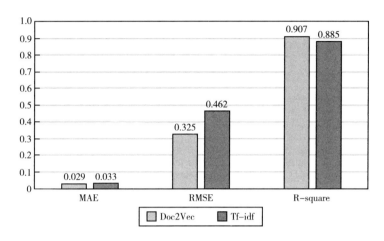

图 4 – 6　Doc2Vec 与 Tf-idf 方法的预测性能对比

本章选择 PCA 降维方法作为堆叠自编码器的对比方法，以验证堆叠自编
码器的有效性。分别用 PCA 方法和堆叠自编码器处理最优 Doc2Vec 模型生成
的 300 维向量，利用 Python 的 Sklearn 库实现 PCA 降维方法，并设置降维后
的维数为 21，与堆叠自编码器保持一致。然后利用预测性能评估指标对两种
特征降维方法进行比较，具体实验结果如表 4 – 15 所示。

表 4 – 15　　　　　　　　　　两种降维方法结果对比

特征提取方法	MAE	RMSE	R^2
堆叠自编码器	**0. 029** **	**0. 325** **	**0. 907** **
PCA	0. 035	0. 457	0. 847

注：** 表示 $p < 0.05$。

从表 4 – 15 中的结果可以看出，堆叠自编码器十组数据的平均值都优于
PCA 方法，各部分提升相对较大，且三项指标的统计学检验结果也显示提升
是显著的。提升可能源自堆叠自编码器能够处理非线性数据，在编码过程中，
自动编码器既能表征线性变换，也能表征非线性变换，而 PCA 只能执行线性
变换。通过设置合适的维度和稀疏约束，堆叠自编码器可以学习到比 PCA 等
技术更有效的数据投影。通过本实验可以证明堆叠自编码器对复杂的社交媒

体数据降维是十分有效的。各指标的对比如图 4 - 7 所示。

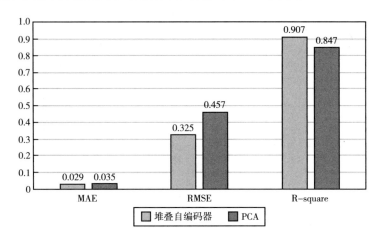

图 4 - 7　堆叠自编码器与 PCA 方法的预测性能对比

4.3.4.3　文本特征与非文本特征对比实验分析

为了验证文本特征和结构化特征结合对于模型预测性能的提升，本章分别将文本 + 非文本特征和只有非文本特征的矩阵输入预测模型。LSTM 模型采用上一节调参后的最优参数组合，即隐藏层数目为 2 层，隐藏层神经元数为 75，Dropout 值为 0.5。对比两者效果，实验结果如表 4 - 16 所示。

表 4 - 16　　　　　　　　　基于两类输入特征的预测模型性能对比

输入特征	MAE	RMSE	R^2
文本特征 + 非文本特征	**0. 029** ***	**0. 325** **	**0. 907** ***
非文本特征	0. 046	0. 579	0. 774

注：** 表示 p < 0.05，*** 表示 p < 0.001。

从表 4 - 16 可以看出，加入文本特征后的模型在 MAE、RMSE 和 R^2 三个评测指标的性能都大幅优于只使用金融特征的 LSTM 模型，经过显著性检验后发现，前者在三项评估指标上的提升都十分显著。这表明有效挖掘社交媒体中的信息可以显著提高预测模型的性能。各指标的对比如图 4 - 8 所示。

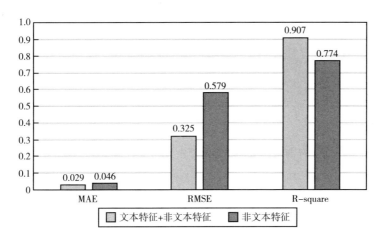

图4-8 基于两类输入特征的模型预测性能对比

4.3.4.4 与基准模型对比实验

目前已有较多股票价格预测领域的研究文献和模型,并且随着机器学习的迅速发展,越来越多的股票预测研究开始使用机器学习和深度学习技术预测未来价格,用以辅助制定投资策略。传统的机器学习主要包括支持向量机模型、随机森林模型等,相比于深度学习而言,传统机器学习没有考虑数据的连续性,对时间序列数据的预测仍然存在缺陷。本章首先选择基础的 LSTM 和 RNN 作为基准模型,两个模型都通过 Doc2Vec 模型直接训练 21 维的文本特征向量与金融特征相结合。这类方法能够考虑数据随时间的变化,通常在时间序列预测任务中具有良好的表现。经过统计学检验后,两种基准模型与 Doc-W-LSTM 模型对比的结果如表 4-17 和表 4-18 所示。

表4-17　　　　　　　LSTM 模型与 Doc-W-LSTM 模型对比结果

模型	MAE	RMSE	R^2
Doc-W-LSTM	**0. 029** **	**0. 325** **	**0. 907** **
LSTM	0. 034	0. 475	0. 871

注: ** 表示 p < 0.05。

表 4 – 18   RNN 模型与 Doc-W-LSTM 模型对比结果

模型	MAE	RMSE	R^2
Doc-W-LSTM	**0. 029** **	**0. 325** **	**0. 907** **
RNN	0. 037	0. 486	0. 864

注：** 表示 $p < 0.05$。

从表 4 – 17 和表 4 – 18 中可以看出，本章提出的 Doc-W-LSTM 模型在三项指标上都有一定提升，并且经过配对 t 检验后发现各组数据的提升都是显著的。由于基础模型对文本的处理相对简单，Doc2Vec 模型直接训练低维向量无法描述大规模文本中的隐藏信息，通过该对比可以证明本章提出的模型相较于基础模型能够有效提升预测性能。实验结果表明，提出的 Doc-W-LSTM 模型通过利用深度学习模型有效处理了金融社交媒体文本，从中挖掘出比较有价值的隐含信息，在预测性能上较基于深度学习的时间序列预测模型取得显著的提升。两个基准模型与 Doc-W-LSTM 各指标的对比如图 4 – 9 所示。

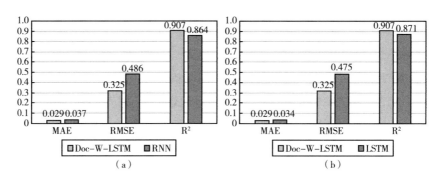

图 4 – 9   Doc-W-LSTM 模型与两类基准模型预测性能对比

除与基础模型进行对比，本章还选择了一篇类似文献进行对比。该文献提出一种综合文本信息和价格信息对股票价格趋势进行预测的模型——TPCM（text and price combined model），该模型对股票论坛中的文本信息进行预处理后，通过 Doc2Vec 模型直接生成了 50 维的评论文本特征向量，然后借助 K-means 聚类方法生成文本类别，TPCM 模型共生成 51 维的文本向量，最后也选取并计算了开盘价、收盘价以及相关金融指标等 15 个非文本特征。本章复现了上述文献的特征处理方法，最终也生成和文献中一样的 15 维非文本特征向量和51维文本特征向量,形成66维的特征矩阵输入 LSTM 模型进行预测。最终两模型的对比结果如表4－19所示。

表4－19　　　　　　　Doc-W-LSTM 模型与 TPCM 模型对比结果

模型	MAE	RMSE	R^2
Doc-W-LSTM	**0.029** *	**0.325** *	**0.907** **
TPCM	0.033	0.426	0.895

注：* 表示 p < 0.1，** 表示 p < 0.05。

从表4－19中可以看出,本章提出的 Doc-W-LSTM 模型各评价指标略优于 TPCM 模型,但提升相较于之前的模型对比较小,显著性也有所降低。由于采用较为宽松的显著性阈值,其中 MAE 和 RMSE 的 p 值均在0.05左右,在统计学上的提升并不是很明显。原因可能是该参考文献也使用了和文本方法类似的文本处理方法,基于相同的文本提取技术想获得模型预测性能提升就会较为困难。除此之外,在关键指标 R^2 上的提升虽然有限,但是显著性水平依然较高,证明 Doc-W-LSTM 模型在文本信息深度的挖掘上拥有一定的优势。各指标的对比如图4－10所示。

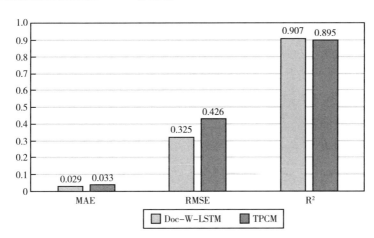

图4－10　Doc-W-LSTM 模型与 TPCM 模型预测性能对比

本章使用调参后的文本挖掘和 LSTM 模型,在全数据集上进行实验和对比。为了更严谨地进行模型对比,本章通过统计学检验证明模型的鲁棒性,采用分段预测法将数据集按时间序列划分成10等份。这种做法会降低训练样

本量，但深度学习模型通常需要充足的样本量才能更好地发挥性能，本章受
到研究目标所限，样本量相对较少，通过分段预测法处理后输入的训练集规
模会进一步缩小。因此，在参数调优和模型对比后，本章将数据集划分为
90% 的训练集与 10% 的测试集，利用全样本在最优的 LSTM 模型上进行训练
和模型对比。具体结果如表 4-20 所示。

表 4-20 各模型对比验证结果

模型	MAE	RMSE	R^2
RNN	0.435	0.301	0.882
LSTM	0.385	0.240	0.906
TPCM	0.021	0.123	0.952
Doc-W-LSTM	**0.019**	**0.104**	**0.960**

从表 4-20 结果可知，各类模型在更大规模数据集上的预测性能都获得
了较大提升。其中，基础 RNN 和 LSTM 模型同时考虑了多种影响因素以及时
间维度，可以大体拟合测试数据。TPCM 模型也对文本进行了有效处理，预
测效果优于前两种模型。而 Doc-W-LSTM 模型各项指标（MAE = 0.019，
RMSE = 0.104，R^2 = 0.960）均优于基线模型和 TPCM 模型。

四种模型的拟合曲线如图 4-11 所示。在图中可以较为直观地观察到
Doc-W-LSTM 模型对于真实曲线的拟合比其他模型更好，证明了本章提出的
模型对文本处理的有效性以及模型组合的合理性，能够有效预测未来股票价
格的波动。

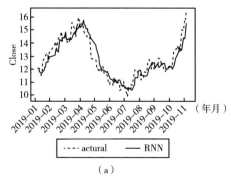

（a）

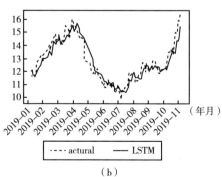

（b）

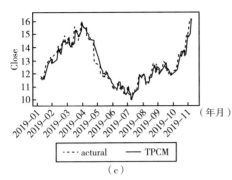
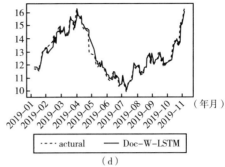

图 4 – 11 各模型拟合曲线

4.3.4.5 回测结果分析

股票回测是指选定投资产品后，基于历史已经发生过的真实行情数据，在历史上某一个时间点开始，严格按照制定的投资策略，并模拟真实金融市场交易的规则进行交易操作，得出一个时间段内的收益率等数据，该过程即为一次股票回测。股票回测能够帮助投资者判断投资策略的盈利能力、抗风险能力、稳定性以及波动性，对投资策略的优劣提供科学的评判依据，是股票模型创建中不可或缺的一环。

股价预测模型最终目的还是需要通过帮助投资者制定更优的策略，从而获得经济收益。在实验部分的最后，本章采用相对简单的投资策略进行回测分析，证明模型具有基本的收益能力。本章参考鲍等（Bao et al.，2017）以及明等（M'ng et al.，2016）在文献中使用的 Buy-and-sell 以及 Buy-and-hold 策略进行简单股票回测。Buy-and-sell 策略是建立在每个模型预测结果的基础上的，通过这种方法，可以在相同的交易策略下找到最有价值的模型，为投资者赚取最高的利润。在现实中，Buy-and-sell 策略被广泛用于盈利能力表现的评估中。该策略建议投资者在下一时期的预测值高于当前实际值时买入，在预测值小于当前实际值时卖出。具体而言，该策略可以用式（4 – 15）来描述：

$$\begin{cases} 买入信号: y_{t+1}^* > y_t \\ 卖出信号: y_{t+1}^* < y_t \end{cases} \quad (4-15)$$

其中：y_t 表示当前日期股票的收盘价，y_{t+1}^* 表示模型预测所获得当前日期下一期收盘价的预测值。

　　除了 Buy-and-sell 交易策略外，本书还引入了 Buy-and-hold 策略作为基础对比。Buy-and-hold 策略是指按确定的恰当的资产配置比例对某个产品进行投资，并在一定的时间期内不改变资产配置状态。参考相关文献，将 Buy-and-sell 策略产生的结果作为基准，然后使所有预测模型都采用该策略，并将收益情况与各模型的收益情况进行比较。

　　由于本书的研究重点不是制定有效的投资策略，因此尽可能简化了股票交易中的复杂流程和规则，在回测过程中以预测的收盘价作为买卖依据，每日的买卖时间点为股市开盘，不允许卖空，不考虑交易成本等因素。数据仍按照分段预测的划分方式，最终通过每 5 个月的平均收益率和年化收益率来评估模型盈利能力，相关的计算公式如式（4-16）和式（4-17）所示。

$$平均收益率 = \frac{\sum_{i=1}^{10}\left(\sum_{t=1}^{b}\frac{y_{t+1}-y_t}{y_t}+\sum_{t=1}^{s}\frac{y_t-y_{t+1}}{y_t}\right)}{10} \qquad (4-16)$$

$$年收益率 = (1+平均收益率)^{\frac{1}{\frac{T_2-T_1}{365}}}-1 \qquad (4-17)$$

其中：b 表示所有交易日中买入的天数，s 代表所有交易日中卖出的天数，T_1 和 T_2 分别表示初始建仓和平仓的日期。

　　本章选取了基础的 RNN、LSTM、文献中的 TPCM 模型以及本书提出的 Doc-W-LSTM 模型作为回测评估模型。详细的实验结果如表 4-21 所示。

表 4-21　　　　　各模型回测实验结果对比

模型	平均收益率	年收益率
Buy-and-hold 策略	0.048	0.112
RNN	0.078	0.200
LSTM	0.142	0.381
TPCM	0.302	0.900
Doc-W-LSTM	**0.332**	**1.009**

　　从表 4-21 可以看出，对于 10 组数据中每 5 个月的平均收益率和换算后的年收益率，Doc-W-LSTM 模型的利润明显高于其他模型和策略，平均收益率达 0.332，年收益率达 1.009。收益情况与模型的预测准确率趋势大致相

似，其中 TPCM 模型与提出的新模型的收益率相近，其他三种方式的年收益率都在 40% 以下，具有一定差距。此外，为了得到一个稳健的结论，在回测实验中同样测试了 Doc-W-LSTM 模型与其余结果之间的收益差异是否具有统计学意义。经过配对 t 检验后，结果表明 Doc-W-LSTM 模型与其他模型 10 组收益率差异均在 5% 的水平上，通过了显著性检验。因此，本章的研究模型在所有模型上同样表现出最好的收益性能。

4.4　动态定价方法研究

4.4.1　概述

动态定价是指根据市场对商品的需求、自身供应能力以及顾客的购买力来对商品价格进行实时调整，是销售管理的重要手段之一，对促进买卖达成有重要作用。随着技术快速发展和企业对服务质量重视程度的不断提高，针对每个顾客开展个性化动态定价将成为企业的核心竞争力之一。目前，我国对动态定价重要程度的认识还远远不足，也缺乏动态价格的科学方法，无法实现针对顾客的个性特征进行个性化的定价。如何使动态定价更好地应用于各行各业，发挥其潜在价值，如何将先进的理论模型转化为成熟商业技术，并推动相关产业的发展，是学术研究人员和业内人士应该共同关注的研究问题。

本章选择汽车保险定价作为研究场景，对不同车辆的年险金额进行动态定价。我国汽车保险行业规模巨大，然而盈利状况却一直都不理想，近年来引进了国外基于 UBI 的车险模式，国内也有了一些 UBI 车险模式的尝试。本节在 UBI 国内外研究与应用现状的基础上，结合新的费率政策，提出了基于驾驶行为分类的 UBI 费率厘定模型，将数据挖掘的分类技术应用于驾驶行为的评估，结合实际数据进行实验，通过实例计算表明驾驶行为分类模型对于事故风险的识别能力确实优于驾驶行为评分模型，使得 UBI 费率厘定更加科学、合理。

4.4.2 车险费率厘定基本概念

机动车保险简称车险，是一种保险标的为机动车辆和第三者责任的财产保险。车险从出现至今已经接近 120 年，在车险发展过程中，车险费率厘定理论是车险理论体系研究中的首要问题，如何准确地评估理赔风险一直困扰着众多保险精算人员。车险费率厘定的理论体系如图 4 – 12 所示。

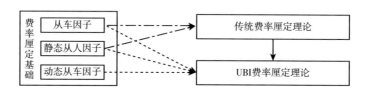

图 4 – 12 车险费率厘定理论示意

传统的车险费率厘定理论包括车险费率厘定因子的选择和费率厘定方法两个方面。厘定因子分为从车因子和从人因子，费率厘定方法主要运用单项分析法、迭代法、GML 等。UBI 费率厘定理论是将驾驶行为因子引入车险费率厘定理论，形成综合考虑从车 + 从人因子的费率厘定体系。它利用车险客户的行驶里程、出行时间、行驶速度等驾驶行为信息对驾驶员的事故风险进行评估，根据评估结果提高或降低保费，从而约束驾驶员的驾驶行为，实现个性化定价，最终降低理赔成本，达到盈利的目的。

车险费率厘定因子是车险费率厘定的基础，车险定价的关键就是根据车险费率因子评估理赔风险。车险费率因子主要包括从车因子与从人因子，从车因子即机动车辆造成的理赔风险的差异，从人因子即驾驶员不同造成的理赔风险的差异。传统的车险费率厘定方法主要考虑从人因子与从车因子中的静态信息，很少考虑从人因子中驾驶员的驾驶行为因子，然而大量研究表示驾驶员的驾驶行为对于出行风险的影响相当显著。所以本节在此基础上将从人因子细分为静态从人因子和动态从人因子，其中，静态从人因子为传统的驾驶员属性，动态从人因子为驾驶员的驾驶行为情况。车险费率厘定因子划分如表 4 – 22 所示。

表4-22　　　　　　　　　　　车险费率厘定因子划分

从车因子	静态从人因子	动态从人因子
车辆使用性质	年龄	行驶里程
车辆类型	性别	超速驾驶行为
车龄	职业	"三急"驾驶行为
购置价格	婚姻状况	违章行为
	驾龄	

传统的车险费率厘定方法都是建立在从车因子和静态从人因子基础上的费率厘定模型。研究的初始阶段仅考虑单一费率因子，据此发展出了单项分析法。单项分析法的优点是模型简单，易于计算；缺点则是模型过于简单，无法同时考虑多个费率因子。接着又发展出了迭代法。迭代法基于费率因子的相加和相乘关系同时考虑多个费率因子，并利用迭代公式建立费率厘定模型计算保费。迭代法的优点是可以同时考虑多个费率厘定因子，但缺点也非常明显。迭代法中费率因子必须是离散变量，同时如果分类变量过多迭代法的计算量将变得非常大；与迭代法相比，广义线性模型不仅可以同时考虑多个费率因子，而且还可以同时考虑因子之间的相关性和依赖性，同时对于拟合结果可以进行显著性检验。广义线性模型的缺点是其响应变量假设局限于指数分布。

传统的车险费率厘定模型在费率厘定方法理论上已经比较完善，但是传统的费率厘定模型都没有考虑动态从人因子即驾驶行为因子，随着对事故数据了解的不断加深，驾驶行为与事故风险之间的联系日渐明朗，保险公司对驾驶行为因子也越来越重视。在此基础上出现了UBI车险费率厘定模式。

UBI车险费率厘定模式保留静态从车因子和从人因子的基础上，加入了动态的从人驾驶行为因子，综合考虑了驾驶员驾驶行为对车险费率的影响。

（1）基础费率厘定。基础费率根据传统静态从车因子和从人因子厘定，由保险监管协会统一制定。基础费率厘定过程如图4-13所示。

（2）费率调整系数确定。费率调整系数的确定分为两个步骤，首先是基于驾驶行为评分模型进行驾驶行为评分，然后根据驾驶行为评分通过挂钩联动确定费率调整系数。

驾驶行为评分是UBI费率厘定的核心，驾驶行为评分应当可以充分体现驾驶员风险。其模型结构如图4-14所示。首先根据影响驾驶安全的基本因素建立驾驶行为评分体系，然后针对指标体系采用主观和客观赋权法进行指标权重赋权，进而基于车联网数据获得驾驶员的驾驶行为得分。

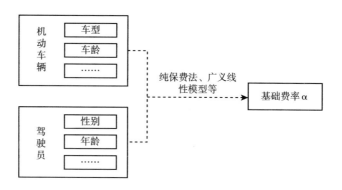

图 4 – 13　UBI 基础费率厘定过程

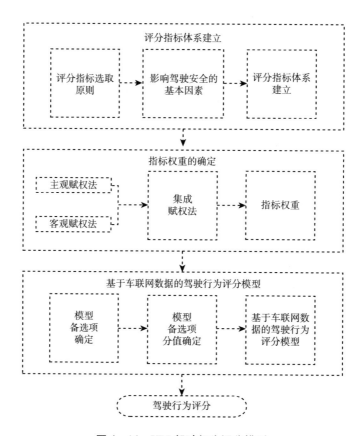

图 4 – 14　UBI 驾驶行为评分模型

在驾驶行为评分模型的基础上，将驾驶员的驾驶行为评分与费率调整进行挂钩联动，得到驾驶员的费率调整系数。

（3）最终 UBI 车险费率。最终的 UBI 车险费率为基础费率与费率调整系数的乘积，费率厘定过程如图 4 – 15 所示。

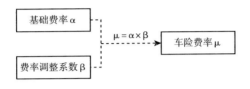

图 4 – 15　UBI 车险费率

4.4.3　基于车联网数据的驾驶行为分类模型

4.4.3.1　驾驶行为分类与基于 UBI 的费用厘定

驾驶行为分类是保险费率厘定模型的核心，分类结果的好坏直接决定了 UBI 费率厘定模型是否能正确地根据事故风险厘定费率。影响驾驶安全的驾驶行为因子多种多样，总的来说其来源于三个大的方面：一是驾驶员的心理因素，例如愤怒导致的不合理驾驶行为，还有不安全驾驶意识下的超速、"三急"驾驶行为；二是生理因素，例如疲劳驾驶、酒驾，后果极其严重；三是其他因素，主要有驾驶里程、道路状况等，例如交通流量等因素对驾驶行为的影响。下面将从可收集的角度分别介绍由这三方面因素导致的影响驾驶安全的驾驶行为因子。

分类技术是一种根据输入数据集建立分类模型的系统方法，分类技术使用一种学习算法确定分类模型，该模型能够很好地拟合输入数据中类标号和属性集之间的关系。分类算法的选择没有固定原则，在实际分类问题中往往尝试多个算法，然后选择同一分类性能指标比较各自分类效果，最终选取合适的分类算法构架分类模型。根据常用的分类算法，本节拟选择决策树、朴素贝叶斯、k-NN、神经网络、支持向量机 5 种分类算法作为驾驶行为分类的备选分类器。

如何比较不同分类器的分类效果是分类模型要考虑的一个关键问题。根据常用指标，本节选择分类器在训练集与测试集上的准确率，以及测试集上的混淆矩阵与 ROC 曲线作为分类器性能的评估指标。分类模型的性能评估标准为模型预测的效果，具体表现为正确和错误预测的记录数，可以通过混淆矩阵直观显示；准确率是衡量分类器分类效果的性能度量，其计算值为正确预测数和总预测数的比值；接受者操作特征曲线（ROC）就是一种表现真正率和假正率的图形化方法。ROC 曲线的横轴为假阳性率（FPR），纵轴为真阳性率（TPR），曲线上每一个点都表示一个在当前真阳性率与假阳性率下的归纳模型。

本章采用基于数据挖掘的驾驶行为分类结果来对驾驶行为风险进行评估，进行完成费率厘定、确定费率调整系数，利用费率调整系数综合考虑静态从人因子与动态从人因子以实现 UBI 定价。UBI 核保系数包括两部分：第一部分为静态 UBI 核保系数，根据静态从人因子厘定，厘定因子具体包括性别、年龄、职业、车龄、婚姻状况等；第二部分为动态 UBI 核保系数，由动态从人因子厘定，厘定因子包括行驶里程、超速驾驶行为、"三急"驾驶行为和违章行为等。UBI 核保系数结构如图 4 – 16 所示。

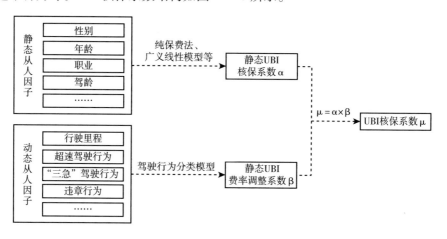

图 4 – 16　UBI 核保系数结构

新的费率调整系数计算公式为：

$$费率调整系数 = UBI 核保系数 × 自主渠道系数 \qquad (4 – 18)$$

其中：自主渠道系数在 0.85 ~ 1.15，根据业务来源渠道与业务质量成本厘定。

在新费率调整系数下的保费计算公式为：

$$保费 = \frac{基准纯风险保费}{1-附加费用率} \times (UBI\ 核保系数 \times 自主渠道系数) \quad (4-19)$$

其中，基准纯风险保费由中国保险行业协会负责制定、实施，行业协会将按照大数法则，建立商业车险损失数据的收集、测算、调整机制，动态发布商业车险基准纯风险保费表。附加费用率由保险公司根据公司发展战略、经营策略和成本管控自主决定附加费用率。在新保费计算公式中，基准纯风险保费是根据车型、使用性质和车龄计算的，也就是说，这部分保费考虑了从车因子。本章提出的 UBI 核保系数则考虑了静态与动态从人因子。所以提出的基于驾驶行为分类的 UBI 费率厘定模型综合了从车因子、静态与动态从人因子，可以实现保费的个性化、差异化定价。

4.4.3.2　实验

基于驾驶行为分类的 UBI 费率厘定方法的核心是确定驾驶行为分类模型，本节根据驾驶行为分类相关理论进行特征选择、模型训练以及评估。将400 名驾驶员的实际驾驶行为数据和出险数据作为实验数据，使用 ExtraTrees 算法进行特征选择，然后分类器进行训练，根据训练集和测试集上的准确率以及测试集上的混淆矩阵和 ROC 曲线选择分类性能最优的驾驶行为分类模型，并用粒子群算法与遗传算法优化模型参数，确定最终驾驶行为分类模型。

本章数据包括两部分：一部分是驾驶员驾驶行为数据，另一部分是驾驶员个人信息数据。数据来源于驾驶车辆的车载终端 OBD。将驾驶员的驾驶行为数据和个人信息数据进行整合和清洗，剔除了异常值与无效数据，最终得到 400 位驾驶员的驾驶行为数据。数据共包括十个特征和一个分类标签，400 条数据分类标签为出险情况，按照出险情况将驾驶行为分为 0~4 五类。实验数据如表 4-23 所示（仅展示 25 条，共 400 条）。

Sklearn（scikit-learn）是机器学习中一个常用的 python 第三方模块，里面对一些常用的机器学习方法进行封装，在进行机器学习任务时，并不需要每个人都实现所有的算法，只需要简单地调用 Sklearn 里的模块就可以实现大多数机器学习任务。本章分类算法都是利用 Sklearn 实现，包括决策树、贝叶斯、k-NN、神经网络和支持向量机分类模型。在每个算法中数据集被分为两部分，350 条为训练集，50 条为测试集，数据均经过归一化处理。在训练集上，使用十折交叉检验调参并确定训练误差。确定模型参数后在测试集上检验泛化误差，绘制模型在测试集上的混淆矩阵和 ROC 曲线并计算 AUC 值。

表 4-23　　　　　　　　　　　　初始实验数据表

编号	月总里程	早晚高峰驾驶时间	夜间行车时间	周末行车时间	80千米~120千米/小时行车时间占比	高于120千米/小时行车时间占比	急加速次数	急减速次数	急转弯次数	违章次数	出险情况
1	493	7.30	0.40	7.90	0.04	0	0	12	13	0	0
2	899	8.30	1.70	14.60	0.09	0	8	20	17	3	1
3	1204	9.10	4.40	16.00	12.71	6.35	15	24	19	1	1
4	1319	13.90	3.60	16.30	5.40	0.74	2	17	11	1	0
5	1240	21.10	6.00	19.80	6.43	1.24	13	14	6	1	0
6	505	10.90	1.20	16.30	0	0	8	30	6	0	0
7	217	4.50	0.30	3.00	1.80	0.14	1	5	6	0	0
8	642	6.00	2.20	8.20	2.98	0.33	3	10	2	0	0
9	1277	13.90	4.30	10.40	5.87	2.13	9	25	29	2	3
10	1403	13.20	2.40	10.60	0.66	0	6	30	39	2	0
11	983	10.60	8.80	14.70	2.45	0.11	4	12	14	0	1
12	2121	14.60	15.10	15.20	11.63	3.28	3	42	48	3	2
13	1471	15.00	3.40	19.90	5.85	0.59	2	8	11	1	0
14	952	11.60	1.60	12.30	0.35	0	12	34	37	0	0
15	593	6.20	0.70	14.30	1.02	0	0	12	5	1	1
16	1110	12.80	1.40	13.80	7.99	2.10	2	19	23	0	0
17	845	8.50	1.90	8.30	2.62	0.21	2	14	4	2	0
18	337	3.70	3.00	6.30	0	0	1	7	2	0	0
19	1107	14.10	5.00	19.80	1.58	1.05	13	19	14	1	2
20	1236	19.10	4.30	18.40	3.31	0.60	4	6	8	0	0
21	1337	10.70	3.20	18.00	12.64	4.49	2	13	5	1	0
22	1068	9.30	7.30	15.20	2.63	0.53	2	27	5	0	0
23	393	2.30	1.30	3.10	3.03	0.14	0	4	0	1	0
24	895	14.00	1.70	9.90	3.61	0.21	0	21	3	1	0
25	1180	15.60	4.30	7.80	5.86	0.63	3	12	11	0	0

（1）决策树分类模型。决策树分类选择的是 CART 算法，调参后，模型在训练集上的准确率为 61%，在测试集上的准确率为 60.7%，测试集上得到的 AUC 为 0.81。决策树分类混淆矩阵和 ROC 曲线如图 4-17 所示。

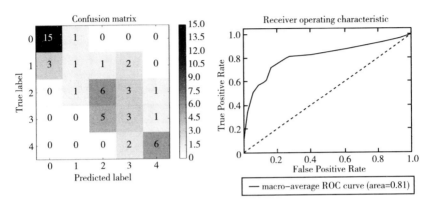

图 4-17　决策树分类混淆矩阵与 ROC 曲线

（2）贝叶斯分类模型。贝叶斯分类模型选择的是朴素贝叶斯算法。模型在训练集上的准确率为 66%，在测试集上的准确率为 66%，测试集上计算得到的 AUC 为 0.85。贝叶斯分类混淆矩阵和 ROC 曲线如图 4-18 所示。

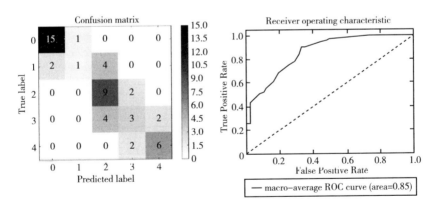

图 4-18　贝叶斯分类混淆矩阵与 ROC 曲线

（3）k-NN 分类模型。k-NN 算法调参后模型在训练集上的准确率为 72%，在测试集上的准确率为 82.3%，测试集上得到的 AUC 为 0.96。k-NN 分类混淆矩阵和 ROC 曲线如图 4-19 所示。

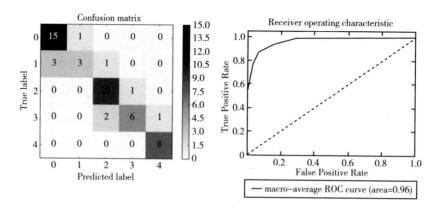

图 4 - 19　k-NN 分类混淆矩阵与 ROC 曲线

（4）神经网络分类模型。神经网络分类模型选择 BP 神经网络，模型在训练集上的准确率为 68%，在测试集上的准确率为 68%，测试集上得到的 AUC 为 0.90。神经网络混淆矩阵和 ROC 曲线如图 4 - 20 所示。

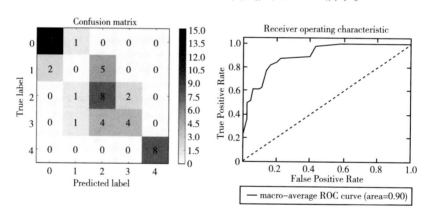

图 4 - 20　神经网络分类混淆矩阵与 ROC 曲线

（5）支持向量机分类模型。支持向量机分类模型为高斯核的支持向量机。因为支持向量机参数变化范围较大，所以无法使用网格搜索寻优，选择随机搜索确定参数。经过调参后模型在训练集上的准确率为 73%，在测试集上的准确率为 82.3%，测试集上得到的 AUC 为 0.96。支持向量机分类混淆矩阵和 ROC 曲线如图 4 - 21 所示。

各分类器在训练集上的分类准确率以及在测试集上的分类准确率和 AUC 值如表 4 - 24 所示。

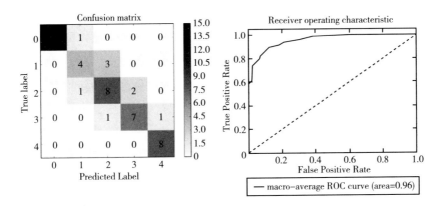

图 4 - 21　支持向量机分类混淆矩阵与 ROC 曲线

表 4 - 24　　　　　　　　　　　　　分类器分类性能比较

分类器	训练准确率（%）	测试准确率（%）	AUC 值
CART	61	60.7	0.81
朴素贝叶斯	66	66.0	0.85
k-NN	72	82.3	0.96
BP 神经网络	68	68.0	0.90
支持向量机	**73**	**82.3**	**0.96**

从表 4 - 24 可以看到，CART 的分类效果最差，其在训练集与测试集上的准确率都仅为 60% 左右。朴素贝叶斯与 BP 神经网络效果类似，BP 神经网络略优于朴素贝叶斯分类器，但都未达到期望水平。k-NN 分类器与高斯核的支持向量机分类效果极为相近，在测试集上两者的分类准确率与 AUC 值完全相同，在训练集上支持向量机略优于 k-NN，但是观察两者在测试集上的混淆矩阵，k-NN 分类器误分类情况倾向于将出险次数高的驾驶行为预测为出险次数稍低一些的驾驶行为，而支持向量机分类器误分类情况则倾向于将出险次数低的驾驶行为预测为出险次数稍高一些的驾驶行为。从现实角度讲，第二种情况更容易被接受，因为在确定驾驶风险时，必须保证驾驶行为的风险不被低估。

综合分类器在训练集、测试集上的准确率和测试集上的混淆矩阵与 AUC 值，可以得出结论，即在驾驶行为的分类问题上，支持向量机算法为最优算法。

遗传算法是基于达尔文自然选择理论和生物学系统中基因遗传理论的一种通用的自适应优化搜索算法。遗传算法使用一串称为染色体的字符表示需要的信息。给定一个可行解的初始种群,遗传算法通过迭代寻找全局最优解。在每一个迭代步骤中,生成包含上一代被选中的进化个体的新种群。适应度函数评估了在选择步骤中解的质量。在选择更好的个体后,为考虑所有的可行解,诸如交叉、变异等算子被应用到种群中。其中,交叉算子是产生新的可行解的关键操作,通过两条染色体单点交叉、两点交叉和复制来随机的交换基因。在变异算子中,基因则会偶尔改变,例如二进制编码的基因就会从 0 变为 1,或从 1 变为 0。

基于 GA 的 SVM 参数调优结构如图 4 - 22 所示。

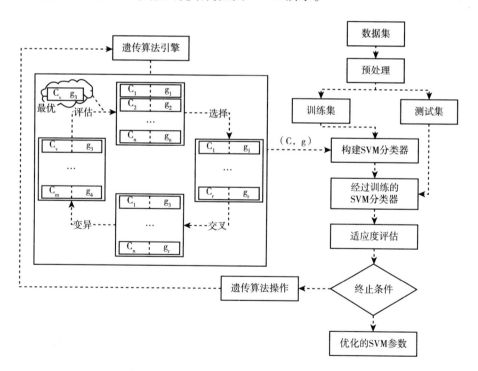

图 4 - 22　基于 GA 的 SVM 参数调优结构

使用遗传算法对 SVM 模型进行参数寻优,与粒子群算法类似,设置终止代数为 199,种群数量为 20。遗传算法参数寻优过程及结果如图 4 - 23 所示。

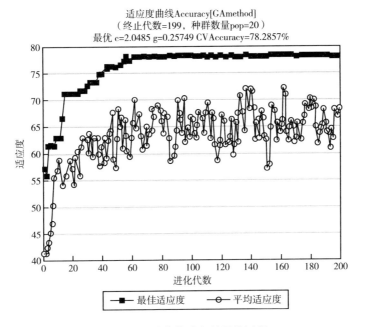

图 4-23 遗传算法参数寻优过程

遗传算法在迭代 60 次左右时达到最优适应度，准确率为 78.28%，得到最优参数的 SVM 模型在测试机上的分类准确率为 82%，可以得出遗传算法寻找到的最优参数为模型最优参数的结论。所以，最终建立的驾驶行为分类模型为利用遗传算法寻找到最优参数的基于高斯核的支持向量机分类模型，模型最优参数为 c = 2.0485，g = 0.25749。

4.4.4 基于驾驶行为分类的定价模型

本节选取 50 位驾驶员一个月的驾驶行为数据，使用基于驾驶行为的 UBI 费率厘定理论进行实际保费计算。首先使用驾驶行为分类模型对这 50 位驾驶员的驾驶行为进行分类，判断他们驾驶行为的事故风险，然后根据驾驶行为分类的结果厘定费率，最终确定保费。

本节选取 50 名安诚保险的客户，确保分类结果可以呈现不同事故风险的驾驶行为，在选取 50 位驾驶员数据时特意根据实际出险数据选择出险次数不同的驾驶员。根据本节的驾驶行为分类方法，对 50 名驾驶员进行驾驶行为分类，结果如表 4-25 所示。

表 4 – 25　　　　　　　　　　驾驶行为分类结果

编号	月总里程	早晚高峰驾驶时间	夜间行车时间	周末行车时间	80千米~120千米/小时行车时间占比	高于120千米/小时行车时间占比	急加速次数	急减速次数	急转弯次数	违章次数	分类结果
1	1912	6.2	2.9	4.4	4.12	1.05	12	20	24	1	2
2	1642	11.5	3.8	9.6	6.57	3.21	12	26	16	2	3
3	1978	16.2	8.4	12.4	7.66	5.46	15	29	37	3	4
4	1345	9.4	4.8	9.6	2.98	3.16	14	24	30	1	2
5	2014	13.5	5.4	16.4	3.24	1.45	8	19	14	1	1
6	987	8.9	3.1	14.5	1.24	0.07	2	7	9	0	0
7	1568	13.4	5.6	11.5	4.56	1.23	8	25	34	2	3
8	2154	13.9	6.9	20.5	4.65	2.69	8	25	36	1	3
9	845	6.5	6.3	17.4	0.45	0.12	5	14	7	0	0
10	451	2.1	1.2	8.7	1.21	0.54	8	5	3	0	0
11	2359	5.6	11.5	15.6	5.68	4.56	14	26	33	2	4
12	668	12.6	2.1	11.2	1.98	0.45	2	6	7	1	0
13	1450	12.5	4.8	10.6	5.48	2.36	6	20	29	2	3
14	1724	11.2	5.4	14.5	3.24	1.57	10	19	34	0	2
15	1456	5.8	5.7	14.5	2.14	0.65	3	7	4	1	0
16	1240	21.6	1.2	15.6	3.56	0.45	6	15	11	0	0
17	2215	6.8	12.3	16.4	6.89	5.66	19	26	35	3	4
18	724	9.6	4.6	8.4	2.59	1.65	1	4	7	0	0
19	968	5.1	4.3	10.6	3.56	2.14	14	29	37	1	2
20	1425	12.6	8.4	11.6	8.59	6.54	5	18	32	1	2
21	1254	16.0	5.6	19.6	5.45	1.25	2	14	12	1	0
22	1235	4.5	6.3	4.6	0.32	0.13	6	14	12	0	0
23	1025	6.5	3.4	9.5	2.94	1.58	12	29	34	1	2
24	2088	12.6	2.3	15.3	5.66	3.54	15	26	39	2	4
25	899	6.5	5.4	14.6	2.56	1.65	5	33	26	1	2
26	754	9.5	6.4	7.5	2.45	1.36	9	19	25	1	2
27	2145	13.5	4.2	10.5	7.56	6.58	13	21	34	1	3
28	442	5.6	0.8	17.4	3.20	0.41	2	4	1	1	0

续表

编号	月总里程	早晚高峰驾驶时间	夜间行车时间	周末行车时间	80千米~120千米/小时行车时间占比	高于120千米/小时行车时间占比	急加速次数	急减速次数	急转弯次数	违章次数	分类结果
29	1045	4.8	6.5	11.5	4.51	1.24	10	32	41	1	2
30	1088	5.4	1.6	16.5	2.3	0.35	5	6	7	0	0
31	2545	6.2	5.6	12.1	6.55	3.25	16	38	46	2	4
32	452	3.2	0.5	4.7	1.65	0.84	6	5	8	0	0
33	1024	4.5	7.6	14.2	2.18	1.56	15	23	34	1	2
34	1354	8.4	3.7	10.4	6.89	2.48	14	34	29	1	3
35	1075	1.6	2.5	8.7	1.23	0.56	5	4	3	0	0
36	2346	10.5	7.4	12.4	5.78	2.56	19	29	37	2	4
37	1578	11.4	2.9	11.8	3.26	1.07	12	24	35	0	2
38	1152	12.6	4.2	12.5	1.28	0.45	20	15	30	1	1
39	591	11.5	4.6	15.4	4.54	1.54	8	18	25	1	2
40	1149	2.5	5.6	11.5	0.65	0.23	4	20	14	1	0
41	1578	9.6	4.5	7.6	12.50	4.12	16	24	18	2	3
42	2578	11.5	3.2	16.5	6.88	5.24	19	35	46	1	4
43	562	3.5	2.1	5.3	1.82	0.65	5	7	1	0	0
44	1548	9.5	1.5	14.6	3.65	0.58	1	26	24	1	1
45	952	5.9	8.4	16.1	3.68	0.54	8	29	36	2	1
46	1674	9.4	4.5	8.1	11.54	3.14	15	25	12	2	3
47	2045	15.5	12.5	15.9	4.95	1.45	5	4	9	0	1
48	1548	12.5	5.9	11.4	5.46	4.89	29	39	54	1	4
49	1897	11.4	6.2	10.4	9.4	4.89	16	31	34	3	4
50	1225	7.9	2.4	5.1	2.48	1.26	11	23	19	1	2

　　本章根据基于驾驶行为分类的 UBI 费率厘定模型实例计算了 50 名驾驶员的保费，保费具体计算分为两部分：一是计算基准纯风险保费与附加费用率构成的基础保费部分；二是计算由 UBI 核保系数与自主渠道系数构成的费率调整系数部分。保险费用为基础保费与费率调整系数的乘积。

　　基础保费由基准纯风险保费与附加费用率构成，基准纯风险保费主要由车型、使用性质、车龄、地区决定，具体费用可以在中国保险监督管理委员会网站查询到。而附加费用率是在基准纯风险保费的基础上保险公司根据公司发展战略、经营策略和成本管控自主决定的。由于不同公司制定标准不同且不是本章研究要点，计算时统一用行业平均水平35%代替。

费率调整系数由 UBI 核保系数与自主渠道系数构成，其中自主渠道系数与驾驶行为风险关系不大，所以本节不做区别，都默认为1。这样费率调整系数就由 UBI 核保系数决定，UBI 核保系数用于替代传统费率计算中的无赔优待系数、自主核保系数与交通违法系数的部分，所以总的 UBI 核保系数应该是在三者总的浮动范围内制定，即0.39~2.91。对于静态 UBI 核保系数，我们默认为1。动态 UBI 核保系数是 UBI 核保系数的一部分，我们将其浮动范围拟定为0.6~2.2。同时，基于大样本数据分类结果，我们把不同类型的驾驶行为对应到不同的动态 UBI 核保系数，其中，类型0的动态 UBI 核保系数为0.6，类型1的动态 UBI 核保系数为1，类型2的动态 UBI 核保系数为1.4，类型3的动态 UBI 核保系数为1.8，类型4的动态 UBI 核保系数为2.2。因此，我们可以得到50位驾驶员的动态 UBI 核保系数，即费率调整系数。最后得到的费率调整系数如表4-26所示。

表4-26 费率调整系数

编号	系数	编号	系数	编号	系数	编号	系数	编号	系数
1	1.4	11	2.2	21	0.6	31	2.2	41	1.8
2	1.8	12	0.6	22	0.6	32	0.6	42	2.2
3	2.2	13	1.8	23	1.4	33	1.4	43	0.6
4	1.8	14	1.4	24	2.2	34	1.8	44	1.0
5	1.0	15	0.6	25	1.4	35	0.6	45	1.0
6	0.6	16	0.6	26	1.4	36	2.2	46	1.8
7	1.8	17	2.2	27	1.8	37	1.4	47	1.0
8	1.8	18	0.6	28	1.4	38	1.0	48	2.2
9	0.6	19	1.4	29	1.4	39	1.4	49	2.2
10	0.6	20	1.4	30	0.6	40	0.6	50	1.4

最终的保险费用为基础保费与费率调整系数的乘积，根据得到的基础保费与费率调整系数，计算出的最终保费如表4-27所示。

表 4 - 27   最终保险费用   单位：元

编号	保费	编号	保费	编号	保费	编号	保费	编号	保费
1	9667.47	11	3706.70	21	1245.71	31	4554.41	41	4379.59
2	4039.45	12	1180.06	22	1134.99	32	1427.34	42	5494.89
3	4267.42	13	3856.76	23	2253.31	33	3657.55	43	1314.32
4	4255.59	14	2683.28	24	5166.92	34	3198.05	44	1571.48
5	1514.08	15	1158.07	25	2211.89	35	1148.57	45	2653.31
6	1516.14	16	1170.70	26	2217.36	36	5288.43	46	4487.51
7	4288.85	17	4220.01	27	4016.66	37	5725.68	47	6699.02
8	6066.53	18	1443.52	28	1506.98	38	2092.02	48	5578.39
9	1276.30	19	2753.48	29	3132.25	39	2683.37	49	4829.68
10	1242.93	20	3128.29	30	1163.84	40	1427.86	50	3335.49

第 5 章

智能交易的信用问题

交易信用是进行安全、可信交易的前提，这对于众智交易网络尤为关键。然而，目前电子商务交易信用方面的模型普遍存在交易信用度量片面化、准确性不高、抗攻击性不足、交易信用评估机制与交易信用管理机制结合欠密切等问题。因此，本章针对上述问题对众智交易网络交易信用问题进行了两方面的研究：

第一，构建众智交易网络的交易信用模型。在分析交易过程中交易信用影响要素的基础上，建立了交易信用模型。该模型综合考虑了交易过程中交易信用的影响要素，包括交易评价、交易时间、交易状态、交易金额以及交易次数等。其中，交易状态包括交易失败次数、交易失败金额，提高了交易信用评估的准确性。为了有效避免网络中的共谋评价、诋毁评价等恶意攻击，本章将推荐节点分为两类，针对两类推荐节点分别构建推荐可信度，提高推荐的可信性和准确性，并对该交易信用模型进行仿真实验，实验结果验证了该交易信用模型具有良好的准确性和抗攻击性。

第二，构建众智交易网络的交易信用管理机制。根据众智交易的流程特点和网络拓扑结构特点，构建信用数据的存储、更新以及搜索方法。首先，信用数据采用"买家＋朋友圈"相结合的存储方式，既均衡了网络负载，充分利用了网络的整体计算能力，又解决了单点失效问题；其次，构建了基于广度与深度相结合策略的信用数据搜索算法，算法对查询请求的转发策略进行优化，综合考虑信用数据搜索响应度、节点路径使用满意度和节点平均响应时间，充分利用网络中各节点的智慧。仿真实验验证了该搜索算法能够又快又多地获取到相关信用数据，而且有效降低网络负载。

5.1　交易信用概念

5.1.1　信用的概念

信用一词由来已久，在不同的应用角度和不同的研究文献中，信用具有不同的含义和定义。

在《辞海》中，信用定义包含三层含义：诚实守信，遵守约定，兑现承诺，诚实不欺的美德；货币借贷和商品买卖过程中延期付款或者交货的总称，是以偿还为条件的特殊的价值运动形式；信用并且重用。《简明大英百科全书》对"信用"解释如下：信用代表一方向另一方提供商品、服务、货币或者有价证券，而另一方承诺偿还的行为。《现代汉语词典》对"信用"的定义为：能够遵守约定，履行诺言，进而取得他人的信任；无须提供物品和资金作为担保，能够到期按时偿还；指银行借贷或者商业上的赊销、赊购等。

马克思在其《资本论》中对信用作出如下阐述：信用的最简单形式是信任，使得一个人把一定的资本额以货币的形式，委托给另一个人，而被委托人到期一定进行偿还的行为。我国经济学家吴敬琏认为，信用是指受信人承诺到期偿还，使受信人无须提供物品或者资金作为担保即可提前获取资金、服务或者商品的一种能力。

综上所述，信用的含义可以概括性地分为两个领域：一是广义上的社会心理学；二是狭义上的经济法律学。从广义上讲，信用是遵守诺言、履行承诺，对他人做出的承诺就要践行，不能失信，属于社会道德层面。从狭义上讲，指在商业活动中，由于商品和货币在时间、空间上的不统一，进而产生的借贷关系，即一方向另一方提供商品或者服务，另一方无须提供物品或者资金作为担保而作出在一定时期进行偿付的承诺。

本章所讨论的信用是指在商业活动中，经济主体间在商业借贷上履行约定的程度，反映交易主体遵循约定的程度。

5.1.2　交易信用

在进行电子交易时，交易双方在空间上分离，收货和付款的时间不统一，并且交易双方彼此不认识，双方对信息存在不对称性。在这种情况下，交易双方因为其有限理性和追求最大化自身效应的特性，很可能会发生机会主义，进而给交易带来不确定性。为了使交易顺利、可信地完成，就必须在交易之前对这种不确定性进行衡量，对交易主体履行交易约定的程度作出衡量，力求减少损失。

因此，本章对交易信用的定义为：电子商务交易主体履行交易约定的程度。由此可以看出，对交易信用进行评估就是对交易主体履行约定的程度进行评估。履约程度就是指交易主体对交易具体内容的执行情况。交易主体在交易之前会对另一方有一定的预期，该预期主要包括两方面内容：对交易主体的预期，如买家何时付款、卖家何时发货、卖家应该提供哪些服务等；对交易客体（商品）的预期，包括对商品功能、品质、效果、特征等的预期。

根据交易信用的定义，交易信用具有以下特征：第一，交易信用是建立在交易基础之上的。交易信用考察的是交易主体对于交易约定的履行程度，所以没有交易就谈不上交易信用。第二，交易信用是可变的。交易信用是根据具体的交易评估出来的，而每次交易的具体内容是变化的，同一主体在不同的交易情况下会有不一样的表现，因此交易信用是可变的。第三，交易信用是可持续的。交易信用是交易主体对交易约定的履行程度，归根结底是一种行为表现，而特定主体在一段时间内其行为是具有持续性的，所以交易信用是可持续的。第四，交易信用具有社会性。交易主体的交易信用是一个评估结果，该结果来自自己的预期，又对他人产生一定的影响，所以在对目标主体进行交易信用评估时，可以参考其他主体对目标主体的交易信用评估结果。第五，交易信用具有传递性。交易信用是建立在信任的基础上，所以交易主体 A 会通过交易主体 B 对交易主体 C 的交易信用，形成自己对交易主体 C 的交易信用。

交易双方中的卖家对交易商品有充分了解，并且所售商品或者服务的种类相对比较稳定；而买家处于信息不对称的劣势一方，并且所购买商品和服务的范围比较宽泛。因此本章重点研究卖家的交易信用。

5.1.3　交易信用研究现状

5.1.3.1　平台式电子商务交易信用研究现状

电子商务平台 Amazon 使用平均法计算节点的信誉，这种方法可行性强，也更容易让用户理解，但该方法过于简单，对每一个交易同等看待，容易受到恶意行为的攻击。

eBay 将所有关于某一节点的评价进行简单累加，作为该节点的信任值。若用户给予正面评价，则信任值"+1"；若用户给予反面评价，则信任值"-1"；而中立评价对信任值不产生影响。德拉罗卡斯（Dellarocas，2000）通过研究发现，在一定条件下，该信誉反馈系统能够很好地控制市场产品质量，但是当用户在质量敏感度和容忍度方面发生较大变化时，该系统将变得不稳定，不能真实反映主体的行为，并且在深入研究 eBay 等电子商务平台上的评价反馈系统之后，提出了 OnlyLast 信誉评估模型（Dellarocas，2001）。该模型只将最近的一次用户交互纳入信誉评估机制中，而将历史交互全部遗弃不计。通过仿真实验，证明了该信誉评估模型依然能够有效评估用户的表现，然而实际上该模型不利于惩罚连续的违约行为。

国内的电子商务平台——京东、淘宝，均采用累加法评估信用，用户可以从好评、中评以及差评中选择其一进行评价，分别对应着"+1 分""0 分"和"-1 分"。这种方法虽然简单、易于实行，但是评估规则单一，未考虑其他信用影响因素，也不能抵抗恶意行为的攻击。

在进行交易信用评估时，单纯进行数量运算会为卖家的欺骗行为提供可乘之机。为了有效解决这一问题，徐茜等（2007）构建了 RGTrust 信用控制模型，将交易金额和惩罚因子引入评估机制中，有效地解决了交易过程中的"囚徒困境"问题，进而引导交易双方诚实守信交易。朴春慧等（2007）通过对 C2C 电子商务的信用评估模型进行分析，将评分等级扩展到 5 个等级，并且在计算信用度时将交易金额等要素考虑到模型中去。叶枫等（2011）构建了大众化信用模型，针对卖家的某一商品评估其局部信用，进而构建了单产品信用模型；针对卖家的所有商品评估其全局信用，进而构建了多产品信用模型。并将评分人的可信赖程度、价格、交易的时间以及惩罚因子等引入到评估模型中。

范等（Fan et al.，2005）针对累加法和平均法计算信誉的缺点，构建了一种新的机制。在该机制下，通过指数平滑来改变历史交易的权重，同时允许商品价格存在波动，实验结果说明该机制能够让卖家长时间维持守约动力。

胡民瑞（2008）提出电子商务交易环境下的多维信用评价模型。该模型考虑了影响信用的静态因素和动态因素，然后将这两种因素加权聚合形成卖家的综合信用指数，通过这种方式提高了信用评估的准确性。

沈志浩（2010）提出一种多因素综合信用评价模型。该模型将交易的金额、时间、人际关系以及背景纳入信用评估模型中，并利用模糊法对各个因素的权重系数进行计算，实验结果表明模型能很好地反映主体的真实行为。

除此之外，还有学者从电子商务的信用机制和管理等方面进行了研究。

郭志光（2012）基于信息经济学等理论，对"中观"层面的信用机制进行了构建，并根据博弈理论对以政府为导向的体制以及自我规制的体制进行了对比分析，然而却没有给出量化模型。

周涛等（2007）针对电子商务的交易过程构建了信任动态框架模型，对交易初、交易中以及交易后三个阶段的信任影响要素进行了讨论，分别构建了信任模型，并对各要素与信任之间的关系进行了信度效度检验。

王璜（2017）、余芳（2015）、李怀栋（2019）均采用指标分析法评估卖家信用，在选取评估指标时过度关注卖家静态交易因素（如店铺年限、注册资本、资质认证等）和电子商务网站技术等外部特征（如网站安全性、网站设计信息披露等），而对交易过程因素并没有加以考虑。

国内外诸多学者对电子商务平台的信用评估进行了多方面的研究，但或多或少还存在着一些局限性：大量针对电子商务信用问题的研究仍将重点放在法律制度和交易流程上，这些都是改善信用体制的措施；已有的电子商务信用评估模型对交易主体的静态因素（如卖家的营业资质、店铺经营时长等）、电子商务平台技术（如网站的易操作性、图片颜色等）给予过多关注，而对交易本身关注较少；当前的电子商务信用评估模型往往只关注交易的结果和数量，即交易是否成功、交易次数等，而对电子商务交易过程的交易要素（如交易金额、交易时间、交易状态等）关注较少，使得信用评估模型有失准确性；评分分值设置不合理，许多文献从正面、中立、负面三个角度来对交易进行评分，对卖家的评价非好即坏，不能满足用户的心理。

5.1.3.2 非平台式电子商务交易信用研究现状

从网络结构上看，众智交易网络是建立在 P2P（Peer to Peer）计算机网络基础上的。P2P 网络信任管理技术对于本章的研究具有重要的借鉴意义。因此，下面从 P2P 网络信任和 P2P 电子商务信任两方面进行阐述。

研究早期，艾博等（Aberer et al.，2001）提出了基于全局声誉的信任评估机制。在该系统中，节点之间完成交互后，可以对其他节点进行抱怨，然后 P2P 系统不断地收集这些抱怨信息，并以此计算各节点的声誉。但是该机制存在着一定的缺陷，即不能有效地抵抗一些恶意攻击，系统稳定性不高。

在艾博研究的基础上，卡瓦等（Kamvar et al.，2003）提出 EigenRep 模型。该模型通过节点之间的不断迭代以获取节点的可信度。在安全可信并且无恶意攻击行为的网络中，该模型能在很大程度上反映出节点的真实行为。但该模型也存在着一定的缺陷：需要一组先验的可信节点。这在开放的环境中很难实现，并且该模型每次计算信任值都需要全网迭代，导致整个网络通信成本高；模型采用结构化 DHT（distributed hash table）策略选择唯一节点放置信任值，若存储节点离线或者退出网络，会影响交易的进行甚至造成网络瘫痪。

窦等（Dou et al.，2004）针对 EigenRep 在安全性、收敛性等方面存在的问题，对其进行了改进，但是并没有对模型的效率问题进行考虑，对安全、收敛问题的解决并没有给出量化模型，而是通过一系列机制和措施实现的。该模型也通过结构化 DHT 策略进行信任值的分布式存储，因此也会存在单点失效问题。

宾等（Bin et al.，2002）提出一种 P2P 电子商务的社区机制声誉模型。该模型利用洪泛搜索机制，实现信誉数据的存取和获取。但是该模型也存在着一定的缺陷，使用洪泛搜索机制会增加系统的通信成本，并且该声誉模型并没有考虑交易过程中的交易因素对节点声誉的影响。

上述几位学者在评估交易信用时，并没有考虑除交易评分、交易成功、失败次数之外的因素。

熊（Xiong，2004）提出了 PeerTrust 信任模型，该模型考虑了交易满意度、交易数量、交易可信度、交易上下文和交易社区环境等因素，还提出了一种结构化的信任度计算方法，但是模型中并没有说明这些因素是如何确立的，也无法抵抗共谋攻击，并且推荐可信度的构造较为复杂。

宋等（Song et al.，2005）在模糊逻辑推理的基础上，提出了信任系统——FuzzyTrust。该系统在确定节点全局声誉的权重时，综合考虑了交易发生的时间、交易发生的金额以及节点的信任值。王等（Wang et al.，2008）为解决卖家通过廉价商品积累交易信任进而进行欺骗这一问题，提出一种新的交易信任评估模型。该模型在计算信任值时区分了交易金额。

国内学者也对 P2P 网络信任和 P2P 电子商务信任进行了研究。

姜守旭等（2007）提出一种基于声誉的 P2P 电子商务信任模型。该模型考虑了较为全面的信任因素，将节点的局部声誉和全局声誉聚合为节点的综合信任度，模型同样采用结构化 DHT 策略实现信任值的存储。然而该模型较为复杂，工程可操作性差。

李明（2007）在姜守旭的基础上提出了一种基于声誉的信任机制。该机制具有较强的准确性和抗攻击性。但是该模型并没有综合考虑交易过程因素（如交易失败次数、交易失败金额等）；在构造节点的评价质量时，需要找到源节点和推荐节点共有的交易节点组合，这会增加网络的通信成本。另外，该模型也采用结构化 DHT 策略实现信任值的存储。

李景涛等（2007）提出一种 P2P 环境下基于相似度加权的信任模型，完善了窦等（Dou et al.，2000）所给出的基于推荐的信任模型。该模型采用类似 EigenRep 的全局迭代方式，但是模型难以抵抗恶意攻击，需要节点具有良好的计算能力，并且数据的存储更新程序较为复杂，工程可操作性较低。

田慧容（2006）提出一种基于群的信任模型。在其模型中将信任分为三类：群与群之间的信任、群和群成员之间的信任以及网络中节点之间的信任，解决了在不存在信任关系时节点的信任决策问题。但是该信任模型较为粗糙，很多细节并没有完善。

黄宏涛（2009）对 P2P 信任关键技术进行了分析研究，提出了基于 Random Walk 理论的信任值搜索算法，将随机游走改进为择最优游走，使得搜索准确性和搜索速度得到了提升。但是该文章只是针对信任值搜索算法进行了研究，并没有提出相应的信任评估模型。

林怀清（2009）对 P2P 网络的信任进行研究，提出了多级模糊系统的信任模型，并且提出了信任关系网（TRN）的信任值存储方法，构建的信任关系网具有两种状态：随机信任关系网和超级节点的信任关系网，集中存储和分散存储相结合，很好地解决了信任值的存储问题。

总之，国内外学者对 P2P 网络信任和 P2P 电子商务信任进行了深入研究，但或多或少还存在着一些问题。例如，对交易过程因素考虑并不全面，导致信用评估模型缺乏准确性，对恶意攻击（如共谋攻击等）缺乏抵抗性。大多数文献并没有对信用管理机制进行细致阐述，包括信用数据的存储、更新和搜索，涉及这部分的文献多采用结构化策略和洪泛策略，也鲜有文献将信用评估机制和信用管理机制结合研究。

5.2　非平台式电子商务交易信用模型

非平台式电子商务信用管理技术对本章的研究具有重要的借鉴意义。因此，本节主要从交易信用评估模型和交易信用管理机制两方面进行阐述，为后面建立交易信用模型夯实理论基础。

5.2.1　交易信用模型分析

下面仅对几种典型的交易信用模型进行详细介绍：

5.2.1.1　基于身份的信用模型

基于身份的信用模型需要统一设定一定的安全管理域，主要是根据发出请求一方的身份进行身份授权。布莱兹等（Blaze et al.，1996）研发了第一代信任管理系统——PolicyMaker，通过一组政策声明、系列证书以及一个字符串来证明动作的可信程度，是凭借凭证和策略进行信任授权的。REFERE信任管理系统也是基于身份进行信任验证的，全部的信任决策均是通过政策制定而作出的（Chu，1997）。

5.2.1.2 基于信誉的信用模型

该类信用模型是目前最主要的信用管理模型，主要指导思想是考虑一种或者多种信任影响要素，然后聚合成节点的信用值。下面主要介绍两个比较典型的基于信誉的信用模型。

（1）EigenTrust 模型。EigenTrust 通过节点之间的不断迭代以获取节点的可信度（Kamvar，2003）。其指导思想是：节点 i 首先从与目标节点 j 有过交易的节点 k 处获得 j 相对于 k 的信誉，然后考虑节点 i 与节点 k 的局部可信度，进而综合出节点 j 的全局信誉度。具体计算如式（5-1）：

$$T_j = \sum_{k=1}^{N} (C_{ik} \times C_{kj}) \tag{5-1}$$

其中：T_j 为节点 j 的全局信誉度；C_{ik} 为节点 k 相对于节点 i 的局部可信度，计算公式为 $C_{ik} = \dfrac{Sat_{ik} - Unsat_{ik}}{\sum\limits_{k=1}^{N} (Sat_{ik} - Unsat_{ik})}$，$Sat_{ik}$ 和 $Unsat_{ik}$ 分别为节点 i 对节点 k 在交易过程中的满意次数以及不满意的次数；C_{kj} 为节点 j 相对于节点 k 的局部可信度，计算公式同 C_{ik}；N 为节点 k 的个数。

（2）PeerTrust 模型。该模型是李等（Li et al.，2004）针对 P2P 在线社区信任问题提出的解决模型，与 EigenTrust 模型一样，都是基于节点之间的迭代来获得节点的全局信誉。但是该模型引入了更多的信誉影响因素来增加评估的准确性，信誉影响因素包括交易满意度、交易数量、交易可信度、交易上下文和交易社区环境等。该模型虽然考虑了较为全面的因素，但却没有给出这些因素的确定方法。节点的全局信誉计算如式（5-2）：

$$T_u = \alpha \times \frac{\sum_{i=1}^{I(u)} S(u,i) \times C_r(p(u,i)) \times TF(u,i)}{I(u)} + (1 - \alpha) \times CF(u) \tag{5-2}$$

其中：T_u 为节点 u 的全局信誉；I(u) 为节点 u 提供服务的次数；p(u，i) 为节点 u 第 i 次交易的交易对象；S(u，i) 为节点 u 第 i 次交易获得的评价；$C_r(p(u,i))$ 为节点 u 第 i 次交易对象的反馈可信度；TF(u，i) 为交易上下文因素；CF(u) 为交易社区环境因素；α 为权重系数。

（3）基于模糊逻辑推理的信用模型。模糊逻辑推理是基于模糊理论进行信誉计算的一种方法，其主要工作内容如图 5 - 1 所示（Schmiat，2007）。

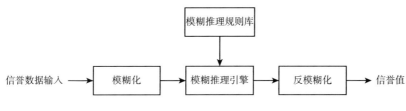

图 5 - 1　基于模糊逻辑推理的信用模型概念

从图 5 - 1 中可以看出，信誉数据输入后经过模糊推理引擎按照规则库中的规则进行处理，然后再经过反模糊化得到节点的信誉值。因此，基于模糊逻辑推理的信用模型其重点在于模糊规则库中规则的设计。输入的信誉数据可包括加权信誉值（WTV）、节点的可信度（AC）和意见权重（OW）（Schmiat，2007）。

5.2.2　交易信用管理机制分析

本节主要从信用数据的存储以及搜索两个方面进行阐述。

5.2.2.1　信用数据的存储

信用数据存储机制的核心是数据存放的位置和数据之间的分布关系。在不同的信用模型中，数据存储的模式有所不同，主要包括 m：1、1：1、m：n 三种情形。

（1）m：1 模式。多对一的模式是将所有节点的信用数据集中存储在一处，目前的电子商务平台是采用这种方式的。该模式的优点很明显，所有数据存储在一个中心服务器上，数据的存取、更新简单方便。但是这种存储模式也有其缺点，如负载不均衡，没有充分利用所有节点的存储能力，容易造成单点失效问题，进而导致网络瘫痪，并且这种存储模式也不符合众智交易网络的拓扑结构特点。

（2）1∶1 模式。一对一模式是将某一节点的信用数据存储到另一节点上，该存储节点又称为档案节点。这种存储方式主要用在结构化网络中，利用分布式 Hash 表（DHTs）机制来确定档案节点（Ratnasamy，2002）。一对一模式使得网络的负载得以均衡，但是其可靠性极度依赖于 DHT 等散列函数的可靠性，也容易造成单点失效问题，难以防止共谋作弊等行为。

（3）m∶n 模式。多对多模式是将每个节点的信用数据冗余存储在多个档案节点上。这种存储方式主要用于非结构化的网络中，但是在结构化的网络中也有应用。斯托卡（Stoica，2001）提出了 Chord 环方法将节点之间的映射从 1∶1 改进为 1∶n。

多对多模式将信用数据冗余存储在多个档案节点上，既解决了单点失效问题，又均衡了网络负载，从任意一个档案节点都可以获得相同的目标信用数据，可以用来辨别数据的真伪。

5.2.2.2 信用数据的搜索

目前，电子商务平台上卖家的信用数据全部存储在中心服务器上，买家通过访问服务器就可以获取到相应的数据。但是在非平台式电子商务中节点是分布式存在的，并没有一个中心平台。因此，在非平台式电子商务中信用数据的搜索主要通过以下两种方式。

（1）DHT 定位机制。该信用数据搜索方式主要用于结构化的交易网络中，网络中的各个节点都会存储部分路由数据，根据这些数据可以定位到部分节点，并负责存储一部分资源，从而实现整个网络的寻址和存储，但是具体寻址的细节要针对具体的拓扑结构来确定，常用的拓扑结构有 Chord 环、CAN、Pastry、Tapestry 等。下面以 Chord 环为例说明其定位过程，如图 5 - 2 所示，每个节点都有部分路由表（Finger Table）用于寻址定位，N 为节点的标识，K 为资源的标识，图中标示值为 54 的资源存储在节点 56 上。当节点 8 查找标示值为 54 的资源时，首先会查看自己保存的路由表，发现其路由表中 42 是最接近资源标示值 54 的，然后就会定位到节点 42 并向其进行查询，节点 42 收到请求时会进行和节点 8 同样的操作。重复上述的过程，最终定位到目标节点 56。

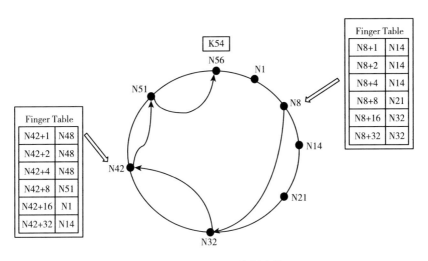

图 5 – 2 　 Chord 环资源查询

（2）洪泛搜索。该信用数据的搜索方式主要用于非结构化的交易网络中，因为在非结构化的网络中没有类似于 DHT 的定位机制，洪泛搜索成为不可避免的最常用的搜索机制。在这种搜索方式下，每个节点都会向其所有邻居节点转发查询请求，即使该邻居节点中没有存储目标信息，所以这种搜索方式会产生大量冗余信息，对网络资源消耗严重，容易造成网络堵塞。

5.3 　众智交易网络交易信用模型

众智交易网络的交易信用模型需要解决以下两个问题：第一，交易信用模型必须能够准确度量卖家对交易约定的履行程度，并且能够在六度分离的网络中抵抗恶意攻击；第二，构建一个高效的交易信用管理机制，包括信用数据（交易信用数据和评价数据）的存储、更新以及搜索，即如何在众智交易网络中存储数据，以及如何更快地获取到更多的信用数据。

针对第一个问题，本章构建了交易信用模型，将交易信用分为直接交易信用和推荐交易信用，并将两者综合形成卖家的综合交易信用。该模型充分考虑了交易过程因素，包括交易时间、交易评价、交易金额、交易状态、交易次数等，其中交易状态包括交易失败次数和交易失败金额，确保模型具有良好的准确性；并且将推荐节点分为两类，根据交易信用的传递性和交易信用的相似度分别构建了推荐可信度，确保模型能够抵抗恶意攻击。

针对第二个问题，本章构建了交易信用管理机制，提出采用"买家 + 朋友圈"相结合的存储方式，并对更新方式进行了介绍。这样做既均衡了网络负载，对网络的整体计算能力进行了充分利用，又解决了单点失效问题。构建了基于广度与深度相结合策略的信用数据搜索算法。该算法对查询请求的转发策略进行了优化，确保能够快速地在非结构化网络中获取到更多的与卖家相关的信用数据，为接下来的评价查看、交易信用评估做好准备。

5.3.1 交易信用影响因素分析

5.3.1.1 交易评价

在完成电子交易后，买家会根据交易的具体情况作出评价。该评价是对这次交易的综合评价，包括商品质量、卖家态度等。评价一般分为两种形式：一是数值评价；二是文字评价。其中，数值评价是对卖方总体表现情况的打分，文字评价则是买家通过文字来对交易作出评价。

已有研究表明，电子商务平台用户在进行交易之前，大都会参考由其他用户形成的历史购买记录、对卖家和商品的评价记录（Liu，2006；Hennig，2010；Gupta，2010）。这些参考记录在影响买家决策方面扮演着重要角色。交易评价是卖家履约表现的直接表现形式，这些历史交易评价是根据卖家对历史交易约定的履行程度作出的，是对卖家交易约定履行程度的评价。根据交易信用的定义，交易评价是评估卖家交易信用的一个重要影响因素。

在交易过程中并不是所有买家都会对卖家做出诚信评价，即根据卖家交易约定的履行情况真实地作出评价，在交易过程中会存在着不同评价质量的评价。真实充分的评价对其他买家的决策更有帮助，且更能准确地反映卖家对交易约定的履行程度（Dabholkar，2006）。而一些恶意评价，如共谋评价、诋毁评价、夸张评价，会混淆视听，会对卖家真实的交易信用产生一定的负面影响。因此要求交易信用模型能够抵抗这些恶意评价的攻击。

5.3.1.2　交易时间

交易信用的一个目的是预测未来卖家对交易约定的履行表现。交易履约表现是由卖家履行交易约定的能力和意愿共同决定的，这两者是主体行为的表现形式，在不同的时间阶段会有不同的表现。根据近因效应，距离当前时间越近的交易越能反映卖家的交易信用情况，越能影响买家是否作出购买的决策。

目前电子商务平台和研究文献大都没有考虑这一点，而是将历史上的每次交易都同等看待，不加区分。这样容易导致卖家在初期诚信服务，提供高质量的商品来迅速累计信用，当其销量累积到一定数量，有了良好的信誉，获得一定竞争优势后，卖家可能会放松对履约的要求，进而提供低质量的商品。这样一来，即使交易后期买家对卖家给予了差评，该差评也会被前期积累的大量好评稀释掉，对卖家的交易信用没有实质性的影响，有些卖家甚至以此为契机进行周期性欺骗。因此，将历史交易同等看待会导致"卖家欺骗""周期性欺骗"等恶意行为的发生。

本章通过引入时间衰减因子来将历史交易区别看待，即距离当前时间越近的交易，对交易信用的影响就越大，距离当前时间越远的交易，对交易信用的影响就越小。这样使得卖家只有通过持续进行诚信交易来保证良好的信用；如果卖家进行欺骗，那么初期进行的诚信交易会随着时间的迁移，对目前交易信用的影响会逐渐减弱至最后消失。

5.3.1.3　交易金额

交易金额是指买家在这次交易过程中所实际支付的金额，是除去促销优惠条件的减免或者店铺的抵用券之后的金额。

在电子商务交易过程中，收货和付款在时间上是分离的。在买家未收到货物之前，卖家实际上需要垫付一定的商品资金形成"应收账款"，交易过程中发生的交易金额越大，卖家所形成的"应收账款"额度也就越大，进而会对卖家的交易能力提出更高的要求，这在一定程度上能反映卖家交易约定的履行能力。有些卖家在交易过程中先提供大量低价值商品，来吸引大量买家购买，通过这种小额交易快速累计交易信用，当交易信用累计到一定的程度，获得一定的人气之后，再出售高价商品，进而形成了以小额交易累计起来的良好交易信用能否匹配上大额交易时卖家对交易约定的表现程度这一问题。

所以，本章将交易金额的大小引入交易信用模型中。即交易金额越大，对交易信用的影响就越大；交易金额越小，对交易信用的影响就越小。这样做能够增加交易信用模型的准确性，防止卖家利用小额交易累计信用再在大额交易时进行欺骗。

5.3.1.4　交易状态

交易状态是指交易的最终状态，即交易成功（交易完成）、交易失败（交易关闭），其造成交易状态的原因也各不相同，在众智交易网络中常见的交易状态及其原因可大致归纳为表 5-1 所示的几点。

表 5-1　　　　　　　　　　　交易状态及其原因

交易状态	交易原因	违约主体
交易成功	交易成功	无
交易失败	卖家取消交易	卖家
交易失败	买家退货	卖家
交易失败	卖家未发货	卖家
交易失败	买家未付款	买家
交易失败	买家取消交易	买家

对交易主体的预期就是对其履行交易约定的预期，包括交易过程中的行为和结果预期。如果交易主体能严格按照交易约定履行承诺，使得交易顺利进行直至成功，这就是履约的表现；而如果交易主体在交易过程中未能按照交易的约定履行承诺，导致交易不能继续甚至失败，这就是违约的表现。当出现交易失败的情况时，应该根据交易失败的原因找出违约主体，对于违约的主体，其交易信用应该降低；而未违约的主体，其交易信用不受影响。

每次失败的交易都有其具体的交易内容，包括交易失败状态、交易失败金额。交易失败能够影响交易主体的交易信用，这在上文已经分析过。通过上一小节分析可知，交易过程中的交易金额越大，卖家形成的"应收账款"额度也就越大，进而会对卖家的交易能力提出更高的要求。以此类推，如果商品价格越高，卖家却故意导致交易失败，那么对卖家交易信用的影响就会越大、越剧烈。

本章重点就卖家的交易信用进行研究，当由于卖家原因导致交易失败时，卖家的交易信用会受到一定的惩罚。本章引入了交易失败惩罚因子。惩罚因子中综合考虑了交易失败次数和交易失败金额两个因素。当由于卖家原因导致交易失败时，会对其信用作出较大的惩罚，使其交易信用迅速下降，这样使得卖家不会轻易导致交易失败。

5.3.1.5　推荐可信度

推荐可信度是对推荐节点提供的目标卖家交易信用的相信程度，此处的推荐节点是指和目标卖家也进行过交易的节点。

通过前面的分析，可以知道交易信用是指对卖家交易约定履行程度的预期，因为交易信用的社会性，这个预期不仅对自己进一步做出决策具有作用，也在一定程度上对他人产生影响。同时，买家对商品或者服务的选择很宽泛、不固定，所以与目标商家的交易历史可能很少，或者对自己的评估结果不够确信，而卖家所出售的商品或者服务种类、范围比较固定，与其交易的买家也会更多。所以在评估目标卖家的交易信用时，可以借鉴推荐节点对目标卖家的交易信用评估结果，这样可以保证评估结果更加全面。

但在借鉴推荐节点对目标卖家的交易信用评估结果时，要考虑的一个问题是：对这些推荐结果有多大程度上的信任。这就涉及推荐可信度问题，因为并不是所有人对目标卖家作出的评价都是真实可信的，所以必须加以区别。推荐可信度越高，对目标卖家交易信用的评估就会越准确；推荐可信度越低，对目标卖家交易信用的评估效果就会越差。

因此，本章引入了推荐可信度，使得买家对目标卖家交易信用的评估更加全面，同时也抵抗了恶意节点的攻击。

5.3.2 交易信用建模

5.3.2.1 直接交易信用

直接交易信用是指买家根据与卖家的直接历史交易得出对其的交易信用预期，是卖家交易约定履行程度的直接表现形式。直接交易信用与交易过程要素息息相关，包括交易评价、交易时间、交易金额、交易状态等。所以在给出直接交易信用计算公式之前，首先针对交易过程中的要素进行相应的建模分析。

（1）交易评价。交易评价是买家对卖家交易约定履行程度的评价，是卖家交易信用的体现。交易评价可以分为文字评价和数值评价，本章主要针对数值评价来评估卖家的交易信用。在大多数信用管理的模型中，仅仅使用"不满意""满意"的 0/1 评价标准，区分并不明显。所以本章采用连续评价法，即买家可以在 $[0, 1]$ 的范围内对卖家作出评价。这样既能反映买家的真实意愿，又有很好地区分能力，不只是对卖家作出非好即坏的评价。

（2）交易时间窗口。为了降低计算复杂程度以及存储负载，本章引入了时间窗口的概念。时间窗口的概念比较著名的是针对股票市场的时间窗口概念，通常将那些比较容易出现拐点的地方称作时间之窗。本章也沿用这个概念，定义一个时间窗口 T，根据具体应用场景对 T 的长度进行确定，如果买卖双方交易比较频繁，那么 T 的长度就可以设置得比较短；如果买卖双方交易比较稀疏，那么 T 的长度就可以设置得比较长。

利用时间窗口 T 将初始交易时刻到当前的这段时间分为若干个时间段，按照距离当前时间的远近记为：T_1，T_2，T_3，$\cdots$，T_w，T_w 是距离当前时间最近的一个时间窗口，每个窗口最后时刻分别记为：T_{end_1}，T_{end_2}，T_{end_3}，$\cdots$，T_{end_w}，T_{end_w} 是距离当前时间最近的时间窗口的最后时刻。

（3）时间衰减因子。通过前面的分析，可以看到距离当前时间越近的交易，对交易信用的影响就越大；距离当前时间越远的交易，对交易信用的影响就越小。为了将不同时间的交易进行区别对待，本章引入了时间衰减因子，如式（5 – 3）：

$$\gamma = e^{-\vartheta \times \Delta t} \qquad\qquad (5-3)$$

其中：γ 为时间衰减因子；ϑ 为衰减系数，$\vartheta \in (0, 1]$；Δt 为交易时刻与当前时刻的差值，$\Delta t = t_{now} - t_{transaction}$。

图 5-3 显示了 ϑ 取不同值时，交易的时间衰减因子 γ 的变化趋势，可以看出：ϑ 越大，衰减因子衰减得越快，即交易对信用的影响就越小。这可以有效防止卖家在前期累计信用，在后期进行欺骗。

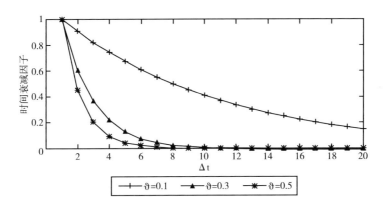

图 5-3　不同衰减系数下的时间衰减因子变化曲线

为了减少计算的复杂程度，本章用时间窗口衰减因子代替时间衰减因子，认为在一个时间窗口内发生的交易在时间上是没有差别的，这和现实生活中"一天之内发生的交易对信用的影响在时间上是一样的"的想法不谋而合，即时间衰减因子采用式（5-4）：

$$\gamma = e^{-\vartheta \times \Delta T} \qquad\qquad (5-4)$$

其中：ΔT 为当前时刻所处时间窗口与交易时刻所处时间窗口的差值，$\Delta T = T_{now} - T_{transaction}$。

（4）交易金额权重系数。通过前面的分析可以得出，交易金额越大，对交易信用的影响也就越大；交易金额越小，对交易信用的影响也就越小。为了衡量交易金额对交易信用的影响，引入了交易金额权重系数，如式（5-5）：

$$\omega_k = \frac{m_{wk}}{M_w} \qquad\qquad (5-5)$$

其中：ω_k 为第 k 次交易的金额对交易信用的权重系数；m_{wk} 为第 w 个时间窗口中第 k 次交易的交易金额；M_w 为第 w 个时间窗口内交易双方交易的金额总数，$M_w = \sum_{k=1}^{n} m_{wk}$。

从式（5-5）中可以看出，交易金额越大，其权重系数也就越大，进而对交易信用产生的影响也就越大，可以有效防止卖家通过小额交易累计信用再通过大额交易进行欺骗。

（5）交易失败惩罚因子。交易状态会对卖家的交易信用产生影响，为了引导交易主体诚实守信进行交易，在评估卖家的交易信用时，应该对违约交易进行惩罚。所以本章设置了交易失败惩罚因子，综合考虑了交易失败次数和交易失败金额，具体计算见式（5-6）。但是，在交易过中交易金额的变化范围太过广泛，交易金额可以为 1 元甚至更小，同样交易金额可以高达几千元甚至上万元，为了使交易失败惩罚因子的惩罚效果明显，本章将交易失败总金额按照大小进行了等级划分，具体划分等级如表 5-2 所示。

$$\varphi = \frac{f_w}{1 + e^{1-(z+g_w)}} \tag{5-6}$$

其中：φ 为交易失败权重系数；z 为第 w 个时间窗口内交易失败次数；f_w 为 0-1 变量，$f_w = \begin{cases} 0, & \text{第 w 个时间窗口无交易失败记录} \\ 1, & \text{第 w 个时间窗口有交易失败记录} \end{cases}$；$g_w$ 为第 w 个时间窗口内交易失败总金额的等级。

表 5-2 交易失败金额及其等级

交易失败金额（元）	交易失败金额等级
(0, 100]	1
(100, 300]	2
(300, 500]	3
(500, 1000]	4
(1000, 3000]	5
(3000, 5000]	6
>5000	7

图 5-4 为交易失败次数和交易失败总金额取不同值时，交易失败惩罚因子的变化趋势。从图中可以看出：交易失败次数越多，交易失败金额越大，交易失败惩罚因子就会越大，进而对交易信用的影响就会越剧烈，能够使交易信用迅速下降，所以能够防止失败交易的发生，规范交易主体的交易行为。

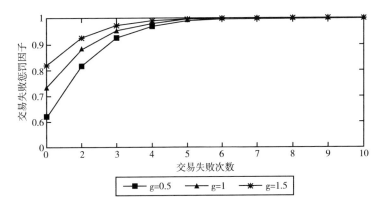

图 5-4   交易失败惩罚因子曲线

（6）直接交易信用。通过对交易信用影响要素的建模分析，时间窗口 T_w 内卖家 j 相对于买家 i 的直接交易信用可以按照式（5-7）进行计算：

$$D_{ij} = \sum_{k=1}^{n} C_k \times \omega_k - \left(\sum_{k=1}^{n} C_k \times \omega_k \right) \times \varphi \qquad (5-7)$$

其中：D_{ij} 为卖家 j 相对于买家 i 的直接交易信用；C_k 为第 k 次交易时买家 i 对卖家 j 作出的评价，$C_k \in [0, 1]$；ω_k 为第 k 次交易时交易金额的权重系数；φ 为交易失败惩罚因子；n 为时间窗口 T_w 内，买家 i 和卖家 j 的交易次数。

式（5-7）给出了时间窗口内交易信用的计算方式，为了提高交易信用的准确性和有效性，应该考虑用历史交易记录来综合考察卖家相对于买家的直接交易信用。所以本章采用一种时间窗口的迭代方式来计算卖家的当前直接交易信用，具体见式（5-8）：

$$D_{ij} = \mu \times D_{ij}^{T_{endw'}} + (1 - \mu) \times D_{ij}^{T_w} \qquad (5-8)$$

其中：μ 为历史交易信用权重系数；$D_{ij}^{T_{endw'}}$ 为除当前时间窗口外，有交易历史的时间窗口的最后时刻，卖家 j 相对于买家 i 的直接交易信用；$D_{ij}^{T_w}$ 为当前时间窗口内，卖家 j 相对于买家 i 的直接交易信用。

式（5-8）引入了历史交易信用权重系数，本章对此系数进行如下讨论：

①考虑交易时间因素。认为距离当前时间越远的交易，对卖家交易信用的影响就越小，即距离当前时间越远的信用数据，对当前交易信用产生的影响就越小，进而权重就越小。所以根据前面时间衰减因子的计算式（5-4），权重 μ 可以利用式（5-9）进行度量：

$$\mu = \frac{\gamma}{1 + \gamma} \tag{5-9}$$

②考虑交易金额因素。认为交易金额越大的交易对交易信用的影响越大，即累计交易金额越大的信用数据对当前交易信用的影响越大，进而相应的权重也就越大。所以 μ 可以利用式（5-10）计算：

$$\mu = \frac{\gamma \times M_{ij}^{T_{end_{w'}}}}{M_{ij}^{T_w}} \tag{5-10}$$

$$M_{ij}^{T_w} = \gamma \times M_{ij}^{T_{end_{w'}}} + M_w \tag{5-11}$$

其中：$M_{ij}^{T_w}$ 为截止到当前时间，买家 i 和卖家 j 累计交易金额；$M_{ij}^{T_{end_{w'}}}$ 为除当前时间窗口外，截止到有历史交易的时间窗口，买家 i 和卖家 j 的累计交易金额。

③同时考虑交易时间和交易金额因素，权重 μ 可以采用式（5-12）计算：

$$\mu = \frac{1}{2} \times \left(\frac{\gamma}{1 + \gamma} + \frac{\gamma \times M_{ij}^{T_{end_{w'}}}}{M_{ij}^{T_w}} \right) \tag{5-12}$$

为了提高交易信用的准确性，本章采用式（5-12）作为历史交易信用的权重系数，综合考虑交易时间和交易金额对交易信用的影响。

本章的直接交易信用取值范围为 [0, 1]，为了防止众智交易网络的冷启动问题，即新加入的卖家因为没有交易信用而不能进行交易。本章将卖家交易信用的初始值设置为 0.5，即处于可信与不可信之间。

式（5-7）和式（5-8）的直接交易信用值是很容易提高或者降低的，在众智交易环境下信用值的快速提升或者下降并不是好事，因为这样恶意节点就会很容易提升自己的交易信用值。为了规范交易环境，本章通过式（5-13）的方式控制直接交易信用的收敛速度：

$$D'_{ij} = 0.5 + \tau_1 \times (D_{ij} - 0.5) \qquad (5-13)$$

其中：D'_{ij} 为收敛后的卖家 j 相对于买家 i 的直接交易信用；τ_1 为直接交易信用收敛因子。

直接交易信用收敛因子的计算参见式（5-14）：

$$\tau_1 = e^{-\frac{1}{N_{ij}}} \qquad (5-14)$$

其中：N_{ij} 为买家 i 和卖家 j 累计交易次数。

从式（5-14）可以看出，$\lim\limits_{N_{ij} \to \infty} \tau_1 = 1$，即 D'_{ij} 随着交易主体交易次数的增加而不断接近通过计算得到的直接交易信用值，有效地控制了收敛速度，使卖家不能通过少数几次交易就迅速提升信用值。

5.3.2.2　推荐交易信用

推荐交易信用是指通过第三方推荐形成的对目标卖家 j 的交易信用预期。此处的第三方是指与目标卖家 j 有过交易的节点，也称作推荐节点。当买家 i 与目标卖家 j 之间并没有交易历史或者对卖家的交易信用不确定时，可以参考其他节点对目标卖家 j 的直接交易信用。

本章将推荐节点划分为两类：一类是推荐节点 l，该类推荐节点的特征是与买家 i 有过交易历史；另一类是推荐节点 s，该类推荐节点的特征是未与买家 i 有过任何交易历史。通过综合目标卖家 j 相对于这两类推荐节点的直接交易信用，形成目标卖家 j 相对于买家 i 的推荐交易信用。但是在计算推荐交易信用时，要针对这两类推荐节点分别考虑其推荐可信度，如图 5-5 所示。

通过上面的分析，可以得出本章对推荐交易信用的计算公式，见式（5-15）：

$$R_{ij} = \begin{cases} \delta_1 \times \sum\limits_{l=1}^{L} (\eta_l \times D'_{lj}) + \delta_2 \times \sum\limits_{s=1}^{S} (\eta_s \times D'_{sj}), & \text{有推荐节点} \\ 0.5, & \text{无推荐节点} \end{cases}$$

$$(5-15)$$

其中：R_{ij} 为卖家 j 相对于买家 i 的推荐交易信用；δ_1 为推荐权重系数 1；δ_2 为推荐权重系数 2；η_l 为推荐节点 l 的推荐可信度；η_s 为推荐节点 s 的推荐可信度；L 为推荐节点 l 的个数；S 为推荐节点 s 的个数。

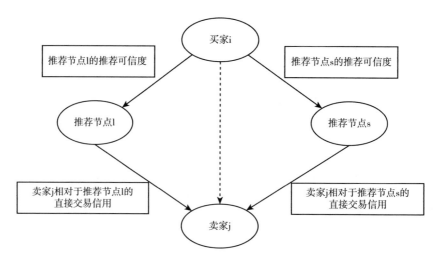

图 5 – 5　推荐交易信用逻辑

其中，利用交易信用的传递性得出推荐节点 l 的推荐可信度，根据社会心理学原理，人们对于自己越信任的个体所推荐的东西会产生越大程度的信任。所以本章推荐可信度 η_l 可以利用式（5 – 16）进行计算：

$$\eta_l = \frac{D'_{il}}{\sum_{l=1}^{L} D'_{il}} \tag{5-16}$$

推荐节点 s 未与买家 i 有过历史交易，所以不能利用交易信用的传递性计算其推荐可信度。本章利用目标卖家 j 相对于买家 i 的直接交易信用与目标卖家 j 相对于推荐节点 s 的直接交易信用的差异性来度量推荐节点 s 的推荐可信度，若这两者直接交易信用差别很大，则说明买家 i 和推荐节点 s 对同一事物的观点有很大差别，进而对推荐节点 s 的推荐值赋予很小的权重，这样可以避免恶意评价节点的攻击，具体计算参见式（5 – 17）：

$$\eta_s = 1 - \sqrt{(D'_{ij} - D'_{sj})^2} \tag{5-17}$$

δ_1、δ_2 为这两类推荐节点的推荐权重，权重的大小代表了对这两类推荐节点集合的相信程度，所以本章对这两个权重的计算进行了讨论：

一是考虑买家自己的信用策略。每个买家可以根据自己的信用策略设置权重系数的大小，如果对推荐节点 l 比较相信，即对根据其推荐形成的对卖家 j 的交易信用比较相信，则将 δ_1 设置得较大。

二是考虑交易金额的影响。推荐节点集合与卖家 j 发生的交易量越大，就越值得相信，即由其推荐所形成的对卖家 j 的交易信用越有价值；反之，则相反。所以，δ_1、δ_2 的计算可以参见式（5－18）：

$$\delta_1 = \frac{\overline{M_L^{(T_w)}}}{\overline{M_L^{(T_w)}} + \overline{M_S^{(T_w)}}}, \delta_2 = \frac{\overline{M_S^{(T_w)}}}{\overline{M_L^{(T_w)}} + \overline{M_S^{(T_w)}}} \qquad (5-18)$$

其中：$\overline{M_L^{(T_w)}}$ 为截止到当前时间，所有推荐节点 l 与卖家 j 累计交易金额的均值；$\overline{M_S^{(T_w)}}$ 为截止到当前时间，所有推荐节点 s 与卖家 j 累计交易金额的均值。

类似于直接交易信用，我们也不希望卖家 j 通过与少数几个节点进行交易就可以迅速提升其对买家 i 的推荐交易信用，所以本章对推荐交易信用的收敛速度进行了控制，参见式（5－19）：

$$R'_{ij} = 0.5 + \tau_2 \times (R_{ij} - 0.5) \qquad (5-19)$$

其中：R'_{ij} 为收敛后的卖家 j 相对于买家 i 的推荐交易信用；τ_2 为推荐交易信用收敛因子。

推荐交易信用收敛因子的计算参见式（5－20）：

$$\tau_2 = e^{-\frac{1}{L+S}} \qquad (5-20)$$

从式（5－20）可以看出，$\lim_{(L+S)\to\infty} \tau_2 = 1$，即 R'_{ij} 随着卖家交易邻居的增加而不断接近通过计算得到的推荐交易信用值，有效地控制了收敛速度，使卖家不能通过与少数几个节点交易就迅速提升信用值。

5.3.2.3 综合交易信用

综合交易信用是直接交易信用和推荐交易信用的综合，既考虑了买家自己的观点，也参考了其他节点的观点，使得信用评估结果准确而且全面。

本章对综合交易信用的计算参见式（5－21）：

$$T_{ij} = \alpha \times D'_{ij} + \beta \times R'_{ij}, (\alpha + \beta) = 1 \qquad (5-21)$$

其中：T_{ij} 为卖家 j 相对于买家 i 的综合交易信用；α 为直接交易信用权重系数；β 为推荐交易信用权重系数。

权重系数 α、β 是综合交易信用计算过程中的关键问题，本章对直接交易信用权重系数 α、推荐交易信用权重系数 β 的计算进行如下讨论：

（1）考虑买家自己的信用策略。类似于推荐交易信用中推荐权重 δ_1 和 δ_2 的处理方式，每个买家根据自己的信用策略制定权重系数。如果买家对自己的交易历史比较了解、有信心，那么买家更应该相信卖家相对于其的直接交易信用；反之，则更应该相信卖家相对于其的推荐交易信用。

（2）考虑交易金额因素。认为自己与卖家的历史交易金额越大，对交易信用产生的影响也就越大，直接交易信用权重越大；自己与卖家的历史交易金额越小，对交易信用产生的影响也就越小，直接交易信用权重越小。所以对直接交易信用权重系数可利用式（5-22）计算：

$$\alpha = \frac{M_{ij}^{(T_w)}}{M_{ij}^{(T_w)} + \overline{M_{LS}^{(T_w)}}} \tag{5-22}$$

其中：$M_{ij}^{(T_w)}$ 为截止到当前时间，买家 i 和卖家 j 的累计交易金额；$\overline{M_{LS}^{(T_w)}}$ 为截止到当前时间，推荐节点与卖家 j 累计交易金额的均值，$\overline{M_{LS}^{(T_w)}} = \dfrac{\sum\limits_{k=1}^{L+S} M_{kj}^{(T_w)}}{L+S}$。

（3）考虑交易次数。买家与卖家的交易次数越多，则买家对卖家就越了解，进而对卖家相对于其的直接交易信用的信心越大，即直接交易信用的权重就会越大；反之，则推荐交易信用的权重越大。所以对直接交易信用权重系数可利用式（5-23）计算：

$$\alpha = \frac{N_{ij}}{N_{ij} + \overline{N_j}} \tag{5-23}$$

其中：N_{ij} 为买家 i 和卖家 j 的累计交易次数；N_j 为推荐节点与卖家 j 累计交易次数的均值，$\overline{N_j} = \dfrac{\sum\limits_{k=1}^{L+S} N_{kj}}{L+S}$。

（4）同时考虑交易金额和交易次数因素，交易信用权重可利用式（5-24）计算：

$$\alpha = \frac{1}{2} \times \left(\frac{M_{ij}^{(T_w)}}{M_{ij}^{(T_w)} + \overline{M_{LS}^{(T_w)}}} + \frac{N_{ij}}{N_{ij} + \overline{N_j}} \right), \beta = 1 - \alpha \tag{5-24}$$

为了提高综合交易信用的准确性，本章采用式（5-24）作为直接交易信用和推荐交易信用的权重系数。

5.4　众智交易网络的交易信用管理机制

众智交易网络是一个六度分离的非结构化网络。根据其拓扑结构特点以及交易流程特点，本章采用"买家＋朋友圈"的存储方式，将信用数据冗余存储在一度朋友圈中。这样做既充分利用了网络的计算、存储能力，还有效解决了单点失效问题。买家与卖家交易完成后，会对卖家作出评价，根据与此卖家的历史交易记录计算其直接交易信用并进行更新，然后将评价和有关的信用数据发布到一度朋友圈。所以每个节点都应有两个信用数据表，分别是直接信用数据表和朋友圈信用数据表。直接信用数据表是记录与自己有过交易的卖家交易历史，由买家自己保存，数据表具体结构如表 5 - 3 所示。而朋友圈信用数据表是记录从朋友圈中收到的信用数据，记录的是朋友圈中朋友节点对交易过的卖家的信用评估信息以及评价信息，此表中的数据是用来对信用查询请求作出反馈的，数据表中每个字段说明如下：（1）卖家 & 商品 ID：卖家以及买家所购买的商品的唯一标识。（2）评估买家 ID：发布该条信用数据的买家。（3）交易时间：该次交易发生的具体时间，不是时间窗口，用途是当数据表容量已满时，作为删除信用数据记录的判断条件。（4）数值评价：评估买家针对卖家对交易约定履行情况作出的数值评价。（5）文字评价：评估买家针对卖家对交易约定履行情况作出的文字评价。（6）卖家累计交易金额：截止到当前时间，评估买家与卖家的累计交易金额。若数据表中关于同一卖家有多条记录，则该字段的数值是一样的。（7）卖家交易次数：截止到当前时间，评估买家与卖家的累计交易次数。同第（6）条所述，若有关于同一卖家的多条记录，则该字段的数值是一样的。（8）直接交易信用：卖家相对于评估买家的直接交易信用。同第（6）条所述，若有关于同一卖家的多条记录，则该字段的数值是一样的。

对于信用数据的搜索可以采用洪泛方法或者广深结合的搜索方法等。

具体结构如表 5 - 4 所示。

表5-3 直接信用数据表

卖家 ID	交易窗口	上一交易窗口	数值评价	交易次数	此次交易金额	窗口交易金额	累计交易金额	交易失败次数	交易失败金额	直接交易信用
BID_1	T_1	T'_1	C_1	N_1	m_1	M'_1	M_1	z_1	F_1	D_1
BID_2	T_2	T'_2	C_2	N_2	m_2	M'_2	M_2	z_2	F_2	D_2
BID_3	T_3	T'_3	C_3	N_3	m_3	M'_3	M_3	z_3	F_3	D_3
…	…	…	…	…	…	…	…	…	…	…

表5-4 朋友圈信用数据表

卖家&商品 ID	评估买家 ID	交易时间	数值评价	文字评价	卖家累计交易金额	卖家交易次数	直接交易信用
$BID_1\_CID_1$	UID_1	t_1	C_1	A_1	M_1	N_1	D_1
$BID_1\_CID_2$	UID_2	t_2	C_2	A_2	M_1	N_1	D_1
$BID_2\_CID_1$	UID_3	t_3	C_3	A_3	M_2	N_2	D_2
…	…	…	…	…	…	…	…

信用数据存储流程如图5-6所示。

图5-6 信用数据存储流程

直接信用数据表采用取代方式进行更新，即与某卖家发生交易时，如果直接信用数据表中已存在该卖家的记录，则直接在旧有记录上进行更新；反之，则将该交易记录到直接信用数据表中，采用这种更新方式能够保证表中的数据是最新的，节省了存储空间。

为了减少节点的存储空间，朋友圈信用数据表具有一定的容量，只保留最近一段时间（如3个月）的信用数据记录，最近的评价信息最能反映卖家对交易约定的履行情况，符合近因效果。当从朋友圈中收到最新信用数据时，若朋友圈信用数据表的容量已满，则将距离当前时间最远的一条信用数据记录删除，将新的信用数据记录放入；若朋友圈信用数据表的容量未满，则直接将最新的信用数据记录放入数据表中。采用这种更新方式，能够保证朋友圈信用数据表的记录都是最近一段时间的。朋友圈数据表中的每一条数据都是评估节点发布的。

5.5　仿真实验

上一节构建了众智交易网络的交易信用模型，在该模型中，交易信用取决于两个方面：基于买家历史交易形成的直接交易信用，以及通过推荐节点的推荐而形成的推荐交易信用。建立交易信用模型的目的是能准确评估卖家对交易约定的履行情况并且能够抵抗网络中恶意节点的攻击，使得交易环境安全、可信。为了验证交易信用模型的准确性和抗攻击性，本节利用 NetLogo 软件对该模型进行仿真实验。

5.5.1　NetLogo 介绍

NetLogo 是一个可以用来对众多自然现象和社会现象进行仿真模拟的建模编程环境。其于 1999 年由乌里威伦斯基公司（UriWilensky）发起，由连接学习和计算机建模中心（CCL）负责对其进行持续开发。

NetLogo 是近来人工智能领域较为流行的多智能体仿真建模工具。对随时间演化的系统进行仿真时，NetLogo 表现出良好的性能，人们可以对运行的每个主体"Agent"发出行动指令。NetLogo 软件中定义了四种类型的主体：turtles、patches、links 和 observers。turtles 是在 NetLogo 世界中移动的主体，在世界里行走；NetLogo 世界是一个被划分成网格的二维环境，每个网格对应着一个 patches 主体，turtles 在其上移动；links 是对两个 turtles 进行连接的主体，没有位置，也不在任何 patches 之上；observers 是监视着所有 turtles 和 patches 的主体，可以被想象成俯瞰着这个世界的主体，同 links 一样也没有位置。建模人员可以使用"ask"指令对每个主体发出命令，可以使得每个主体具有自己的数据和动作策略，也可以通过这些指令让世界中的主体可以彼此交互，主体彼此之间的交互形成了交互的宏观模式，因此可以探究宏观模式与个体行为之间的关系。

通过上面的分析，可以利用 NetLogo 中的主体模拟众智交易网络中的节点。因为在 NetLogo 中不仅可以定义不同的主体，而且不同的主体可以有不同的数据和动作策略，所以可以利用 NetLogo 模拟众智交易网络中不同服务类型的卖家以及不同评价类型的买家；又因为 NetLogo 中可以通过"ask"指令让主体之间进行交互，所以可以利用 NetLogo 模拟众智交易网络中的交易过程、评价过程以及交易信用计算过程。

5.5.2　实验设计

在仿真实验中，对买家和卖家没有严格区分。有的节点既可以作为卖家也可以作为买家，这也符合众智交易网络的特点，所以以下统称为节点。

按照提供服务的质量，将网络中的所有节点分为四类，即诚信服务节点、不诚信服务节点、随机服务节点、震荡服务节点。诚信服务节点在交易中一直都是提供诚信服务的；不诚信服务节点在交易中一直都是提供不诚信服务的；随机服务节点在交易中提供的服务是随机的，即时而提供诚信服务，时而提供不诚信服务；震荡服务节点提供的服务质量具有周期性，即一段时间提供诚信服务，下一时间段提供不诚信服务，如此反复。

在交易网络中，按照评价质量，将网络中的节点分为诚信评价节点、夸张评价节点、共谋评价节点、诋毁评价节点。诚信评价节点在交易后总是真实地对其交易对象进行评价；夸张评价节点在交易后总是夸大对其交易对象的评价；共谋评价节点在交易后对其共谋同伙的评价偏高，而对共谋同伙之外的节点评价偏低；诋毁评价节点在交易后对其交易对象的评价总是偏低。在仿真实验中，本章设置了一个服务质量参数 service-quality（用 r 表示）来实现上面的评价策略，诚信服务节点的服务质量用该参数来表示，那么诚信评价节点给诚信服务节点作出的评价就为 r，给不诚信服务节点作出的评价为 1 - r；夸张评价节点则是根据夸张因子 Exaggeration 对交易对象作出评价，如对诚信服务节点作出的评价为 r + Exaggeration × (r - 0.5)；共谋评价节点对其共谋同伙的评价为 r，而对非共谋同伙的评价为 1 - r；诋毁评价节点对其交易对象的评价均是 1 − r，这里假设任何节点提供的服务都能得到相应的评价。

在仿真实验中，所有的交易历史均存储在自身节点上，节点选择目标节点进行交易，然后对其作出相应的评价并计算对其的交易信用（包括直接交易信用、推荐交易信用以及综合交易信用）。节点在 1 到 Money-upper-limit 之间随机选择一个整数作为此次交易的交易金额。具体仿真参数设置如表 5 − 5 所示。

表 5 − 5　　　　　　　　主要参数设置

参数设置	说明	初始值
Number-turtles	节点总数	100
Service-quality	服务质量	0.85
Dishonest-rating	不诚信节点比例	5%
Random-rating	随机服务节点比例	5%
Disturbing-rating	震荡服务节点比例	5%
Honest-rating	诚信评价节点比例	85%
Collusion-rating	共谋评价节点比例	5%
Exaggeration-rating	夸张评价节点比例	5%
Slande-rating	诋毁评价节点比例	5%
Exaggeration	夸张节点的夸张比例	20%
Shake	震荡因子	10
Random	随机服务因子	20%
Request-frequency	节点交易频率	60%
Failure	交易失败概率	20%
Time-decay	时间衰减系数	0.7
Time-window	时间窗口	5
Money-upper-limit	交易金额上限	100

5.5.3　准确性仿真分析

本小节主要是对交易信用模型的准确性进行考察，模型的准确性主要体现在直接交易信用计算的准确性上。所以在本小节将所有节点设为诚信评价节点，本小节实验数据的来源为诚信评价节点对其邻居节点的直接交易信用值的均值。

图5-7给出了不同服务类型节点的直接交易信用的变化趋势。从该图中可以看出，本章提出的直接交易信用具有良好的区分能力，四类节点的直接交易信用具有不同的演化走势。诚信服务节点因提供诚信服务，其直接交易信用不断提升；不诚信服务节点因提供不诚信服务，其直接交易信用不断下降；随机服务节点和震荡服务节点的直接交易信用处于诚信服务节点和不诚信服务节点之间，其交易信用值相对较低。其中，震荡服务节点的直接交易信用随着震荡周期而不断震荡，时高时低。这说明本章提出的直接交易信用具有良好的准确性，能正确、有效区分不同的服务节点，在实际交易中能准确区分不同服务质量的卖家。

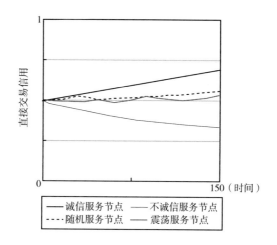

图5-7　直接交易信用变化趋势

图5-8显示了时间窗口 T 对直接交易信用收敛速度的影响。图5-7是在时间窗口 T=5 下的直接交易信用走势图，图5-8是在时间窗口 T=10 下的直接交易信用走势图，时间窗口越长，说明时间窗口内的交易次数越多。通过比较可以发现，时间窗口 T 越大，直接交易信用收敛得越慢，这是因为时间窗口越大，历史交易数据对直接交易信用的影响就会越大，在收敛之前通过历史交易数据得到的直接交易信用是相对偏低的。

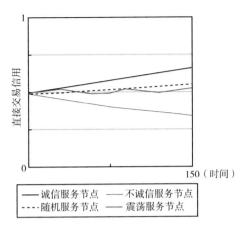

图 5 - 8　时间窗口与收敛速度的关系

图 5 - 9 显示了时间衰减系数 ϑ 对直接交易信用收敛速度的影响。图中各曲线从上至下的时间衰减系数依次为 0.95、0.9、0.85、0.8、0.7。以诚信服务节点为例，从图中可以看出时间衰减系数 ϑ 越大，直接交易信用收敛得越快；时间衰减系数越小，直接交易信用收敛得越慢。时间衰减系数反映了历史数据对直接交易信用的影响，时间衰减系数越大，时间衰减因子就越小，则历史数据的作用越小；反之，历史数据的作用越大。所以在收敛之前通过历史数据获得的直接交易信用是偏低的，故呈现出图 5 - 9 的趋势。

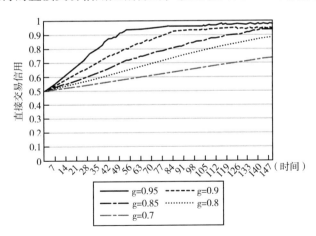

图 5 - 9　时间衰减系数对直接交易信用收敛速度的影响

图 5 - 10 显示了震荡服务节点的直接交易信用趋势。考察了在震荡因子分别取 10、20、30 时其直接交易信用的变化情况，其中震荡因子为此类节点

提供诚信服务和不诚信服务的时间周期。从图中可以看出，震荡因子越大，
震荡服务节点的直接交易信用的变化幅度就会越大；反之，则相反。

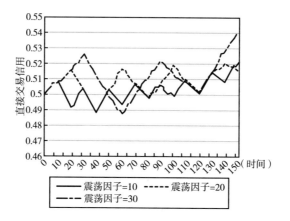

图 5 – 10　震荡因子对直接交易信用的影响

图 5 – 11 显示了交易金额与直接交易信用的关系。以诚信服务节点为例，
从图中可以看出交易金额的上限越大，总体而言，交易双方的交易金额就越
大，直接交易信用就越大，其收敛速度就越快；交易金额的上限越小，总
体而言交易双方的交易金额就越小，直接交易信用就越小，其收敛速度就
越慢。这也验证了前面分析的交易金额与交易信用的关系，同时也能够在
很大程度上避免出现卖家通过小额交易积累信用再通过大额交易进行欺骗
的问题。

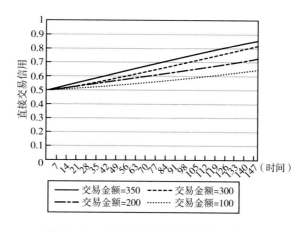

图 5 – 11　交易金额对直接交易信用的影响

图 5 - 12 显示了交易失败次数与直接交易信用的关系。以震荡服务节点为例,从图中可以看出,随着交易失败概率的增加,其直接交易信用在不断降低。在交易信用建模中考虑了交易状态因素,当由于卖家原因导致交易失败时,会对其的交易信用进行惩罚,并且交易失败次数越多,惩罚越大,故呈现出图 5 - 12 的趋势。这样可以有效避免卖家的恶意行为。

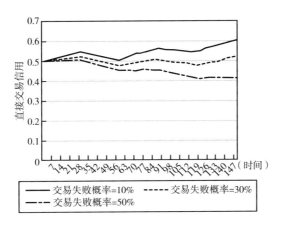

图 5 - 12   交易失败对直接交易信用概率的影响

5.5.4   抗攻击性仿真分析

本小节的实验目的主要是考察交易信用模型的抗攻击性。模型的抗攻击性主要体现在综合交易信用上,即考察模型对网络中恶意攻击的抵抗性,在存在恶意评价(包括共谋评价、夸张评价、诋毁评价)的交易环境下能否正确识别节点的服务类型,使得节点的综合交易信用值不会出现很大的偏差。所以本实验从不同的攻击强度下考察交易信用模型的抗攻击能力,即考察不同恶意评价节点比例下交易信用模型的抗攻击能力。不同攻击强度的具体设置见表 5 - 6。

表 5 - 6 攻击强度设置   单位:%

攻击强度	共谋评价节点比例	夸张评价节点比例	诋毁评价节点比例	恶意节点比例
轻度攻击	5	5	10	20
中度攻击	15	15	20	50
重度攻击	20	20	30	80

图 5 - 13 和图 5 - 14 显示了轻度攻击和中度攻击下四类服务类型节点的综合交易信用的变化趋势。从图中可以看出，该交易信用模型具有良好的抗攻击能力，在存在恶意评价的交易网络中仍然能将不同服务类型节点区分开来，使他们的综合交易信用具有不同的走势。诚信服务节点，由于不断提供诚信服务，其综合交易信用不断提升；相反，不诚信服务节点的综合交易信用不断下降；随机服务节点和震荡服务节点的综合交易信用总是低于诚信服务节点、高于不诚信服务节点，并且表现出一定的波动性，这与其随机服务因子和震荡因子有关。

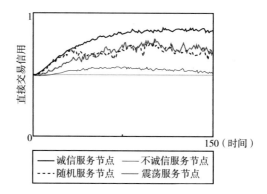

图 5 - 13　轻度攻击下综合交易信用的变化趋势

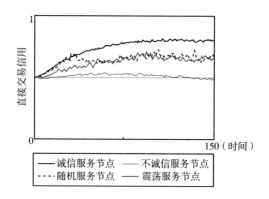

图 5 - 14　中度攻击下综合交易信用的变化趋势

从图 5 - 13 和图 5 - 14 中可以看出，本章的交易信用模型能够在存在恶意攻击的环境下正确区分不同服务类型的节点，并且与恶意攻击强度关系不大，在不同的攻击强度下仍能保持模型的有效性。这也证明了该模型具有良好的抗攻击能力。

图 5 – 15 显示了重度攻击下四类服务类型的节点综合交易信用的变化趋势。从图中可以看出，在重度攻击下，虽然恶意评价成为交易网络中的主流评价，诚信服务节点因为网络中的恶意评价，其综合交易信用有所下降。但是该交易信用模型仍然能够将不同服务类型的节点区分开来，诚信服务节点的综合交易信用还是处于相对较高的水平。这也进一步证实了该交易信用模型的抗攻击性。

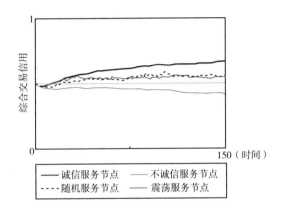

图 5 – 15 重度攻击下综合交易信用的变化趋势

为了进一步验证该交易信用模型的抗攻击性，本章设置了对比试验。抗攻击性主要体现在能否对推荐节点进行有效识别。本章将推荐节点分为两类，分别针对每类节点构建了推荐可信度，以此来识别恶意评价节点。因此，本章将对比模型（用 ARM 模型表示）中所有推荐节点的推荐可信度设为一样，即不对推荐节点进行识别。

将本章提出的交易信用模型和 ARM 模型在中度攻击下进行对比，对比试验以诚信服务节点为例，对比结果如图 5 – 16 所示。从图 5 – 16 中可以看出，诚信服务节点的综合交易信用在本章模型下处于较高水平并且在不断上升。ARM 模型因为不能有效抵抗恶意攻击，被网络中充斥的共谋评价、诋毁评价以及夸张评价所影响；诚信服务节点的综合交易信用处于较低水平并且上升极为缓慢，这也从侧面体现了该交易信用模型的有效性和抗攻击性。

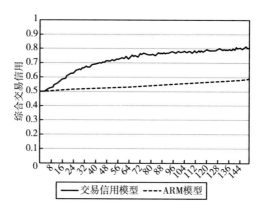

图 5 - 16   对比试验

本章对目前交易信用模型存在的问题，众智交易网络的特点，以及对众智交易网络的交易信用问题进行了研究。本章主要的研究工作及研究结论如下：

（1）分析目前电子商务存在的问题以及未来发展方向，并对其中的交易信用问题进行文献检索与深入研究。研究结果显示，交易信用方面的模型存在着些许问题：交易信用度量片面化、准确性不高、抗攻击性不足、交易信用评估机制与交易信用管理机制结合欠密切等。

（2）对交易信用以及众智交易网络的有关理论进行阐述。本章辨析了信用、信任和信誉之间的区别与联系，认为信用和信誉是建立在信任基础上的，信任更侧重于道德层面，信誉是对主体的综合评价，而信用更多的偏向于经济利益方面；对众智交易网络的总体框架以及众智交易网络的具体交易流程进行了介绍。

（3）构建了众智交易网络的交易信用模型。本章将交易信用分为直接交易信用和推荐交易信用，首先，分别对交易过程中交易信用影响要素进行建模，进而给出了直接交易信用的计算方法；将推荐节点分为两类，并分别根据交易信用的传递性和相似度进行了推荐可信度的建模，进而给出了推荐交易信用的计算方法。其次，通过权重系数对直接交易信用和推荐交易信用进行综合，并对权重系数的确定开展相关讨论。最后，通过仿真实验，证明了该交易信用模型具有良好的准确性和抗攻击性。

（4）构建了众智交易网络的交易信用管理机制。通过分析众智交易网络的具体交易流程以及网络拓扑结构，提出了"买家＋朋友圈"的信用数据存储方式，每个买家节点拥有一张直接交易信用数据表，用来统计、计算卖家的直接交易信用；而朋友圈中每个节点拥有一张朋友圈信用数据表，用来统计朋友圈中发布的信用数据。当进行信用数据搜索时，节点利用该数据表作出反馈，提出了基于广度与深度相结合策略的信用数据搜索算法。该算法对查询请求的转发策略进行了优化，综合考虑了信用数据搜索响应度、节点路径使用满意度以及节点平均响应时间，让网络中的每个节点都具有一定程度的智能。每次查询或者转发查询请求时都会选择答复时间短并且最有可能存储目标信用数据的朋友圈节点。通过仿真实验，验证了该信用数据搜索算法能够快速地获取到更多关于目标卖家的信用数据，为后面的信用评估和查看评价做好准备。

针对众智交易网络将交易信用评估机制和交易信用管理机制结合研究，理论方面的分析和仿真实验结果均表明，该交易信用评估模型和交易信用管理机制具有良好的性能以及可行性，有助于众智交易网络的发展与应用。

第 6 章

智能交易的评估标准与技术

众智网络中存在各种形式的交易活动，本章针对网络化产业经济社会形态下交易活动的普适性，结合不同的智能交易模式，对交易智能化程度进行评估，建立了各种智能交易模式下的评估指标体系，并采用模糊综合评价方法进行评价。

6.1 智能化程度的体现

以众智网络中各个智能体之间能够高效、快速、低成本地交易为目标，对于不同的具体应用场景，智能的体现会有所差异，但共性的智能化程度主要体现在以下四个方面：

6.1.1 供需信息的自动采集能力

众智网络应具有一定程度的精准需求与供给的智能化获取能力。它可以运用自然语言解析技术、文字（图像）解析技术实现模糊供给和需求的智能、精准获取，运用物联网与大数据技术对供给和需求方的网络行为轨迹进行挖掘分析，并通过聚类方法抽取解析供给和需求的关键维度，运用宏观建模方法建立众智网络供给指数和需求指数等。

6.1.2　快速查找与精确匹配能力

众智网络表现为去中心化、去中介化。在该网络中，供需双方应能够快速准确找到彼此。交易主体通过文字、语音等方式输入搜索、咨询、购买需求后，系统通过关键字分解，不仅可以获得交易主体的具体需求，如商品名、购买地、数量、价格、配送时间、配送地点、支付方式等详细信息；并且能够基于智能交易主体和交易客体的属性，从智能水平、心理倾向、产品（服务）质量、交易价格、交易时效五个维度形成交易主体的偏好。在此基础上，通过一定的搜索算法快速、准确、高效、节能地找到精准匹配的供需信息资源。

6.1.3　聚集众人智慧进行交易推荐与决策支持的能力

众智网络对交易评价数据进行分析与挖掘，并基于交易历史记录和评价数据形成推荐系统，为交易主体提供更可靠的交易环境。根据交易主体需求模型分析交易主体各需求重要程度，构建需求云，直观展示各项需求的重要程度，通过点击任一需求可查看相应需求历史与当前推荐商品。根据买方交易主体的特点，识别主体需求场景，根据商品关联规则、交易主体的偏好、历史交易记录、库存状态、交易评分和评语，运用各种推荐算法主动推荐不同类型的商品。

6.1.4　维持交易系统持续发展的能力

众智网络的可持续发展离不开高效的交易信用管理机制。在众智交易中，交易双方因为时间、空间等原因，可能存在严重的信息不对称。此时，交易主体可能会在最大化自身利益的驱使下实施包括机会主义行为在内的非理性行为，从而给智能交易带来不确定性。通过对交易主体的履约程度进行精准、持续的度量，可以构建一个高效的交易信用管理机制，从而有效保证交易的顺序执行，并且通过"良币驱逐劣币"，实现众智网络的可持续发展。

6.2 智能交易评估体系

众智网络以实现高效率、低成本的智能交易为目标。本节首先从高效、快速、低成本等方面分析智能交易评估的角度。在此基础上，从交易的时间、成本及精准度等维度构建智能交易评估指标体系。

6.2.1 智能交易评估的角度

（1）高效。智能交易的高效主要体现在精准需求的智能获取方面，主要是基于精准供给信息研究提出精准需求智能获取模型与方法，包含基于自然语言的模糊需求精准识别模型与方法；基于文字（图像）的模糊需求精准识别模型与方法；基于个体（群体）偏好的模糊需求精准识别模型与方法。智能交易能够结合相关用户的属性数据以及行为数据，识别用户的偏好，让系统知道用户想要买什么、甚至诱导用户新的购买需求。

（2）快速。智能交易的快速主要体现在通过一定的搜索算法快速、准确、高效、节能地找到精准匹配的供需信息资源和交易对象，快速构建供应链生产满足需求。

（3）低成本。智能交易的低成本主要体现在降低交易成本，包括搜寻成本和信息成本，一是交易主体的聚集，即网络的规模，有充足的主体提供相关产品和服务；二是交易主体和客体的信息完备性、真实性；三是快速精确匹配，找到合适的供应商。此外，智能交易的低成本还体现在议价成本，能够形成自动的价格形成机制；决策成本，能够通过智能推荐、价格透明、交易评估与信用，建立可信交易环境；监督与违约成本，能够对交易进行全过程的跟踪，交易过程证据保全，建立违约、失信的惩罚机制。

6.2.2 智能交易评估指标

6.2.2.1 指标体系的确立

对智能交易进行评估，需要构建基于供需双方视角智能交易评估指标体系，开发相应的智能交易评估方法和智能交易评估标准。在评估指标方面，本书提出基于智能交易的时间、成本及精准度等指标的评估体系。时间维度主要评估交易过程的耗时及时效性等因素；成本维度主要评估搜索、谈判及决策成本等；精准度维度则细化为客体的一般性及特殊性和需方与供方的主观满意度等因素。

智能交易评估指标体系的构建步骤为：首先应明确评估目的，建立总体目标层；其次向下分解总目标为各级指标体系；最后根据智能交易具体情况对各项指标体系进行加权。经过上述步骤，产生了一个评估体系的总表。该体系中包括 3 个二级评估指标和 14 个三级评估指标，具体如图 6-1 所示。

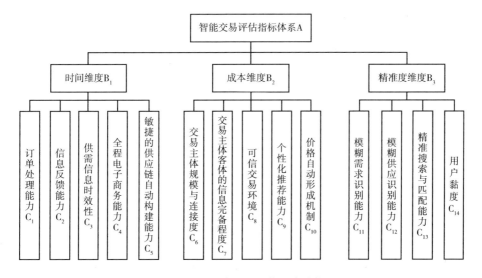

图 6-1 智能交易评估层次结构

6.2.2.2 指标体系的分析

（1）时间维度。在智能交易过程中，时间维度主要评估交易过程的耗时及时效性等因素，具体包括下列评估的指标。

①订单处理能力：订单管理部门对客户的需求信息进行及时处理，是从客户下订单开始到客户收到货物为止，这一过程中的所有订单处理活动。

②信息反馈能力：查找商品信息的搜索反馈，或出现误差后能够及时反馈信息的能力，例如价格误差、物流信息更新误差等。

③供需信息时效性：当订单下达后的发货速度、库存信息更新速度。

④全程电子商务能力：信息、交易、支付、物流、评估五个环节无缝衔接，全过程可跟踪、可追溯。

⑤敏捷的供应链自动构建能力：针对个性化的需求，如西装能够快速构建生产供应链，履行订单；或者第四方物流服务多—多精准匹配与路线优化。

（2）成本维度。成本维度主要评估搜索、谈判及决策成本等，具体包括下列评估的指标。

①交易主体规模与连接度：智能主体能实现信息共享、及时反馈，保证搜索成本。

②交易主体客体的信息完备程度：智能交易的主体更智能、客体更丰富，降低评估搜索、谈判及决策过程的经济成本。

③可信交易环境：包括交易评估、证据保全、信用的准确性、抗恶意攻击能力、违约惩罚机制。

④个性化推荐能力：包括协同推荐（基于协同方法利用用户的同组群体的评分与行为给出推荐）、基于内容的推荐（基于用户过去的评分和行为根据其所喜欢的内容或属性给出推荐）、基于知识的推荐（基于用户对某种内容或属性的精确要求给出推荐）。

⑤价格自动形成机制：包括固定价格（淘宝、京东都是固定价格）、可变价格（是否能自动定价，如滴滴打车；自动议价，如大宗商品的交易网站）。在智能交易动态定价方面，基于供给指数和需求指数的精准刻画，采用双重拍卖方法实现产品、服务的动态定价。

（3）精准度维度。精准度维度则细化为客体的一般性及特殊性和需方与供方的主观满意度等因素，具体包括下列评估的指标。

①模糊需求识别能力：包括文字识别、语音识别、偏好识别。

②模糊供应识别能力：根据搜索量、销售量、个人偏好，识别可供商品。

③精准搜索与匹配能力：包括时间、数量、匹配度、成功率。

④用户黏度：用户对于智能交易系统的忠诚、信任与良性体验等结合起来形成的依赖程度和再消费期望程度。

6.3 智能交易评估方法

对于众智网络来说，构建智能交易的评估指标是一种动态的、多维度的整体过程。评估体系中包含定量指标和定性指标，由于量化指标数据难以精确确定，往往只能是一个模糊的数值。所以，本章中定量指标往往与定性指标一起依靠专家的打分转化为一个模糊的评估。综上所述，本章选择由层次分析法与模糊综合评估法相结合的评估方法——模糊层次分析法，先运用层次分析法确定各个评估指标权重，再把权重应用到模糊综合评估法中进行综合评估。

6.3.1 层次分析法

采用定性与定量相结合的层次分析法（AHP）来确定各项评价指标的重要性，即权值。首先将与决策有关的元素分解成目标、准则、指标等层次结构；其次在此基础上，对同一层次指标的重要性两两比较，得到判断矩阵；最终根据判断矩阵确定各指标的权重。

6.3.1.1 建立层次分析结构

（1）目标层只包含一个因素，那就是需要分析的问题的最终结果，在本章中即为智能交易评估指标体系 A。

（2）中间层是准则层，这一层里包含了需要分析的各个要素，它可以有许多维度 B_i 构成，称为一级指标层 B；每个维度下又包含了多个二级指标 C_i，称为二级指标层 C。具体来说，B 层一级指标层，分为 3 个维度，分别是时间维度 B_1、成本维度 B_2、精准度维度 B_3；C 层为二级指标层，由 3 个维度 14 个子项构成。

6.3.1.2 构造判断矩阵

当建立起层次分析结构，层与层之间的隶属关系就可以确定了，接着就是构造各个层级的判断矩阵。一级指标记为 A 层；二级指标记为 B 层（依据

维度分为 B_1、B_2、B_3)。

假设有 n 个参数，B_1，B_2，$\cdots$，B_n，相对于上层参数 A 的重要性分别为 w_1，w_2，$\cdots$，w_n。现将重要性两两进行比较，如表 6-1 所示。

表 6-1 两两比较矩阵

	B_1	B_2	$\cdots$	B_n
B_1	w_1/w_1	w_1/w_2	$\cdots$	w_1/w_n
B_2	w_2/w_1	w_2/w_2	$\cdots$	w_2/w_n
$\cdots$	$\cdots$	$\cdots$	$\cdots$	$\cdots$
B_n	w_n/w_1	w_n/w_2	$\cdots$	w_n/w_n

用矩阵来表示这种相互关系：

$$B = \begin{pmatrix} w_1/w_1 & w_1/w_2 & \cdots & w_1/w_n \\ w_2/w_1 & w_2/w_2 & \cdots & w_2/w_n \\ \cdots & \cdots & \ddots & \cdots \\ w_n/w_1 & w_n/w_2 & \cdots & w_n/w_n \end{pmatrix} \qquad (6-1)$$

则 B 称为评判矩阵。这个评判矩阵中的元素 b_{ij} 满足下列特征：

$$b_{ii} = 1, b_{ji} = \frac{1}{b_{ij}}, b_{ik} \times b_{kj} = b_{ij} \qquad (6-2)$$

评判矩阵中的元素 b_{ij} 就表示两个元素的相对重要性，这个重要性也可以称为评判尺度，可以用表 6-2 来定义。

表 6-2 评判矩阵的评判尺度

评判尺度取值	定义
1	B_i 和 B_j 同样重要
3	B_i 比 B_j 稍微重要
5	B_i 比 B_j 重要
7	B_i 比 B_j 重要得多
9	B_i 比 B_j 绝对重要
2, 4, 6, 8	介于以上相邻两个指标之间
倒数	因素 i 与 j 比较的判断 b_{ij}，则因素 j 与 i 比较的判断 $b_{ji} = \frac{1}{b_{ij}}$

6.3.1.3　根据评判矩阵，计算各参数的归一化的权重

若取向量 $W = [W_1, W_2, \cdots, W_n]^T$，则有 $BW = \lambda_{max}W$。W 是评判矩阵 B 的特征向量，λ_{max} 是 B 的一个特征值。由线性代数可知，λ_{max} 是矩阵 B 的唯一一个非零特征值，也是最大的特征根。由此可知，只需要求出评判矩阵的最大特征值及其所对应的特征向量，然后对特征向量进行归一化处理，就可求出 B_i 相对于 A 的重要性了。本章中采用方根法来计算最大特征值及特征向量，计算步骤如下：

（1）计算评判矩阵 B 的每一行元素的乘积 M_i。

$$M_i = b_{i1} b_{i2} \cdots b_{in} = \prod_{i=1}^{n} b_{ij}, i = 1,2,\cdots,n \qquad (6-3)$$

（2）计算 M_i 的 n 次方根 $w_i^{(0)}$。

$$w_i^{(0)} = (\prod_{i=1}^{n} b_{ij})^{1/n}, i = 1,2,\cdots,n \qquad (6-4)$$

（3）对向量 $w^{(0)} = (w_1^{(0)}, w_2^{(0)}, \cdots, w_n^{(0)})^T$ 进行归一化处理。

令 $w_i = w_i^{(0)} / \sum_{i=1}^{n} w_i^{(0)}$，进而得到另一个向量 $w = (w_1, w_2, \cdots, w_n)^T$，这个向量就是所求的特征向量。

（4）计算矩阵的最大特征值 λ_{max}。

$$\lambda_{max} = \frac{1}{n} \left[\frac{\sum_{j=1}^{n} b_{1j} w_j}{w_1} + \frac{\sum_{j=1}^{n} b_{2j} w_j}{w_2} + \cdots + \frac{\sum_{j=1}^{n} b_{nj} w_j}{w_n} \right] \qquad (6-5)$$

6.3.1.4　一致性检验

如果评判矩阵 B 被判断为有偏差，则称矩阵 B 为不相容评判矩阵。度量一致性的指标为 CI（Consistence Index）：

$$CI = \frac{\lambda_{max} - n}{n - 1} \qquad (6-6)$$

在一般情况下，$CI \leq 0.1$，就认为评判矩阵 A 具有一致性，由此计算出来比较权重就是可以接受的。否则需要重复第 2 步的工作重新构造评判矩阵。此外，如果评判矩阵的维数较大，那么判断的一致性会变差，可以通过引入

修正值 RI 的方式，这样就可以更为合理地判断高维的评判矩阵。引入修正值后，度量一致性的指标变为：

$$CR = \frac{CI}{RI} \qquad (6-7)$$

其中修正值 RI 参照表 6-3 选择。

表 6-3　　　　　　　　　　评判矩阵一致性修正 RI

维数	1	2	3	4	5	6	7	8
RI	0	0	0.52	0.89	1.12	1.26	1.36	1.41
维数	9	10	11	12	13	14	15	
RI	1.46	1.49	1.52	1.54	1.56	1.58	1.59	

通过以上步骤的运算，就可以判断出相同层次的指标对上层指标的相对权重。

6.3.1.5　权重的确定

专家可以对智能交易水平给出一个客观、合理的评估。因此本章采用专家打分法来确定判断矩阵的具体数值。请他们对各影响指标进行两两比较的赋权打分，整理可得各判断矩阵。

该智能交易评估指标体系中，3 个二级评估指标打分如表 6-4 所示，结果值为接受。体系中时间维度、成本维度、精准度维度下的指标打分如表 6-4 至表 6-7 所示，结果值均为接受。

表 6-4　　　　　　　　　　判断矩阵 A

	判断矩阵			权重	一致性检验结果
	B_1	B_2	B_3	W	
B_1	1	1/3	1/2	0.163	CR = 0.009 < 0.1 接受
B_2	3	1	2	0.540	
B_3	2	1/2	1	0.297	

表 6 – 5   判断矩阵 B1

判断矩阵						权重	一致性检验结果
	C_1	C_2	C_3	C_4	C_5	W	
C_1	1	3	2	1/3	1/2	0.163	
C_2	1/3	1	1/2	1/7	1/5	0.051	CR = 0.018 < 0.1
C_3	1/3	2	1	1/5	1/4	0.076	接受
C_4	3	7	5	1	2	0.437	
C_5	2	5	4	1/2	1	0.273	

表 6 – 6   判断矩阵 B2

判断矩阵						权重	一致性检验结果
	C_6	C_7	C_8	C_9	C_{10}	W	
C_6	1	1/2	1/5	2	3	0.129	
C_7	2	1	1/3	3	5	0.226	CR = 0.019 < 0.1
C_8	5	3	1	6	7	0.517	接受
C_9	1/2	1/3	1/6	1	2	0.080	
C_{10}	1/3	1/5	1/7	1/2	1	0.049	

表 6 – 7   判断矩阵 B3

判断矩阵					权重	一致性检验结果
	C_{11}	C_{12}	C_{13}	C_{14}	W	
C_{11}	1	2	1/2	1/5	0.123	
C_{12}	1/2	1	1/3	1/7	0.072	CR = 0.007 < 0.1
C_{13}	2	3	1	1/3	0.218	接受
C_{14}	5	7	3	1	0.587	

从而整理得到表6-8所示的评估指标对于目标层的权重（即层次总排序）。

表 6 – 8   评估指标对于目标层的权重

一级指标（权重）		二级指标（权重）	
时间维度	0.163	订单处理能力	0.0266
		信息反馈能力	0.0083
		供需信息时效性	0.0012
		全程电子商务能力	0.0712
		敏捷的供应链自动构建能力	0.0444

续表

一级指标（权重）		二级指标（权重）	
成本维度	0.540	交易主体规模与连接度	0.0697
		交易主体客体的信息完备程度	0.1436
		可信交易环境	0.2791
		个性化推荐能力	0.0432
		价格自动形成机制	0.0265
精准度维度	0.297	模糊需求识别能力	0.0365
		模糊供应识别能力	0.0214
		精准搜索与匹配能力	0.0647
		用户黏度	0.1743

6.3.2 模糊综合评估法

（1）确定因素集 U 和评定（语）集 V。因素集 U 即评估项目或指标的集合，设 $U = \{u_i\}$，$i = 1,2,\cdots,n$。也就是说，有 n 个评估指标，表明对被评估对象从哪些方面来进行评估。评定集 V 即评估等级的集合，设 $V = \{v_j\}$，$j = 1,2,\cdots,m$。实际上就是对被评估对象变化区间的一个划分。其中，v_j 代表第 j 个评估等级，m 为评估等级的个数。具体等级可以依据评估内容用适当的语言进行描述，比如评估产品的竞争力可用 V = ｛强、中、弱｝，评估地区的社会经济发展水平可用 V = ｛高、较高、一般、较低、低｝，评估经济效益可用 V = ｛好、较好、一般、较差、差｝等。

（2）统计、确定单因素评估隶属度向量，并形成隶属度矩阵 R。隶属度 r_{ij} 是指多个评估主体对某个评估对象在 u_i 方面作出 v_j 评定的可能性大小（可能性程度）。隶属度向量 $R_i = (r_{i1}, r_{i2}, \cdots, r_{im})$，$i = 1,2,\cdots,n$，$\sum_{j=1}^{m} r_{ij} = 1$。

$$R = \begin{bmatrix} r_{11} & r_{12} & \cdots & r_{1m} \\ r_{21} & r_{22} & \cdots & r_{2m} \\ \cdots & \cdots & \ddots & \cdots \\ r_{m1} & r_{m2} & \cdots & r_{mm} \end{bmatrix} \quad (6-8)$$

在确定隶属关系时，一般是由专家或与评估问题相关的专业人员依据评判等级对评估对象进行投票，然后统计票数结果。

（3）确定权重向量。A 为评估项目指标的权重或权系数向量。定义因素集的模糊子集为 A ＝ $\{a_i\}$，$i=1，2，\cdots，n$，即因素 u_i 在评定因素中起作用大小的度量，且 $\sum\limits_{i=1}^{n}a_i=1$，反映了各因素的重要程度。权重选择的合适与否直接关系到模型的成败。本章确定权重的方法是层次分析法（AHP）。

（4）按某种运算法则，计算综合评定向量 S（综合隶属度向量）及综合评定值 μ（综合得分）。

$$S = A \times R, \mu = B'S^T \qquad (6-9)$$

最终可以用综合评定向量 S（综合隶属度向量）及综合评定值 μ（综合得分）来描述评估对象的综合性能。

6.3.3　综合评估

（1）建立综合评判的评价集。在本章的综合评估中，对于每一个指标设定五个级别评定，即 $V=[V_1, V_2, V_3, V_4, V_5]=[$起始级,基础级,规范级,优秀级,卓越级]，并且赋值为 $V=[20,40,60,80,100]$。本章模拟专家打分法，由 20 位专家对指标价值体系进行评估。

（2）二级指标模糊层次分析综合评估。

B1 层的隶属度矩阵：

$$R_{B1} = \begin{bmatrix} 0 & 0.05 & 0.1 & 0.75 & 0.1 \\ 0 & 0.05 & 0.2 & 0.7 & 0.05 \\ 0 & 0.1 & 0.25 & 0.65 & 0 \\ 0 & 0 & 0.35 & 0.6 & 0.05 \\ 0 & 0.1 & 0.3 & 0.55 & 0.05 \end{bmatrix} \qquad (6-10)$$

由前面可知 B1 层的权重矩阵为：

$$W_{B1} = [0.163 \quad 0.051 \quad 0.076 \quad 0.437 \quad 0.273],$$
$$C_{B1} = W_{B1} \times R_{B1} = [0 \quad 0.0456 \quad 0.2804 \quad 0.6197 \quad 0.0544] \qquad (6-11)$$

同理可得 B2 和 B3 层的隶属度矩阵：

$$R_{B2} = \begin{bmatrix} 0 & 0.05 & 0.25 & 0.6 & 0.1 \\ 0.05 & 0.1 & 0.45 & 0.4 & 0 \\ 0 & 0.05 & 0.5 & 0.4 & 0.05 \\ 0 & 0.05 & 0.2 & 0.65 & 0.1 \\ 0.05 & 0.1 & 0.5 & 0.45 & 0 \end{bmatrix} \qquad (6-12)$$

$$R_{B3} = \begin{bmatrix} 0 & 0.1 & 0.2 & 0.65 & 0.05 \\ 0.05 & 0.15 & 0.5 & 0.3 & 0 \\ 0 & 0.05 & 0.35 & 0.55 & 0.05 \\ 0 & 0.1 & 0.35 & 0.45 & 0.1 \end{bmatrix} \qquad (6-13)$$

B2 和 B3 层权重矩阵：

$$W_{B2} = \begin{bmatrix} 0.129 & 0.226 & 0.517 & 0.080 & 0.049 \end{bmatrix} \qquad (6-14)$$

$$W_{B3} = \begin{bmatrix} 0.123 & 0.072 & 0.218 & 0.587 \end{bmatrix} \qquad (6-15)$$

计算得结果矩阵：

$$C_{B2} = \begin{bmatrix} 0.0138 & 0.0638 & 0.4330 & 0.4487 & 0.0468 \end{bmatrix} \qquad (6-16)$$

$$C_{B3} = \begin{bmatrix} 0.0036 & 0.0927 & 0.3424 & 0.4856 & 0.0758 \end{bmatrix} \qquad (6-17)$$

（3）一级指标模糊层次分析综合评估。由前面知 B 层对目标层的权重矩阵：

$$W_B = \begin{bmatrix} 0.163 & 0.540 & 0.297 \end{bmatrix} \qquad (6-18)$$

故根据式（6-9）得出总结果矩阵：

$$S_A = W_B \cdot \begin{bmatrix} C_{B1} \\ C_{B2} \\ C_{B3} \end{bmatrix} = \begin{bmatrix} 0.0085 & 0.0694 & 0.3812 & 0.4875 & 0.0534 \end{bmatrix}$$

$$(6-19)$$

进行归一化处理，因 0.0085 + 0.0694 + 0.3812 + 0.4875 + 0.0534 = 1，所以，归一化为：S = (0.0085 0.0694 0.3812 0.4875)，即上述表明 20 名专家对智能交易体系的评价为：0.85% 的程度为"起始级"，6.94% 的程度为"基础级"，38.12% 的程度为"规范级"，48.75% 的程度为"优秀级"，

5.34% 的程度为"卓越级"。由于此结果仍不明确，可以进行进一步处理。

$$\mu = V \cdot S_A^{\ T} [20 \quad 40 \quad 60 \quad 80 \quad 100] \begin{bmatrix} 0.0085 \\ 0.0694 \\ 0.3812 \\ 0.4875 \\ 0.0534 \end{bmatrix} = 70.2 \qquad (6-20)$$

可知智能交易评估体系处于规范级和优秀级之间，可以进一步提高。

6.4　不同智能交易模式的智能交易评估

如第 2 章所述，智能交易模式可分为单需—单供（S2S）、单需—多供（S2M）、多需—单供（M2S）、多需—多供（M2M）四种智能交易模式。

6.4.1　单需—单供（S2S）

单需—单供（S2S）智能交易模式指的是传统的平台式电子商务模式或者去中心化直连式的网络模式。交易主体提出需求，由一个平台或其他单一交易主体满足其需求，形成一对一的交易。其重点研究市场势力极化的管理规则。

6.4.1.1　典型应用

（1）平台式电子商务网络。如今的电子商务已经成为一种成熟的商业模式，主要有 B2B、B2C、C2C 等模式，主要体现为以某一电子商务平台为中心，买家、卖家和其他服务机构都与平台相连接或直接进驻平台，在这个平台上实现信息注册、商品推荐、商品搜索、商品交易、商品支付、物流服务、信用评估等功能，整个网络架构则是运用集中式信息资源共享网络结构。对于平台网站来说，其主要的交互方式是提供给与用户需求对应的比较单一的服务，而没有向用户展示个人、企业、机构等更为全面的信息。所以，在此模式下，信用问题和交易主客体信息完备问题值得思考。

（2）去中心化交易网络。例如"首农＋智能家电"，用户可通过智能冰箱采买所需商品，并由首农进行直接供给。对于去中心化的网络来说，交易主体信息相对独立且完善，但在缺乏统一的平台管理下，商品的质量无法得到保障。

关于消费，近几年一直在谈市场极化问题。在茅台酒卖得火热的同时，二锅头同样成为大家热爱的产品，在各种高档饭店业绩屡创佳绩时，泡面和榨菜的销量也不断攀升。对于平台式或去平台交易网络来说，如何保证商品能满足大众需求；对于同一需求主体的不同需求，如何进行个性化地推荐，是单需—单供模式下重点考虑的问题。

6.4.1.2 评估指标体系

单需—单供模式下的评估指标体系如图 6-2 所示。

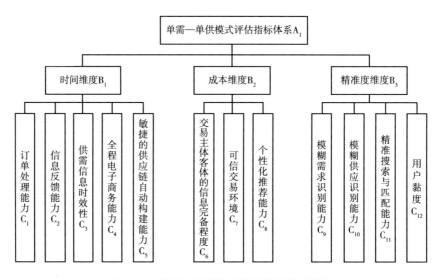

图 6-2 单需—单供模式评估指标层次结构

6.4.2 单需—多供（S2M）

单需—多供（S2M）智能交易模式指的是由多个供方来共同满足单一需

求主体，其重点研究多元供给的生成规则和成果分配规则。

6.4.2.1　典型应用

（1）文献检索。有多个分布式的文献资源提供方（如能够查到全国各图书馆的馆藏），根据自己课题的关键词，输入一个检查条件，能够查询各个图书馆，返回满足条件的文献记录。

（2）物流信用查询。物流信用信息共享是面向各级行业管理部门、物流企业、从业人员、货主单位、社会公众等用户提供物流信用信息服务。各类应用的展现方式包括门户网站和呼叫中心等。各个物流信用信息服务提供方（如道路运输管理局、民航局、港航局、铁路局、港口、物流园区、物流交易信息平台、公安、海关、税务、银行、法院、保险公司等）首先将各种信用查询服务在物流信息服务交换平台上注册，并统一受理用户的请求。平台收到请求后，在系统内部进行搜索，得到与该请求相关的物流服务提供方清单，并将服务请求转发给相关的物流服务提供方；服务提供方处理后，将服务数据返回平台，由平台处理后将服务数据转发给物流服务需求方。由此实现跨区域、跨行业的分布式异构信息系统物流信用数据的整合，为用户提供一站式服务。

比如查询某台物流车辆的信用，信用信息分别保存于交管局、运管局、物流园区、物流交易平台等，分别保存在各地的该车辆违法处理记录，在各园区、平台上的失信记录等，能够分别查询这些信息服务提供商，返回信用记录。

（3）物流跟踪。物流是一个链条，链条上每个企业将物流状态信息保存于本地服务器。物流跟踪查询，可以输入物流订单号，按一定的路由规则，如沿物流链查询上述服务器，最终得到该物流订单的整个过程。

6.4.2.2　评估指标体系

单需—多供模式下的评估指标体系如图 6-3 所示。

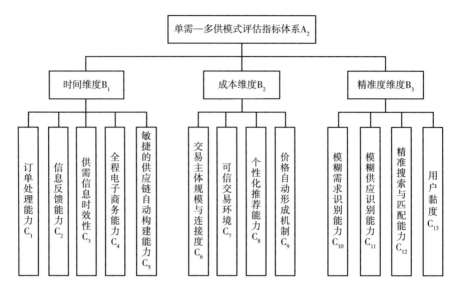

图 6 – 3　单需—多供模式评估指标层次结构

6.4.3　多需—单供（M2S）

多需—单供（M2S）智能交易模式指的是单一供应同时满足多个需求，其重点研究多元需求的生成规则和成本分担规则。

6.4.3.1　典型应用

（1）团购。团购意思是团体购物，指认识或不认识的消费者联合起来，打包由单个供应商供应，加大与商家的谈判能力，以求得最优价格的一种购物方式。根据薄利多销的原理，商家可以给出低于零售价格的团购折扣和单独购买得不到的优质服务。

团购作为一种新兴的电子商务模式，通过消费者自行组团、专业团购网站、商家组织团购等形式，提升用户与商家的议价能力，并极大程度地获得商品让利，引起消费者及业内厂商、甚至是资本市场关注。

（2）拼车拼箱。拼车是指相同路线的几个人乘坐同一辆车上下班、上下学、跑长途、旅游等，且车费由乘客平均分摊的出行方式。车主在自己出行时可以顺路带一些同路人，从而节省养车钱，也给他人带来了方便。

拼箱是指把不同的零散货物拼在同一个集装箱进行运输，货主托运零散或小数量的货物由承运人负责装箱的一种方式。承运人接到这种货物后，按性质和目的地进行分类，把同一目的地、性质相同的货物拼装进同一个集装箱进行运输。

在拼箱过程中，因为不同的货物是属于不同的所有人，因此对每个货物的尺寸、重量都有严格的要求，比如说重量方面，如果每一票货物都有轻微的超重，那么就会导致整个集装箱的大幅超重，轻则造成运输困难，重则会导致一些安全事故；而在体积方面，如果每一单货物都稍微超出一点尺码，那么集成的体积可能会比集装箱的最大容量还要大，很容易影响到集装箱的顺利出运。

所以，拼车拼箱过程中要对客体信息进行更加精准地了解，并且各交易主体间连接度紧密，从而能及时满足客体的不同需求。

6.4.3.2　评估指标体系

多需—单供模式下的评估指标体系如图6-4所示。

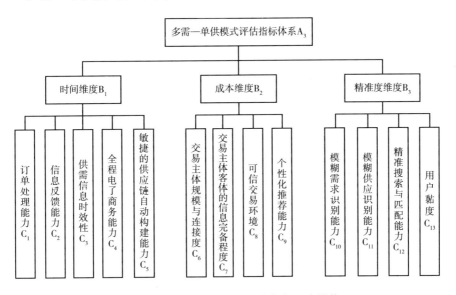

图6-4　多需—单供模式评估指标层次结构

6.4.4　多需—多供（M2M）

多需—多供（M2M）智能交易模式重点研究多元需求与多元供给的分工协作规则和责任分担规则。

6.4.4.1　典型应用

（1）第四方物流。在当今物流产业链中，一般认为买卖货物双方为第一方、第二方，物流公司被称为第三方，而向前三方提供供应链管理、物流咨询等系统供应链解决方案的则是"第四方物流"。例如，宁波第四方物流交易平台——四方物流市场，提供信息发布、交易匹配、合同签订、支付结算、信用评价、整体物流六大解决方案。

（2）定制公交。定制公交是从小区到单位，从单位到小区的一站直达式班车。市民们可以通过专门的网站提出自己的需求，公交集团根据需求和客流情况设计出公交线路。

（3）定制化生产供应链。如今新零售经济时代，消费市场已经发生由强调商品属性到强调用户个性的强烈转变，这对服装企业的生产供应链提出新的要求。众多知名服装品牌和工厂，已经开始往实现生产供应链定制化改造的新产销模式这一方向进行转变，从而满足了新消费时代背景下消费者个性化定制需求，容易提升用户黏性，带动长远消费，也为企业节省了多种成本，带来可持续发展的利润空间。例如 N 个个性化服装（如西服）订单，自动构建一条敏捷的供应链，由众原材料提供商、生产商、物流商组成，共同协作完成订单（众协作）。

6.4.4.2　评估指标体系

多需—多供模式下的评估指标如图 6-5 所示。

本章主要目标是为了解决众智网络中大规模智能体多模式、多规则的智能交易问题，实现众智网络中众智之间能够高效、快速、低成本的交易。

在评估方法方面，运用计量统计方法及人工智能相结合的综合评估模型构建基于搜寻、谈判及决策过程的实时成本及耗时估计方法，研究基于多维偏好的匹配精准程度测算方法，开发综合各级指标的估计方法。

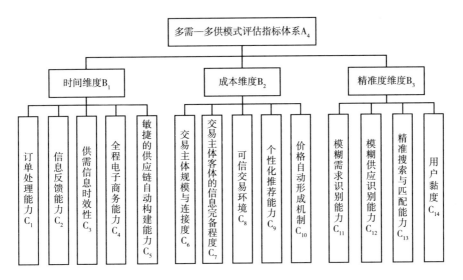

图 6 – 5 多需—多供模式评估指标层次结构

参考文献

［1］安维，刘启华，张李义．个性化推荐系统的多样性研究进展［J］．图书情报工作，2013，57（20）：127-135.

［2］柏拉图．理想国（中译本）［M］．北京：商务印书馆，1994.

［3］蔡礼彬，陈正．基于kano和qfd的青岛世界园艺博览会服务品质研究［J］．经济管理，2015，37（1）：129-138.

［4］曹祎，罗霞．考虑信息收益的手机召车软件市场渗透率研究［J］．系统工程理论与实践，2016，36（9）：2355-2361.

［5］柴跃廷．电子商务与未来网络化产业［J］．农业工程技术，2016，36（12）：24-25.

［6］常菲，浦争艳，李明禄，李治洪．综合地图匹配定位技术研究［J］．计算机工程与应用，2004（19）：200-202.

［7］陈元琳．电子商务交易信用评估模型研究［D］．北京：清华大学，2015.

［8］戴建华，陈阳升，阚凯力．电子商务从c2c到c2b2c模式的博弈分析［J］．中国传媒大学学报：自然科学版，2011，18（2）：64-68，13.

［9］道格拉斯·C.诺斯．经济史中的结构与变迁（中译本）［M］．上海：上海三联书店，1991.

［10］邓中畅．京东商城电子商务信用体系建设探讨［D］．湘潭：湘潭大学，2012.

［11］丁雪．基于数据挖掘的图书智能推荐系统研究［J］．情报理论与实践，2010，33（5）：107-110.

［12］窦文，王怀民，贾焰，邹鹏．构造基于推荐的Peer-to-Peer环境

下的 Trust 模型［J］. 软件学报，2004（4）：571 – 583.

［13］高岩. 基于驾驶行为分类的 UBI 费率厘定模型［D］. 北京：北京交通大学，2017.

［14］龚金保. 需求层次理论与公共服务均等化的实现顺序［J］. 财政研究，2007（10）：33 – 35.

［15］郭志光. 电子商务环境下的信用机制研究［D］. 北京：北京交通大学，2012.

［16］韩立岩，尹力博. 投机行为还是实际需求？——国际大宗商品价格影响因素的广义视角分析［J］. 经济研究，2012，47（12）：83 – 96.

［17］胡建超，王忠，张维. 改进的地图匹配算法研究［J］. 通信技术，2009，42（11）：166 – 170.

［18］胡民瑞. 电子商务交易信用评价模型研究［D］. 北京：北京邮电大学，2008.

［19］胡雅芬，杨晓双. 北京市网约车市场政府监管问题研究——基于经济学视角的分析［J］. 当代经济，2018（7）：98 – 99.

［20］黄宏涛. P2P 信任模型关键技术研究［D］. 哈尔滨：哈尔滨工程大学，2009.

［21］黄潇婷. 国内旅游景区门票价格制定影响因素的实证研究［J］. 旅游学刊，2007（5）：73 – 79.

［22］黄亚东. 电子商务供需信息建模与匹配方法研究［D］. 北京：清华大学，2018.

［23］姜守旭，李建中. 一种 P2P 电子商务系统中基于声誉的信任机制［J］. 软件学报，2007（10）：2551 – 2563.

［24］卡尔·马克思. 资本论（中译本）［M］. 北京：人民出版社，1975.

［25］李怀栋. B2C 农产品电子商务信用评价指标体系的构建［J］. 征信，2019（2）：45 – 49.

［26］李景涛，荆一楠，肖晓春，王雪平，张根度. 基于相似度加权推荐的 P2P 环境下的信任模型［J］. 软件学报，2007（1）：157 – 167.

［27］李梦楠，周秀会. 基于 kano 模型的高校图书馆微信公众号服务内容分类和供给优先序研究［J］. 图书情报工作，2019，63（10）：39 – 47.

[28] 李明. P2P 电子商务系统信任机制的设计与仿真 [D]. 哈尔滨: 哈尔滨工业大学, 2007.

[29] 李莹莹. 在线医疗社区医生服务价格的影响因素研究 [D]. 哈尔滨: 哈尔滨工业大学, 2016.

[30] 梁俏, 罗继锋, 吴志艳. 在线医疗中医生努力与声誉对新增患者数的影响研究 [J]. 中国卫生政策研究, 2017, 10 (10): 63 - 71.

[31] 林怀清. P2P 网络多维模糊信任模型研究 [D]. 武汉: 华中科技大学, 2009.

[32] 刘洪彬, 王秋兵. 基于特征价格模型的城市住宅用地出让价格影响因素研究 [J]. 经济地理, 2011, 31 (6): 1008 - 1013.

[33] 刘俊江. 基于深度学习的心血管疾病预测方法研究 [D]. 北京: 北京理工大学, 2018.

[34] 刘益. 信用、契约与文明 [D]. 成都: 西南财经大学, 2008.

[35] 卢洪友, 连玉君, 卢盛峰. 中国医疗服务市场中的信息不对称程度测算 [J]. 经济研究, 2011, 46 (4): 94 - 106.

[36] 罗纳德·哈里·科斯, 阿门·阿尔钦, 道格拉斯·C. 诺斯, 等. 财产权利与制度变迁——产权学派与新制度学派译文集 (中译本) [M]. 上海: 三联书店, 1991.

[37] 马莉婷. 移动互联网用户对社交网络服务平台的偏好分类模型研究 [J]. 福建论坛: 人文社会科学版, 2014 (4): 193 - 197.

[38] 聂辉华. 交易费用经济学: 过去, 现在和未来——兼评威廉姆森《资本主义经济制度》 [J]. 管理世界, 2004 (12): 146 - 153.

[39] 欧阳竟成. 对等网络中信任模型与激励机制研究 [D]. 长沙: 湖南大学, 2012.

[40] 欧阳日晖. 互联网金融生态: 互联、竞合与共生 [M]. 北京: 经济科学出版社, 2015.

[41] 欧阳日晖. 互联网金融治理: 规范、创新与发展 [M]. 北京: 经济科学出版社, 2017.

[42] 庞亮, 兰艳艳, 徐君, 郭嘉丰, 万圣贤, 程学旗. 深度文本匹配综述 [J]. 计算机学报, 2017, 40 (4): 985 - 1003.

［43］彭飞，柳重堪，张其善．基于代价函数的组合导航系统地图匹配算法［J］．北京航空航天大学学报，2002（3）：261 – 264.

［44］彭倩文，曹大友．是劳动关系还是劳务关系？——以滴滴出行为例解析中国情境下互联网约租车平台的雇佣关系［J］．中国人力资源开发，2016，344（2）：93 – 97.

［45］皮特·N. 斯特恩斯等．全球文明史（中译本）［M］．北京：中华书局，2006.

［46］朴春慧，安静，方美琪.C2C 电子商务网站信用评价模型及算法研究［J］．情报杂志，2007（8）：105 – 107.

［47］沈满洪，谢慧明．公共物品问题及其解决思路——公共物品理论文献综述［J］．浙江大学学报（人文社会科学版），2009，39（6）：133 – 134.

［48］沈志浩．电子商务信用评价模型的研究［D］．上海：上海交通大学，2010.

［49］石进平，李劲，和凤珍．基于社交关系和用户偏好的多样性图推荐方法［J］．计算机科学，2018，45（S1）：423 – 427.

［50］苏洁，周东方，岳春生.GPS 车辆导航中的实时地图匹配算法［J］．测绘学报，2001（3）：252 – 256.

［51］孙智英．信用问题的经济学分析［D］．福州：福建师范大学，2002.

［52］田春岐.P2P 网络信任模型的研究［D］．北京：北京邮电大学，2007.

［53］田慧容.P2P 网络信任模型及其激励机制的研究［D］．北京：北京邮电大学，2006.

［54］王海涛．面向商品的垂直搜索系统的设计与实现［D］．北京：北京交通大学，2018.

［55］王璜.B2C 卖家企业电子商务信用评价研究［D］．南京：东南大学，2017.

［56］王玫，朱云龙，何小贤．群体智能研究综述［J］．计算机工程，2005（22）：204 – 206.

［57］王艳玲，李龙澍，胡哲．群体智能优化算法［J］．计算机技术与发

展，2008（8）：114－117.

［58］王臻荣，李华君，李纬纬．计算社会科学的实现工具：NetLogo 编程入门（第1版）［M］．北京：经济日报出版社，2017.

［59］吴虎胜，张凤鸣，吴庐山．一种新的群体智能算法——狼群算法［J］．系统工程与电子技术，2013，35（11）：2430－2438.

［60］吴军．浪潮之巅［M］．北京：人民邮电出版社，2017.

［61］吴敏烨．基于 SVM 和信息增益的属性选择算法研究［J］．杭州电子科技大学学报，2008，28（6）：143－146.

［62］吴兆福，董文永．P2P 网络搜索技术研究［J］．武汉理工大学学报（信息与管理工程版），2007（6）：45－49.

［63］徐杰．医疗卫生服务的商品性不可忽略［J］．卫生经济研究，2015（5）：3－4.

［64］徐茜，薛书峰，黄雪峰．RGTrust 模型在网上交易信用控制中的应用［J］．中国计量学院学报，2007（3）：228－231.

［65］徐越．网络生态视角下电子商务业态发展研究［D］．长春：吉林大学，2014.

［66］亚当·斯密．国富论（中译本）［M］．北京：中央编译出版社，2010.

［67］杨维，李歧强．粒子群优化算法综述［J］．中国工程科学，2004（6）：87－94.

［68］叶枫，吴善滨．面向卖家过滤的大众化信用模型［J］．计算机工程，2011，37（16）：279－281，284.

［69］易明，宋景璟，杨斌，陈君．网络知识社区用户需求层次研究［J］．情报科学，2017，35（2）：22－26.

［70］余传明．基于文本价格融合模型的股票趋势预测［J］．数据分析与知识发现，2018，2（12）：33－42.

［71］余芳．C2C 交易模式下卖家信用影响因素实证研究［J］．重庆科技学院学报（社会科学版），2015（10）：95－99.

［72］约翰·康芒斯．制度经济学（中译本）［M］．北京：华夏出版社，2009.

［73］曾江. 基于移动互联网预约出租车系统的研究与分析［D］. 昆明：云南大学, 2015.

［74］张富国. 基于社交网络的个性化推荐技术［J］. 小型微型计算机系统, 2014, 35（7）：1470 - 1476.

［75］张文朗, 罗得恩. 中国食品价格上涨因素及其对总体通货膨胀的影响［J］. 金融研究, 2010（9）：1 - 18.

［76］张欣. 淘宝网信用体系评价研究［J］. 经济研究导刊, 2017（19）：4 - 5, 26.

［77］赵宇晴, 阮平南, 刘晓燕, 单晓红. 基于在线评论的用户满意度评价研究［J］. 管理评论, 2020, 32（3）：179 - 189.

［78］郑吉. 基于图论的社交网络关键节点挖掘和推荐算法研究［D］. 镇江：江苏大学, 2018.

［79］周涛. 面向交易全过程的电子商务信任研究［D］. 武汉：华中科技大学, 2007.

［80］朱更明. 基于交易审计的对等网络信用评估算法［J］. 计算机工程, 2009, 35（9）：158 - 160, 163.

［81］朱庆保, 杨志军. 基于变异和动态信息素更新的蚁群优化算法［J］. 软件学报, 2004（2）：185 - 192.

［82］朱爽. 车联网环境下基于 UBI 的车险费率厘定模式与方法研究［D］. 北京：北京交通大学, 2015.

［83］祝蕊. 基于平台经济的网约车调度问题研究［D］. 济南：山东大学, 2019.

［84］Abdulkadiroglu, A., Sonmez, T. School choice：A mechanism design approach［J］. American Economic Review, 2003, 93（3）：729 - 747.

［85］Ajorlou, A., Jadbabaie A., Kakhbod, A. Dynamic pricing in social networks：the word-of-mouth effect［J］. Management Science, 2018, 64（2）：971 - 979.

［86］Anderson, J. R., Matessa, M., Lebiere, C. Act-r：A theory of higher-level cognition and its relation to visual attention［J］. Human-Computer Interaction, 1997, 12（4）：439 - 462.

[87] August, T. , Niculescu, M. F. The influence of software process maturity and customer error reporting on software release and pricing [J]. Management Science, 2013, 59 (12): 2702 – 2726.

[88] Baba, B. A. , Maina, Y. B. Marketing margin and transaction cost in pearl millet market supply in borno state, nigeria [J]. Greener Journal of Business and Management Studies, 2013, 3 (5): 201 – 206.

[89] Bam, M. To analyse the perceived attitude of bankmed medical scheme members, age 18 – 30 years, toward the medical aid within the framework of the censydiam model [D]. The IIE, 2015.

[90] Bao, W. , Yue J. , Rao, Y. L. A deep learning framework for financial time series using stacked autoencoders and long-short term memory [J]. Plos One, 2017, 12 (7): e0180944.

[91] Baronian, L. The marxian wage theory against the "absolute immiseration" doctrine [J]. Journal of the History of Economic Thought, 2013, 35 (1): 93 – 111.

[92] Blaze, M. , Feigenbaum, J. , Lacy, J. Decentralized trust management [C]. IEEE Symposium on Security & Privacy, 1996: 164 – 173.

[93] Bonabeau, E. Decisions 2. 0: The power of collective intelligence [J]. MIT Sloan Management Review, 2009, 50 (2): 45.

[94] Bonney, R. , Cooper, C. B. , Dickinson, J. , Kelling, S. , Phillips, T. , Rosenberg, K. V. , Shirk, J. Citizen science: a developing tool for expanding science knowledge and scientific literacy [J]. BioScience, 2009, 59 (11): 977 – 984.

[95] Brodribb, T. J. , Jordan, G. J. Water supply and demand remain balanced during leaf acclimation of nothofagus cunninghamii trees [J]. New Phytologist, 2011, 192 (2): 437 – 448.

[96] Brynjolfsson, E. , Smith, M. D. Frictionless commerce? A comparison of internet and conventional retailers [J]. Management Science, 2000, 46 (4): 563 – 585.

[97] Cazaubiel, A. , Cure, M. , Johansen, B. O. , Vergé, T. Substitution

between online distribution channels: evidence from the oslo hotel market [J]. International Journal of Industrial Organization, 2020, 69 (3): 102577.

[98] Chai, Y. , Miao, C. , Sun, B. et al. Crowd science and engineering: concept and research framework [J]. International Journal of Crowd Science, 2017, 1 (1): 2 – 8.

[99] Chen, Y. , Lin, Z. , Xing, I. et al. Deep learning-based classification of hyperspectral data [J]. IEEE Journal of Selected Topics in Applied Earth Observations and Remote Sensing, 2014, 7 (6): 2094 – 2107.

[100] Chu, Yang-Hua et al. Referee: trust management for web applications [J]. World Wide Web Journal, 1997, 2 (2): 127 – 139.

[101] Crain, R. , Cooper, C. , Dickinson, J. L. Citizen science: A tool for integrating studies of human and natural systems [J]. Annual Review of Environment and Resources, 2014, 39 (1): 641 – 665.

[102] Da Cruz, J. C. , Barella, C. F. , Fonseca, A. Compensating deforestation with forest surplus: Key regulatory issues within brazil's atlantic forest [J]. Ecological Economics, 2020, 167 (1): 106444.

[103] Dalton, G. Aboriginal Economies in Stateless Societies: Interaction Spheres [M]//Exchange Systems in Prehistory. New York: Academic Press, 1977.

[104] Dubins, L. E. , Freedman, D. A. Machiavelli and the gale-shapley algorithm [J]. American Mathematical Monthly, 1981, 88 (7): 485 – 494.

[105] Dwyer, R. , Moore, D. Beyond neoclassical economics: social process, agency and the maintenance of order in an Australian illicit drug marketplace [J]. International Journal of Drug Policy, 2010, 21 (5): 390 – 398.

[106] Enke, D. , Thawornwong, S. The use of data mining and neural networks for forecasting stock market returns [J]. Expert Systems with Applications, 2005, 29 (4): 927 – 940.

[107] Estelles-Arolas, E. , Gonzalez-Ladron-de-Guevara, F. Towards an integrated crowdsourcing definition [J]. Journal of Information Science, 2012, 38 (2): 189 – 200.

[108] Fan, M. , Tan, Y. , Whinston, A. B. Evaluation and design of online cooperative feedback mechanisms for reputation management [J]. IEEE Transactions on Knowledge and Data Engineering, 2005, 17 (2): 244 – 254.

[109] Franzoni, C. , Sauermann, H. Crowd science: The organization of scientific research in open collaborative projects [J]. Research Policy, 2014, 43 (1): 1 – 20.

[110] Gao, G. et al. Vocal minority and silent majority: how do online ratings reflect population perceptions of quality [J]. MIS Quarterly, 2015, 39 (3): 565 – 590.

[111] Garicano, L. , Kaplan, S. N. The effects of business-to-business e-commerce on transaction costs [J]. Journal of Industrial Economics, 2003, 49 (4): 463 – 485.

[112] Garret, H. The tragedy of the commons [J]. Science, 1968, 162 (3859): 1243 – 1248.

[113] Geva, H. , Barzilay, O. , Oestreicher-Singer, G. A potato salad with a lemon twist: Using a supply-side shock to study the impact of opportunistic behavior on crowd funding platforms [J]. MIS Quarterly, 2020.

[114] Geyer, J. , Sieg, H. Estimating a model of excess demand for public housing [J]. Quantitative Economics, 2013, 4 (3): 483 – 513.

[115] Gkantsidis, C. , Mihail, M. , Saberi, A. Random walks in peer-to-peer networks: Algorithms and evaluation [J]. Performance Evaluation, 2006, 63 (3): 241 – 263.

[116] Goodhue, D. L. Understanding user evaluations of information systems [J]. Management Science, 1995, 41 (12): 1827 – 1844.

[117] Goodhue, D. L. , Thompson, G. R. L. Task-technology fit and individual performance [J]. MIS Quarterly, 1995, 19 (2): 213 – 236.

[118] Graves, A. , Schmidhuber, J. Framewise phoneme classification with bidirectional lstm and other neural network architectures [J]. Neural Networks, 2005, 18 (5 – 6): 602 – 610.

[119] Guo, S. et al. How doctors gain social and economic returns in online

health-care communities: A professional capital perspective [J]. Journal of Management Information Systems, 2017, 34 (2): 487 – 519.

[120] Gupta, P. , Harris, J. How e-WOM recommendations influence product consideration and quality of choice: A motivation to process information perspective [J]. Journal of Business Research, 2010, 63 (9 – 10): 1 – 1049.

[121] Ha, Hong-Youl. Factors influencing consumer perceptions of brand trust online [J]. Journal of Product & Brand Management, 2004, 13 (5): 329 – 342.

[122] Hagiu, A. , Wright, J. Do you really want to be an ebay? [J]. Harvard Business Review, 2013, 91 (3): 102 – 108.

[123] Hagiu, A. , Wright, J. Multi-sided platforms [J]. International Journal of Industrial Organization, 2015, 43: 162 – 174.

[124] Hammami, R. , I. Nouira and Y. Frein. Effects of customers´environmental awareness and environmental regulations on the emission intensity and price of a product [J]. Decision Sciences, 2018, 49 (6): 1116 – 1155.

[125] Harrati, N. , Bouchrika, I. , Mahfouf, Z. Investigating the uptake of educational systems by academics using the technology to performance chain model [J]. Library Hi Tech, 2017, 35 (4): 629 – 648.

[126] Hennig-Thurau, T. , Gwinner, K. P. , Walsh, G. et al. Electronic word-of-mouth via consumer-opinion platforms: What motivates consumers to articulate themselves on the Internet? [J]. Journal of Interactive Marketing, 2010, 18 (1): 38 – 52.

[127] Hong, Y. , Pavlou, P. A. On buyer selection of service providers in online outsourcing platforms for it services [J]. Information Systems Research, 2017, 28 (3): 547 – 562.

[128] Hou, Z. , Choi, C. Research on influencing factors of youtube chinese video user subscription motivation: Centered on the censydiam user motivation analysis model [J]. International Journal of Internet, Broadcasting and Communication, 2019, 11 (3): 95 – 105.

[129] Houghton, R. M. , Lewis, H. T. Patterns of Indian burning in Cali-

fornia: ecology and ethnohistory [J]. Ethnohistory, 1973, 20 (3): 118 – 120.

[130] Howe, J. The rise of crowdsourcing [J]. Wired Magazine, 2006, 14 (6): 1 – 4.

[131] Jan, B. et al. Deep learning in big data Analytics: A comparative study [J]. Computers & Electrical Engineering, 2019 (75): 275 – 287.

[132] Jean-Charles, R. , Jean, T. Platform competition in two-sided markets [J]. Journal of the European Economic Association, 2003, 1 (4): 990 – 1029.

[133] Johnson, M. W. , Lafley, A. G. Seizing the White Space: Business Model Innovation for Growth and Renewal [M]. Harvard Business Press, 2010.

[134] Joseph, S. , Hoshiai, T. Decentralized meta-data strategies: effective peer-to-peer search [J]. IEEE Trans. Communication, 2003, 86 (6): 1740 – 1753.

[135] Karim, F. et al. LSTM fully convolutional networks for time series classification [J]. IEEE Access, 2018 (6): 1662 – 1669.

[136] Kim, D. et al. Multi-co-training for document classification using various document representations: TF-IDF, LDA, and Doc2Vec [J]. Information Sciences, 2019 (477): 15 – 29.

[137] Kotler, P. , Armstrong, G. Principles of Marketing [M]. Pearson Education, 2010.

[138] Lehman, J. F. , Laird, J. E. , Rosenbloom, P. A gentle introduction to soar, an architecture for human cognition [J]. Invitation to Cognitive Science, 1996 (4): 212 – 249.

[139] Li, W. Application of economical building management system for singapore commercial building [R]. IEEE Transactions on Industrial Electronics, 2019.

[140] Li, W. , Wu, W. J. , Wang, H. M. et al. Crowd intelligence in AI 2.0 era [J]. Frontiers of Information Technology & Electronic Engineering, 2017, 18 (1): 15 – 43.

[141] Lin, T. C. , Huang, C. C. Understanding knowledge management system usage antecedents: An integration of social cognitive theory and task technology

fit [J]. Information & Management, 2008, 45 (6): 410 – 417.

[142] Liu, Y. Word of mouth for movies: its dynamics and impact on box office revenue [J]. Journal of Marketing, 2006, 70 (3): 74 – 89.

[143] Lorilla, R. S., Poirazidis, K., Detsis, V., et al. Socio – ecological determinants of multiple ecosystem services on the mediterranean landscapes of the ionian islands (greece) [J]. Ecological Modelling, 2020 (422): 108994.

[144] Lowry, C. S., Fienen, M. N. Crowd Hydrology: crowdsourcing hydrologic data and engaging citizen scientists [J]. Ground Water, 2013, 51 (1): 151 – 156.

[145] Lu, S. F., H. Rui. Can we trust online physician ratings? evidence from cardiac surgeons in Florida [C]. in Hawaii International Conference on System Sciences, 2015.

[146] Mahadzir, N. H., Omar, M. F., Nawi, M. N. M. A sentiment analysis visualization system for the property industry [J]. International Journal of Technology, 2018, 9 (8): 1609 – 1617.

[147] Maslow, A. H. A theory of human motivation [J]. Psychological Review, 1943, 50 (4): 370 – 396.

[148] Mauss, M. The Gift [M]. London: Routledge and Kegan Paul, 1925.

[149] McMillan, J. Selling spectrum rights [J]. Journal of Economic Perspectives, 1994, 8 (3): 145 – 162.

[150] Milgram, S. The small world problem [J]. Psychology Today, 1967, 2 (1): 60 67.

[151] M'ng, J. C. P. Mehralizadeh, M. Forecasting east asian indices futures via a novel hybrid of wavelet-pca denoising and artificial neural network models [J]. Plos One, 2016, 11 (6): e0156338.

[152] M'ng, J. C. P., Zainudin, R. Assessing the efficacy of adjustable moving averages using asean-5 currencies [J]. Plos One, 2016, 11 (8): e0160931.

[153] Newberry, P., Zhou, X. Heterogeneous effects of online reputation for

local and national retailers [J]. International Economic Review, 2019, 60 (4):
1565 - 1587.

[154] Oedingen, C. , Bartling, T. , Dierks, M. L. et al. Public preferences
for the allocation of donor organs for transplantation: Focus group discussions [J].
Health Expectations, 2020, 23 (3): 670 - 680.

[155] Ojwang, R. O. , Dietrich, J. , Anebagilu, P. K. et al. Rooftop rain-
water harvesting for mombasa: Scenario development with image classification and
water resources simulation [J]. Water, 2017, 9 (5): 359.

[156] Overby, E. , Forman, C. The Effect of electronic commerce on geo-
graphic purchasing patterns and price dispersion [J]. Management Science, 2015,
61 (2): 431 - 453.

[157] Palangi, H. et al. Deep sentence embedding using long short-term
memory networks: Analysis and application to information retrieval [J]. IEEE/
ACM Transactions on Audio Speech and Language Processing, 2016, 24 (4):
694 - 707.

[158] Palangi, H. , Ward, R. Deng, L. Distributed compressive sensing: A
deep learning approach [J]. IEEE Transactions on Signal Processing, 2016, 64
(17): 4504 - 4518.

[159] Parker, G. G. , Van Alstyne, M. W. , Choudary, S. P. Platform
Revolution: How Networked Markets are Transforming the Economy and How to
Make Them Work for You [M]. WW Norton & Company, 2016.

[160] Pissarides, C. A. Equilibrium Unemployment Theory [M]. MIT
Press, 2000.

[161] Pnin, J. , Burger-Helmchen, T. Crowdsourcing of inventive activi-
ties: definition and limits [J]. International Journal of Innovation & Sustainable
Development, 2017, 5 (2/3): 246 - 263.

[162] Polanyi, K. The Great Transformation [M]. New York: Farrar and
Rinehart, 1944.

[163] Preece, J. , Shneiderman, B. The reader-to-leader framework: Moti-
vating technology-mediated social participation [J]. AIS Transactions on Human-

Computer Interaction, 2009, 1 (1): 13 –32.

[164] Preece, J., Nonnecke, B., Andrews, D. The top five reasons for lurking: improving community experiences for everyone [J]. Computers in Human Behavior, 2004, 20 (2): 201 –223.

[165] Puschmann, T., Alt, R. Sharing economy [J]. Business & Information Systems Engineering, 2016, 58 (1): 93 –99.

[166] Ratnasamy, S., Stoica, I., Shenke, S. Routing algorithms for DHTs: Some open questions [C]. International Workshop on Peer-to-peer Systems. Springer, Berlin, Heidelberg, 2002: 45 –52.

[167] Razeghian, M., Weber, T. A. The advent of the sharing culture and its effect on product pricing [J]. Electronic Commerce Research and Applications, 2019, 33 (1 –2): 100801.

[168] Riordan, M. H., Williamson, O. E. Asset specificity and economic organization [J]. International Journal of Industrial Organization, 1985, 3 (4): 365 –378.

[169] Roth, A. E. Incentive compatibility in a market with indivisible goods [J]. Economics Letters, 1984, 14 (4): 309 –313.

[170] Roth, A. E. The college admissions problem is not equivalent to the marriage problem [J]. Journal of Economic Theory, 1985, 36 (2): 277 –288.

[171] Roth, A. E., Postlewaite, A. Weak versus strong domination in a market with indivisible goods [J]. Journal of Mathematical Economics, 1977, 4 (2): 131 –137.

[172] Sauermann, H., Franzoni, C. Crowd science user contribution patterns and their implications [C]. Proceedings of the National Academy of Sciences, 2015, 112 (3): 679 –684.

[173] Schmidt, S. Fuzzy trust evaluation and credibility development in multi-agent systems [J]. Applied Soft Computing, 2007, 7 (2): 492 –505.

[174] Shaft, T. M., Vessey, I. The role of cognitive fit in the relationship between software comprehension and modification [J]. MIS Quarterly, 2006, 30 (1): 29 –55.

[175] Silvertown, J. A new dawn for citizen science [J]. Trends in Ecology & Evolution, 2009, 24 (9): 467 –471.

[176] Singha, M., Sarmah, S. Incorporating crop phenological trajectory and texture for paddy rice detection with time series modis, hj – 1a and alos palsar imagery [J]. European Journal of Remote Sensing, 2019, 52 (1): 73 –87.

[177] Sinha, A. P., Vessey, I. Cognitive fit: an empirical study of recursion and iteration [J]. IEEE Transactions on Software Engineering, 1992, 18 (5): 368 –379.

[178] Sloane, P. The brave new world of open innovation [J]. Strategic Direction, 2011, 27 (5): 3 –4.

[179] Smith, V. L. Economics of production from natural resources [J]. The American Economic Review, 1968: 409 –431.

[180] Smith, V. L. The primitive hunter culture, Pleistocene extinction, and the rise of agriculture [J]. Journal of Political Economy, 1975, 83 (4): 727 –755.

[181] Song, S., Hwang, K., Zhou, R. Trusted P2P transactions with fuzzy reputation aggregation [J]. Internet Computing, IEEE, 2005, 9 (6): 24 –34.

[182] Srivastava, N. et al. Dropout: A simple way to prevent neural networks from overfitting [J]. Journal of Machine Learning Research, 2014, 15 (1): 1929 –1958.

[183] Sugawara, J. Proposal and evaluation of modified-BFS using the number of links in P2P networks [J]. Technical Report of Ieice Ocs, 2005, 104: 5 –8.

[184] Sundararajan, A. The Sharing Economy: The End of Employment and the Rise of Crowd-based Capitalism [M]. Boston: The MIT Press, 2016.

[185] Tharani, K., Kumar, N., Srivastava, V. et al. M. Machine learning models for renewable energy forecasting [J]. Journal of Statistics and Management Systems, 2020, 23 (1): 171 –180.

[186] Vessey, I. Cognitive fit: A theory-based analysis of the graphs versus tables literature [J]. Decision Sciences, 1991, 22 (2): 219 –240.

[187] Vessey, I., Galletta, D. Cognitive fit: An empirical study of infor-

mation acquisition [J]. Information Systems Research, 1991, 2 (1): 63 –84.

[188] Von, Ahn L. Human computation [C]. 2008 IEEE 24th International Conference on Data Engineering, 2008: 1 –2.

[189] Wang, K., Ke, Y., Sankaran, S. Public-private partnerships in non-profit hospitals: Case study of china [J]. The International Journal of Health Planning and Management, 2019, 34 (4): 1862 –1898.

[190] Wang, Y., Wong, D. S., Lin, K. J. Evaluating transaction trust and risk levels in peer-to-peer e-commerce environments [J]. Information Systems and E-Business Management, 2008, 6 (1): 25 –48.

[191] Wexler, M. N. Reconfiguring the sociology of the crowd: Exploring crowdsourcing [J]. International Journal of Sociology & Social Policy, 2011, 31 (1/2): 6 –20.

[192] Weyl, E. G. A price theory of multi-sided platforms [J]. American Economic Review, 2010, 100 (4): 1642 –1672.

[193] Williamson, O. E. Markets and Hierarchies: Analysis and Antitrust Implications [M]. New York: Free Press, 1975.

[194] Williamson, O. E., Winter, S. G. The Nature of the Firm: Origins, Evolution, and Development [M]. Oxford University Press, 1993.

[195] Woolley, A. W., Chabris, C. F., Pentland, A. et al. Evidence for a collective intelligence factor in the performance of human groups [J]. Science, 2010, 330 (6004): 686 –688.

[196] Wu, H., Liu. N. Online written consultation, telephone consultation and offline appointment: An examination of the channel effect in online health communities [J]. International Journal of Medical Informatics, 2017, 107: 107 –119.

[197] Yu, B., Singh, M. P. A Social mechanism of reputation management in electronic communities [C]. Proceedings of Fourth International Workshop on Cooperative Information Agents. Springer, Berlin, Heidelberg, 2000: 154 –165.

[198] Yue, J., Mao S., Li, M. A deep learning framework for hyperspectral image classification using spatial pyramid pooling [J]. Remote Sensing Let-

ters, 2016, 7 (9): 875 – 884.

[199] Yueting Chai, Chunyan Miao, Baowen Sun, Yongqing Zheng, Qing zhong Li. Crowd Science and engineering: Concept and hesearch framework [J]. International Journal of Grawd Science, Volume 1, Issue 1.6, March 2017: 2 – 8.

[200] Maslow, A. H. A theory of Human motivation [J]. Psychological Review, 1943, 50 (4): 1943.

[201] Zhang, X., Ming, X., Liu, Z. et al. State-of-the-art review of customer to business (c2b) model [J]. Computers & Industrial Engineering, 2019 (132): 207 – 222.

[202] Zhao, L., Guo, S. The value creation of b2b2c e – business mode based on saas [J]. Journal of Electronic Commerce in Organizations (JECO), 2012, 10 (3): 1 – 12.

[203] Zhao, Y., Zhu, Q. Evaluation on crowdsourcing research: Current status and future direction [J]. Information Systems Frontiers, 2014, 16 (3): 417 – 434.

图书在版编目（CIP）数据

智能交易理论与方法/《智能交易理论与方法》课
题组著. —北京：经济科学出版社，2021.5
ISBN 978 - 7 - 5218 - 2500 - 8

Ⅰ. ①智…　Ⅱ. ①智…　Ⅲ. ①网上交易 - 研究　Ⅳ.
①F713. 365. 2

中国版本图书馆 CIP 数据核字（2021）第 071996 号

责任编辑：侯晓霞
责任校对：王肖楠
责任印制：范　艳　张佳裕

智能交易理论与方法

《智能交易理论与方法》课题组　著

经济科学出版社出版、发行　新华书店经销
社址：北京市海淀区阜成路甲 28 号　邮编：100142
教材分社电话：010 - 88191345　发行部电话：010 - 88191522
网址：www. esp. com. cn
电子邮件：houxiaoxia@ esp. com. cn
天猫网店：经济科学出版社旗舰店
网址：http：//jjkxcbs. tmall. com
北京密兴印刷有限公司印装
710×1000　16 开　16.75 印张　270000 字
2021 年 5 月第 1 版　2021 年 5 月第 1 次印刷
ISBN 978 - 7 - 5218 - 2500 - 8　定价：68.00 元
（图书出现印装问题，本社负责调换。电话：010 - 88191510）
（版权所有　侵权必究　打击盗版　举报热线：010 - 88191661
QQ：2242791300　营销中心电话：010 - 88191537
电子邮箱：dbts@ esp. com. cn）